Zeitgeschichte

ÜBER DAS BUCH:

Am 6. Juli 1944 spricht Churchills Stellvertreter Clement Attlee im britischen Unterhaus: »Wenn ein Teil des deutschen Volkes wirklich den Wunsch hegt, ein auf Achtung vor dem internationalen Gesetz beruhendes Regime wiederkehren zu sehen, so müssen diese Deutschen begreifen, daß niemand ihnen glauben wird, bis sie nicht selber aktive Schritte getan haben, sich von ihrem gegenwärtigen Regime zu befreien.«

Am 20. Juli 1944 wird ein solcher ›aktiver Schritt‹ getan. Während einer Lagebesprechung im Führerhauptquartier ›Wolfsschanze‹ detoniert Stauffenbergs Bombe, doch das Attentat mißlingt; dieser letzte Versuch, das deutsche Volk von Hitlers Gewaltherrschaft zu befreien, scheitert an dem eingespielten Räderwerk eines diktatorischen Machtapparats.

Zwei Tage später kommentiert in Madrid Oberst Valdivia, der frühere spanische Militärattaché in Berlin, das Attentat mit den Worten: ›Falsch und zu spät!‹ Diese Worte gelten Otto John, einem der wenigen Verschwörer, denen es gelungen war, sich im letzten Moment dem Zugriff der Gestapo zu entziehen. Unbehelligt konnte er in Berlin eine Linienmaschine der Lufthansa nach Madrid besteigen.

DER AUTOR:

Dr. Otto John, Jahrgang 1909, von 1937 bis zum Attentat 1944 Syndikus in der Hauptverwaltung der Deutschen Lufthansa in Berlin, 1950 bis 1954 Leiter des Bundesamtes für Verfassungsschutz, schildert als der letzte Überlebende des Widerstandskreises um Stauffenberg, wie es zum Attentat kam, wie er den Staatsstreich im OKW erlebte und wie er entkam. Darüber hinaus setzt er sich im ›Epilog‹ seines Buches mit Valdivias ›Falsch und zu spät‹ auseinander und versucht darzulegen, »was wir gewollt haben und woran wir gescheitert sind«.

Weitere Veröffentlichungen: »Berichte über Harnack, Leuschner, Moltke, Mierendorff, Haubach, Reichwein, Dohnanyi«, in: *Blick in die Welt* 6/1964 – 12/1947; *Zweimal kam ich heim,* Düsseldorf, Wien 1969.

Otto John

»Falsch und zu spät«
Der 20. Juli 1944

Epilog

Zeitgeschichte

Zeitgeschichte
Ullstein Buch Nr. 33108
im Verlag Ullstein GmbH,
Frankfurt/M – Berlin

Erweiterte, korrigierte
Ausgabe

Umschlagentwurf:
Hansbernd Lindemann
Unter Verwendung eines Fotos
vom Ullstein Bilderdienst
(Hitler und Mussolini besichtigen
den zerstörten Lagebesprechungsraum
im Führerhauptquartier ›Wolfsschanze‹
bei Rastenburg in Ostpreußen nach dem
Attentat vom 20. 7. 1944)
Alle Rechte vorbehalten
Mit freundlicher Genehmigung der
Herbig Verlagsbuchhandlung München, Berlin
© 1984 by Herbig Verlagsbuchhandlung
München, Berlin
Printed in Germany 1989
Druck und Verarbeitung:
Ebner Ulm
ISBN 3 548 33108 4

Juli 1989

CIP-Titelaufnahme
der Deutschen Bibliothek

John, Otto:
»Falsch und zu spät«: der 20. Juli 1944; Epilog /
Otto John. – Erw., korr. Ausg. – Frankfurt/M;
Berlin: Ullstein, 1989
   (Ullstein-Buch; Nr. 33108: Zeitgeschichte)
   ISBN 3-548-33108-4
NE: GT

Statt eines Vorworts

»Wenn durch die Hilfsmittel der Regierungsgewalt ein Volkstum dem Untergang entgegengeführt wird, dann ist die Rebellion eines jeden Angehörigen eines solchen Volkes nicht nur Recht, sondern Pflicht . . .
Menschenrecht bricht Staatsrecht!«

Adolf Hitler
(aus »Mein Kampf«
1. Ausgabe 1925, Seite 98/99)

INHALT

TEIL I
Der 20. Juli 1944
9

TEIL II
Mein Werdegang in die Verschwörung
81

Teil I
Der 20. Juli 1944

»Wo ist Stauffenberg?«

Am frühen Morgen des 20. Juli 1944 fuhr der Oberst i. G. Claus Graf Stauffenberg, Chef des Stabes des Ersatzheeres (BdE), in seinem Dienstwagen zum Flughafen Rangsdorf bei Berlin. Mit ihm war sein Adjutant, Leutnant Werner von Haeften, und sein um zwei Jahre älterer Bruder Berthold, von Beruf Jurist, der als Reserveoffizier in der Marine Dienst tat. Stauffenberg war in das Führerhauptquartier »Wolfsschanze« bei Rastenburg in Ostpreußen befohlen worden, um als Chef des Stabes des BdE Hitler persönlich über die Maßnahmen vorzutragen, die vom Ersatzheer vorbereitet wurden, um den Vormarsch der Russen aufzuhalten, die teils schon bis auf 200 km an das Führerhauptquartier herangekommen waren. In der Aktentasche von Stauffenberg lag zwischen Berichten und Notizen eine Bombe. Sie bestand aus fast 1 kg hochexplosivem plastischen Sprengstoff und war mit einem Zeitzünder versehen. Obenauf in der Aktentasche lag ein Hemd, das die Bombe verdeckte. In den Falten des Hemdes war eine kleine Zange verborgen, die Stauffenberg brauchte, um den Zünder der Bombe in Gang zu bringen. Anders wäre es ihm wegen seiner schweren Kriegsverletzungen nicht möglich gewesen. Er hatte eine schwere Kopfverletzung, das rechte Auge, die rechte Hand und an der linken Hand zwei Finger verloren. Er hatte sich einen schnellen Griff eingeübt, um mit der Zange die Bombe zu zünden.

Auf dem Flughafen in Rangsdorf wartete ein Dienstflugzeug, das vom Generalquartiermeister Wagner Stauffenberg zur Verfügung gestellt worden war. Es sollte Stauffenberg und Haeften sowie General Stieff und dessen Adjutanten, Major Rall, ins Führerhauptquartier bringen. General Stieff war ein Vertrauter Stauffenbergs, ein erprobter Kampfgenosse in der Verschwörung. Er hatte sich selbst auch schon einmal für ein Attentat auf Hitler zur Verfügung gestellt, sollte aber bei diesem Attentat selbst nicht mitwirken. Auch Werner von Haeften konnte Stauffenberg bei diesem Attentat nicht helfen. Zwar war es Stauffenberg wegen seiner schweren Verwundungen erlaubt, seinen Adjutanten überall mit hin zu nehmen und um sich zu haben. Aber zu dem angesetzten Vortrag bei Hitler durfte Haeften seinen Chef nicht begleiten. Deshalb war Stauffenberg bei der Ausführung des Attentates ganz auf sich allein gestellt. Berthold Stauffenberg war für diesen Tag unter einem dienstlichen Vorwand nach Berlin gekommen, um seinem Bruder Claus beizustehen. Als das Flugzeug mit Stauffenberg und seiner Begleitung in der Luft war, fuhr Berthold Stauffenberg zu General Olbricht, dem Chef des Allgemeinen Heeresamtes im OKW in der Bendlerstraße in Berlin. Dort versammelten sich im Laufe des Vormittags die anderen Verschwörer der militärischen Fronde gegen Hitler.

Gegen 10.15 Uhr landete das Flugzeug Stauffenbergs auf dem Feldflughafen bei Rastenburg, der nur ungefähr 15 km vom Führerhauptquartier entfernt lag. Haeften befahl dem Flugzeugführer, jederzeit nach Mittag sich zum Rückflug bereitzuhalten. Nachdem Stauffenberg das Tor zum äußeren Sperrkreis des Führerhauptquartiers passiert hatte, trennte er sich von seinen Begleitern. Er ging direkt zur »Wolfsschanze«, dem innersten, völlig abgeriegelten Teil des Führerhauptquartiers, wo Hitler mit seinen engsten Mitarbeitern wohnte und »seinen« Krieg führte. Haeften, Stieff und Rall gingen in die Unterkunftsbaracke, die den Offizieren des Heeres zur Verfügung stand, die dienstlich im Führerhauptquartier zu tun hatten.

In der Wolfsschanze ging Stauffenberg zunächst in das Kasino, wo er sich mit Oberstleutnant Streve, dem Kommandanten des Führerhauptquartiers zum Frühstück verabredet hatte, und wo er auf einen Anruf von General Buhle warten sollte. Er war der engste Mitarbeiter von Keitel und von diesem beauftragt, mit Stauffenberg alles Notwendige für seinen Vortrag bei Hitler vorher zu besprechen. Als der Anruf von Buhle kam und Stauffenberg sich von Streve verabschieden mußte, lud dieser ihn ein, nach seinem Vortrag bei Hitler wieder zum Mittagessen in das Kasino zu kommen.

Zwischen 11.30 und 12.00 Uhr fand die Besprechung zwischen General Buhle und Stauffenberg im Dienstzimmer des Generals statt. Dabei war auch General von Thadden anwesend. Er war Chef des Stabes beim Wehrkreisbefehlshaber in Königsberg. Stauffenberg unterrichtete Buhle über die Maßnahmen, die das Ersatzheer durch die Neuaufstellung von Sperrdivisionen gegen die zusehends schneller vorrückende russische Front zu ergreifen gedachte. Dann begaben sich beide zu Feldmarschall Keitel, der Stauffenberg noch vor dem Vortrag bei Hitler persönlich sprechen wollte.

Nach dem Gespräch mit Stauffenberg drängte Keitel die bei ihm für die Besprechung bei Hitler versammelten Offiziere zur Eile. Hitler hatte an diesem Tag die Lagebesprechung für 12.30 Uhr angesetzt. Gewöhnlich fand sie um 1.00 Uhr mittags statt. Aber an diesem Tag erwartete Hitler den Besuch von Mussolini. Um den Duce am Bahnhof des Führerhauptquartiers persönlich zu empfangen, hatte er die Lagebesprechung vorverlegt.

Als die Uhrzeiger bereits auf 12.30 Uhr vorrückten, drängte Keitel noch einmal zur Eile. In diesem Augenblick murmelte Stauffenberg eine Entschuldigung und ging mit der Aktentasche, die er nie aus der Hand gab, in ein Nebenzimmer. Dort setzte er den Zeitzünder der Bombe durch einen schnellen Griff mit der Zange in Gang. Das dauerte nur Sekunden, aber immerhin so lange, daß Keitel später sich daran wieder erinnerte, daß Stauffenberg »einen Augenblick« aus seinem Zimmer gegangen war.

Um diese Zeit stand General Fellgiebel, der Chef des Wehrmachtsnachrichtenwesens, der in die Verschwörung eingeweiht war, am Fenster des Bunkers 88. Er sollte sofort nach dem Attentat alle Nachrichtenverbindungen des Führerhauptquartiers durch eine Sprengung sperren. Ganz kurz nach 12.30 Uhr sah er, daß Keitel, Stauffenberg und einige andere Offiziere auf die »Gästebaracke« zugingen. In dieser sollte, nicht wie sonst in einem Bunker, die Lagebesprechung an diesem Tag stattfinden, weil Hitler es so angeordnet hatte. Auf dem Weg dorthin machte Keitel eine höfliche Geste, um dem einarmigen Stauffenberg die Aktentasche abzunehmen. Sofort sprang ein Offizier vom Stabe Keitels, Major von John, hinzu und erbot sich, die Aktentasche des Oberst zu tragen. Aber Stauffenberg ließ sich die Tasche nicht abnehmen. Er trug sie selbst mit seiner einzigen verkrüppelten Hand weiter.

Die Gästebaracke war nur ungefähr 100 m von Hitlers Privatbunker entfernt. Sie war ein Holzbau, der auf einem Beton- und Steinsokkel stand und ein Holzdach mit Teerpappe hatte. Der Raum, in dem die Lagebesprechung stattfand, hatte die Maße 12,5 x 5 m. In der Mitte stand ein großer Tisch, der mit Karten bedeckt war. An der einen Seite stand ein kleiner runder Tisch, an der anderen ein Schreibtisch und ein Musikschrank mit Radio.

Keitel kam, gefolgt von Stauffenberg und den anderen Offizieren, um 12.40 Uhr zur Lagebesprechung. Der Vortrag über die Lage an der Ostfront hatte schon begonnen. Hitler stand in der Mitte vor dem großen Kartentisch, mit dem Rücken zum Eingang. An seiner linken Seite stand Generaloberst Jodl, zu seiner rechten General Heusinger. Neben Heusinger stand Oberst Brandt. Die anderen Generale und Offiziere, die an der Lagebesprechung teilnahmen, standen um den Tisch herum gruppiert. Nur der Stenograph Berger, der die Ausführungen Hitlers für das Kriegstagebuch schreiben mußte, saß.

Keitel meldete Hitler, daß der Oberst Graf Stauffenberg zu der Lagebesprechung befohlen worden sei, um ihm über die Aufstellung von Sperrdivisionen für die Ostfront vorzutragen. Hitler begrüßte Stauffenberg kurz und wendete sich sofort wieder General Heusinger zu, der anhand der Karten Hitler die Lage an der Ostfront vortrug.

Keitel stellte sich links an die Seite von Jodl, um den Ausführungen Heusingers auf der Karte zu folgen. Stauffenberg stellte seine Aktentasche auf den Boden neben Oberst Brandt, der neben Heusinger stand und flüsterte ihm zu: »Ich stelle die Tasche für einen Augenblick hierher, ich muß schnell mal telefonieren«, und verließ den Raum.

Kurz darauf blickte Keitel von den Karten auf und spähte im Raum umher, als ob er jemanden suche. Dann fragte er General Buhle:

»Wo ist Stauffenberg? Er ist dran!«, worauf Buhle antwortete: »Ich glaube, er ist telefonieren gegangen.« Da wurde Keitel ungeduldig und fuhr den General an: »Holen Sie ihn her!« Das war ein Befehl! Buhle ging hinaus, um Stauffenberg zu suchen, kam aber sehr schnell wieder zurück und berichtete Keitel in seiner unbekümmerten schwäbischen Art: »Ich kann ihn nit finde.« Keitel wurde sehr unwirsch, aber noch bevor er ein Wort herausbringen konnte, explodierte die Bombe.

Punkt 12.00 Uhr hatte General Fellgiebel sein Dienstzimmer verlassen und sich zu Oberstleutnant Sander im Bunker 88 begeben, dem das Nachrichtenwesen im Führerhauptquartier unterstand. Er tat so, als hätte er mit Sander über dienstliche Angelegenheiten zu sprechen. Tatsächlich hatte er ihn aufgesucht, um verabredungsgemäß alle Nachrichtenverbindungen des Führerhauptquartiers mit der Außenwelt durch eine Sprengung lahmzulegen, sobald Stauffenbergs Attentat auf Hitler gelungen war. Deshalb hatte er vom Bunker 88 aus beobachtet, wie Keitel mit Stauffenberg und den anderen Offizieren zur Gästebaracke ging. Als sie in der Tür der Gästebaracke verschwunden waren, gab Fellgiebel Sander den Auftrag, in der Gästebaracke anzurufen und Stauffenberg sagen zu lassen, daß er nach der Lagebesprechung zum Bunker 88 kommen möchte. Sander tat dies, ohne zu ahnen, um was es sich dabei in Wirklichkeit handelte.

Er rief den Wachtmeister Adam, der am Telefon der Gästebaracke Dienst tat, an und befahl ihm, dem Oberst Graf Stauffenberg den Wunsch des Generals Fellgiebel zu übermitteln. Kaum hatte Sander dieses Telefongespräch beendet, da erschien Leutnant Haeften im Dienstzimmer von Sander und bat General Fellgiebel im Auftrag von Stauffenberg um einen Kraftwagen, »weil Oberst Graf Stauffenberg nach der Lagebesprechung sofort nach Berlin zurückfliegen muß«. Auf Weisung von Fellgiebel rief Sander nun den Oberstleutnant Streve an, den Kommandanten des Führerhauptquartiers. Er bat ihn, einen Dienstwagen für den Oberst Graf Stauffenberg zum Bunker 88 zu schicken. Streve sagte dies sofort zu und bat Sander, Stauffenberg daran zu erinnern, daß er mit General

Thadden im Kasino auf Stauffenberg zum Mittagessen warten würde.

Während dieses Telefongespräch noch im Gange war, öffnete sich die Tür, und Stauffenberg trat ein. Er begrüßte General Fellgiebel, der ihn und Haeften sofort aus dem Dienstzimmer Sanders heraus vor den Bunker führte. Während sie sich noch unterhielten, gesellte sich Sander nach Beendigung seines Telefongespräches zu ihnen. Er berichtete Stauffenberg, daß ihm ein Dienstwagen zur Verfügung gestellt würde, daß aber General von Thadden und Oberstleutnant Streve ihn zum Mittagessen im Kasino erwarten.

»Ich muß erst noch einmal in die Lagebesprechung«, sagte Stauffenberg. »Danach komme ich zum Essen – übrigens, ich habe schon einen Wagen, danke schön!« Daraufhin ging Sander wieder in sein Dienstzimmer, um Stauffenbergs Antwort an Streve telefonisch weiterzugeben. Im gleichen Augenblick, als Sander wieder herauskam, explodierte Stauffenbergs Bombe in der Gästebaracke. Fellgiebel schien erregt zu sein und fragte: »Was ist los?« Sander erwiderte ganz unschuldig und unbekümmert: »Ach, das passiert oft. Entweder es schießt einer oder es ist eine Mine hochgegangen.« Stauffenberg wiederholte noch, er müsse jetzt sofort in die Lagebesprechung zurück, käme aber danach ins Kasino. Dann verschwand er mit Haeften. Nicht weit entfernt und nicht sichtbar für Sander stand ein Kraftwagen für Stauffenberg und Haeften bereit, der beide zum Flugplatz bringen sollte.

Stauffenbergs Bombe war 10 Minuten vor 1.00 Uhr explodiert. Jodl sagte später: »Es war so, als wenn einem ein großer Kronleuchter von oben auf den Kopf fällt.« Tatsächlich hatte Oberst Brandt, neben den Stauffenberg seine Aktentasche auf den Boden gestellt hatte, diese – weil sie ihm im Wege stand – mit einem Fuß weiter unter den Tisch geschoben. Dieser lange und breite Kartentisch ruhte auf zwei senkrecht stehenden massiven Holzplatten. Oberst Brandt hatte nun die Aktentasche Stauffenbergs mit seinem Fuß von Hitlers Platz – von der Mitte des Tisches aus gesehen – nach rechts hinter die massive Trägerplatte an das rechte Ende des Tisches hingeschoben.

Als die Bombe explodierte, hatte Hitler sich gerade vorne nach

links über den Kartentisch gebeugt und seinen linken Arm weit
über den Kartentisch hin ausgestreckt und seinen rechten Unterarm
aufgelegt. Er besah sich die Stellungen der Heeresgruppe Nord an
der Ostfront, die auf der Lagekarte weit links vor ihm eingezeichnet
waren. So lag er praktisch mit seinem ganzen Oberkörper auf dem
Tisch, als die Bombe explodierte. Sein Körper war fast vollständig
durch die dicke Tischplatte gegen die Sprengwirkung von unten
geschützt, seine Beine durch die Trägerplatte, die rechts von ihm
unter dem Tisch stand.

Als der Raum sich nach der Explosion mit Rauch und Dunst füllte,
Trümmerstücke und Menschen durcheinandergewürfelt wurden,
versuchte jeder, ins Freie zu kommen. Am schnellsten gelang dies
dem Major von John. Er stand bei der Explosion an einem der
Fenster, die wegen der Hitze geöffnet waren, und wurde von dem
Luftdruck ins Freie geschleudert. Jemand schrie gellend laut durch
Rauch und Trümmer: »Attentat! Attentat!« Dann röhrte Keitels
Stimme durch das Chaos: »Wo ist der Führer?«
Der Führer war tatsächlich nur leicht verletzt. Sein rechtes Hosen-
bein war zerrissen, sein rechter Arm hing schlaff und unbeweglich
herab. Auf seinem gelblich fahlen Gesicht glänzte ein roter Brand-
fleck. Seine Trommelfelle waren geplatzt, außerdem hatte er im
rechten Bein starke Schmerzen. Ein Trümmerstück hatte ihn im
Rücken getroffen, und seine Haare waren angesengt.
Keitel stützte ihn, während er aus der zertrümmerten Gästebaracke
hinkte, und führte ihn in seinen Privatbunker.
Die Wache am Tor des inneren Sperrkreises hatte sofort nach der
Explosion Alarm gegeben, Hilfe herbeigeholt und Sanitäter und
Krankenwagen mobilisiert. Der diensthabende Offizier an der
Ausfahrt des inneren Sperrkreises hielt Stauffenbergs Wagen an.
Er erkannte Stauffenberg. Er sagte, er hätte Befehl, sofort nach
Berlin zu fliegen. Er durfte passieren. Aber die Ausfahrt am
äußeren Sperrkreis war geschlossen. Der diensthabende Feldwebel
Kolbe verweigerte Stauffenberg die Durchfahrt und sagte: »Herr
Oberst dürfen nicht weiterfahren. Es ist alles gesperrt – auf höch-
sten Befehl!«

»Ich habe Befehl vom Führer, sofort nach Berlin zu fliegen«, sagte Stauffenberg. Aber der Feldwebel ließ sich nicht umstimmen und machte keine Anstalten, Stauffenberg weiterfahren zu lassen. Stauffenberg befahl nun dem Feldwebel, ihn telefonisch mit der Dienststelle des Lagerkommandanten Oberstleutnant Streve zu verbinden. Streve war aber nicht anwesend, doch sein Vertreter, Rittmeister von Moellendorf, der in die Verschwörung eingeweiht war, kam ans Telefon und befahl dem Feldwebel, den Oberst Graf Stauffenberg und den Leutnant Haeften passieren zu lassen.

Um ¼ nach 1.00 Uhr saßen beide bereits wieder im Flugzeug nach Berlin.

Auftakt zum Staatsstreich

Gegen 12.00 Uhr mittags hatten sich die Offiziere, die am Staatsstreich beteiligt waren, in General Olbrichts Dienstzimmer im OKW in der Bendlerstraße eingefunden. General Olbricht, sein Stabchef, Oberst Mertz von Quirnheim, und Olbrichts Adjutant, Major von der Lanken, trafen die letzten Maßnahmen, um den »Walküre«-Befehl für innere Unruhen herauszugeben und dadurch den Staatsstreich in Gang zu bringen. Alle Befehle an die kommandierenden Generale im Reich lagen bereits unterschrieben vor und sollten durch Fernschreiber von Mertz herausgegeben werden, sobald Olbricht von General Fellgiebel die Nachricht erhalten hatte, »daß der Führer einem Attentat zum Opfer gefallen sei«. Olbricht stand in ständiger telefonischer Verbindung mit dem mitverschworenen General von Hase, dem Kommandanten von Groß-Berlin, der auf ein Stichwort von Olbricht hin die ihm unterstellten Truppen einsetzen und die Berliner Ministerien und Parteidienststellen besetzen sollte.

Bei Olbricht hielt sich auch Beck auf, für den der Major Graf Ullrich von Schwerin-Schwanefeld als Adjutant zur Verfügung stand. Der 64jährige Beck litt noch immer an den Folgen einer schweren Magenoperation. Er wirkte unter all den Offizieren in seinem bräunlichen Straßenanzug eher wie ein dazwischengeratener Besucher als ein Mann, der als Reichsverweser nach erfolgtem Staatsstreich an die Stelle von Hitler treten sollte. In dieser Eigenschaft sollte er an des »Führers« Stelle auch den Obersten Befehl über die Wehrmacht übernehmen und eine neue provisorische Regierung mit Dr. Goerdeler als Reichskanzler bilden. Major Graf Schwerin-Schwanefeld war als Becks künftiger Staatssekretär vorgesehen.

Während nun die in Olbrichts Zimmer versammelten Offiziere auf die Nachricht General Fellgiebels warteten, daß Hitler tot sei, schritt die Zeit fort. Die Zeiger auf den Uhren rückten Stunde um Stunde vor. Aber der Anruf von Fellgiebel kam nicht! Niemand konnte eine Erklärung dafür geben. Die Spannung wuchs mit jeder Minute.

Endlich zwischen 3.30 und 3.45 Uhr nachmittags kam ein Anruf für Oberst Mertz vom Flughafen Rangsdorf. Haeften war am Telefon und fragte den Oberst ungeduldig, warum für Stauffenberg kein Wagen zum Flugplatz geschickt worden sei. Dabei hörte Mertz nun von Haeften zum erstenmal, daß das Attentat »geglückt« sei. Mertz versprach, sofort den Wagen zu schicken, und unterrichtete Beck, Olbricht und die anderen Verschwörer, daß Hitler tot sei. Dann begann er damit, den »Walküre«-Befehl an die kommandierenden Generale im Reich herauszugeben.

Haeften war es in der Zwischenzeit nach dem Telefongespräch mit Mertz sehr schnell gelungen, am Flughafen Rangsdorf einen Dienstwagen der Luftwaffe für Stauffenberg zu beschaffen. Während er nun mit Stauffenberg in diesem Wagen nach Berlin in die Bendlerstraße fuhr, war der Staatsstreich von Mertz bereits in Gang gesetzt worden. Olbricht hatte sofort den General von Hase angerufen und ihm mitgeteilt, »daß der Führer einem Attentat zum Opfer gefallen sei«, daß deshalb der Ausnahmezustand verkündet würde und General von Hase alle ihm unterstellten Truppen entsprechend dem »Walküre«-Befehl mobilisieren und zur Sicherung der Hauptstadt einsetzen sollte. Es war wenige Minuten vor 4.00 Uhr nachmittags. Hase wußte, was er zu tun hatte.

General Olbricht unternahm nun den Versuch, seinen Chef, Generaloberst Fromm, auf die Seite der Verschwörung zu ziehen. Denn es wäre alles sehr viel leichter zu bewerkstelligen gewesen, wenn Fromm als Oberbefehlshaber des Ersatzheeres selbst seine Zustimmung dafür gegeben hätte, daß der Ausnahmezustand erklärt und der »Walküre«-Befehl in Kraft gesetzt wurde. Gegen 4.00 Uhr kam Olbricht in das Vorzimmer von Fromm, dessen Dienststelle auf der anderen Seite des Gebäudekomplexes, aber auf derselben Etage lag.

Im Vorzimmer wurde Olbricht gesagt, daß der Herr Generaloberst eine Besprechung habe. Olbricht bestand darauf, den Herrn Generaloberst sofort und alleine sprechen zu müssen, da er ihm eine sehr wichtige, geheime Meldung zu machen hätte. Fromm entließ daraufhin die Offiziere, die bei ihm im Zimmer waren, und ließ Olbricht bitten.

Nachdem sich die Türe hinter ihm geschlossen hatte, sagte Olbricht zu Fromm: »Es ist ein Attentat auf den Führer gemacht worden. Hitler ist tot!« Auf diese ungeheuerliche Nachricht hin fragte Fromm ganz gelassen: »Von wem haben Sie denn diese Meldung?«, worauf Olbricht kühl antwortete, er hätte dies von General Fellgiebel aus dem Führerhauptquartier erfahren, mit dem er soeben telefoniert habe.

Fromm hüllte sich jedoch in Schweigen und gab nicht zu erkennen, was er dachte. Olbricht hielt den Augenblick für gekommen, noch einen Schritt weiterzugehen.

In der festen Überzeugung, daß Hitler tot war, sagte er zu Fromm, daß nun der Ausnahmezustand erklärt und der »Walküre«-Befehl herausgegeben werden müßte, um Ruhe und Ordnung aufrecht zu erhalten. Der plötzliche Tod Hitlers könnte von den vielen Fremdarbeitern und anderen staatsfeindlichen Elementen ausgenützt werden, um Unruhen und Aufstände anzuzetteln. Fromm ließ sich jedoch weder überrumpeln noch drängen und erklärte, daß er als Oberbefehlshaber des Ersatzheeres eine so schwerwiegende Maßnahme, wie die Verkündung des Ausnahmezustandes nur dann treffen könnte, wenn er sich selbst die Gewißheit verschafft hätte, daß Hitler tot sei. Olbricht schlug daraufhin vor, Fromm sollte Keitel persönlich anrufen, um sich selbst zu überzeugen, daß Hitler tot sei.

Fromm ließ sich durch Blitzgespräch mit Keitel im Führerhauptquartier verbinden und fragte Keitel, was denn im Führerhauptquartier los sei? In Berlin gingen Gerüchte um, der Führer sei tot. »Das ist alles Unsinn«, sagte Keitel. »Es ist ein Attentat auf den Führer gemacht worden. Aber es ist ihm nichts passiert. Er lebt und ist nur leicht verletzt. Der Duce ist jetzt bei ihm. – Übrigens Fromm, wo ist eigentlich Ihr Chef, der Stauffenberg?« fragte er nach einer kleinen Pause. »Er ist noch nicht wieder zurück«, antwortete Fromm. Daraufhin legte Keitel den Hörer auf. Er konnte sich nicht weiter Fromm gegenüber auslassen, da während dieses Telefongespräches der Marschall Graziani bei ihm im Zimmer war.

Olbricht hatte dieses Telefongespräch mitgehört und war völlig sprachlos. Er konnte es einfach nicht glauben, was Keitel soeben gesagt hatte. Gleichwohl hielt er es für richtiger, nun nicht weiter auf Fromm einzudringen. Mit gespielter Ruhe und Gleichgültigkeit nahm er nun den Befehl Fromms entgegen, daß kein Ausnahmezustand verkündet und auch keine Maßnahmen entsprechend dem »Walküre«-Befehl getroffen werden sollten, und begab sich in sein Dienstzimmer, um sich mit den anderen Verschwörern zu beraten. Oberst Mertz war jedoch in der Zwischenzeit nicht untätig geblieben. Da bis zu von Haeftens Anruf aus Rangsdorf schon soviel Zeit verloren gegangen war, hatte er unmittelbar danach die Befehle für die Verkündung des Ausnahmezustandes und für das Unternehmen »Walküre« an die Nachrichtenzentrale gegeben. Sie sollten durch Fernschreiber an die verschiedenen Kommandostellen im Reich und in den besetzten Gebieten weitergegeben werden. Gerade während sich Olbricht auf dem Weg von Fromm zu seinem Dienstzimmer befand, war Hauptmann Klausing – ein junger Offizier, der in die Verschwörung eingeweiht war – im Auftrag von Oberst Mertz mit dem Befehl in die Nachrichtenstelle zu Leutnant Röhrig unterwegs. Er sollte von Hauptmann Klausing persönlich beauftragt werden, dafür zu sorgen, daß die Befehle ohne jede Verzögerung über die Fernschreiber hinausgingen.

Als Mertz nun aber von Olbricht hörte, daß Hitler angeblich noch am Leben war, schickte er sofort seine Sekretärin hinter Klausing her, um die Herausgabe der Befehle zu unterbinden. Aber Klausing hatte die Befehle schon dem Leutnant Röhrig übergeben und war bereits wieder auf dem Weg zurück in Olbrichts Dienstzimmer. Indessen war Leutnant Röhrig mit den Befehlen in der Hand Hauptmann Klausing durch das Treppenhaus nachgelaufen, um darauf aufmerksam zu machen, daß auf den Befehlen weder Geheimhaltung noch Dringlichkeitsgrad vermerkt waren. Das war einfach vergessen worden! So kam es, daß nun plötzlich Klausing, Röhrig und die Sekretärin im Treppenhaus zusammentrafen und anfingen, darüber zu diskutieren, was nun mit den Befehlen zu geschehen habe. Die Sekretärin hatte sehr schnell das letzte Wort, Klausing nahm Röhrig die Befehle wieder ab und brachte sie Mertz zurück. Das war ungefähr um 4.30 Uhr nachmittags.

Inzwischen hatte Olbricht Beck von seiner Unterhaltung mit Fromm und über dessen Telefongespräch mit Keitel berichtet. Beide waren ziemlich konsterniert und waren sich im unklaren, was sie nun glauben sollten. Oberst Mertz jedoch ließ sich nicht durch lange Überlegungen aufhalten. Als Klausing mit den Befehlen wieder zurück war, nahm er einen Bleistift und strich den ersten Satz der Befehle aus, der lautete: »Der Führer Adolf Hitler ist tot!« Dann gab er Klausing die Befehle wieder zurück und beauftragte ihn, sie zur Fernschreibestelle zurückzubringen, damit sie nun so mit erster Vordringlichkeit als geheime Chefsache herausgeschickt würden. Klausing tat, wie Mertz ihm befohlen hatte.

Die Befehle für das Unternehmen »Walküre« waren von Feldmarschall von Witzleben unterzeichnet und von Stauffenberg gegengezeichnet. Witzleben hatte die Befehle schon im Herbst 1943 unterschrieben, als er sich bereit erklärt hatte, unter dem Obersten Befehl von Beck den Oberbefehl über die Wehrmacht zu übernehmen, wenn Hitler tot sei. Stauffenberg hatte die Befehle erst einige Tage vor dem Anschlag unterzeichnet, die die ganze Zeit hindurch bei Oberst Mertz in dessen Panzerschrank gelegen hatten.

Kurz vor 5.00 Uhr nachmittags traten Stauffenberg und Haeften in Olbrichts Dienstzimmer. Olbricht hielt Stauffenberg vor, daß nach Keitels Behauptung Hitler noch am Leben und nur leicht verletzt sei. Stauffenberg antwortete gelassen: »Keitel lügt! – Ich habe die Explosion gesehen. Es war wie eine 15-cm-Granate. Hitler ist tot!« Niemand zweifelte daran, daß Stauffenberg die Wahrheit sprach – auch er selbst nicht! Deshalb begaben Olbricht und Stauffenberg sich nun gemeinsam zu Fromm, um ihn vor vollendete Tatsachen zu stellen.

Als sie Fromm gemeinsam mitteilten, daß Hitler bestimmt tot sei, hielt Fromm Stauffenberg sein Telefongespräch mit Keitel dagegen, das Olbricht mitangehört hatte. Daraufhin erklärte Stauffenberg kalt: »Feldmarschall Keitel lügt – wie immer! Hitler ist tot!« Nun mischte sich Olbricht wieder ein: »Unter diesen Umständen haben wir den Befehl über die Verkündung des Ausnahmezustandes bereits an die Wehrkreisbefehlshaber herausgegeben«.

Fromm war sprachlos vor Wut und Empörung. Dann sprang er auf und schrie Olbricht an: »Was heißt hier wir? – Das ist Ungehorsam! – Wer hat den Befehl gegeben«? Entsprechend den Tatsachen antwortete Olbricht: »Oberst Mertz, mein Chef!« Fromm befahl, daß Mertz sofort herbeigeholt würde, der ebenso kühl wie Olbricht es ausgesprochen hatte, bestätigte, daß er die Befehle über den Ausnahmezustand herausgegeben habe. Fromm erklärte daraufhin Mertz für verhaftet. Da fuhr Stauffenberg dazwischen: »Herr Generaloberst, der Führer ist tot. Ich habe selbst die Bombe gezündet. Niemand ist da lebend herausgekommen!« Als Fromm sich auf diese Eröffnung hin wieder gefaßt hatte, sagte er: »Stauffenberg, das Attentat ist mißlungen. Sie müssen sich erschießen!« Stauffenberg antwortete darauf: »Ich werde nichts Derartiges tun«. Olbricht unternahm nochmal einen Versuch: »Herr Generaloberst, dies ist die letzte Möglichkeit, um unser Land vor der totalen Zerstörung zu bewahren! Wenn wir jetzt nicht handeln, wird alles verloren sein!«

Fromm geriet wiederum in Wut und fragte Olbricht, ob er denn auch »mit dieser Sache« zu tun hätte. Als Olbricht dies nun in aller Offenheit, als sei es die selbstverständlichste Sache der Welt, bestätigte, erklärte Fromm daraufhin alle drei für verhaftet. Das Weitere würde sich später finden!

Daraufhin ließ Olbricht alle Zurückhaltung gegenüber seinem Vorgesetzten fallen und erklärte: »Sie irren sich, Herr Generaloberst! Jetzt verhaften wir Sie!«

Als Fromm sich zur Wehr setzte, entwickelte sich ein regelrechtes Handgemenge, im Verlauf dessen Fromm jedoch von den drei Offizieren überwältigt wurde und jeden Widerstand aufgab. Olbricht erklärte nun seinerseits seinen Befehlshaber für verhaftet und wies ihn an, sich im Nebenzimmer, wo die Adjutanten sich aufzuhalten pflegten, Platz zu nehmen und sich ruhig zu verhalten. Zwei junge Offiziere wurden mit entsicherter Pistole als Bewachung vor Fromms Zimmer postiert.

Nun begaben sich Olbricht, Mertz und Stauffenberg wieder in ihre Diensträume, um das Unternehmen »Walküre« weiter zu betreiben.

Wie ich dazugerufen wurde

Die Zeit schritt voran. Es war schon fast 5.30 Uhr nachmittags. Seit 10.00 Uhr morgens saß ich in meinem Büro in der Hauptverwaltung der Lufthansa und wartete auf einen Anruf von Werner von Haeften. Mein Bruder hatte mir am Tag vorher bei meiner Ankunft aus Madrid am Flughafen zugeflüstert: »Morgen!« Ich sollte mich zu Hause oder im Büro für Haeftens Anruf zur Verfügung halten.

Entgegen meiner Abrede mit Stauffenberg war ich völlig wider Erwarten von Oberst Hansen, einem seiner engsten Vertrauten, per Funkspruch aus Madrid zurückgerufen worden. Dort hatte ich seit dem 19. Juni auf Hansen gewartet. Er sollte nach gelungenem Staatsstreich von Colonel William Hohenthal, Militärattaché an der USA-Botschaft in Madrid, als Unterhändler für Stauffenberg im Hauptquartier General Eisenhowers eingeführt werden. Mit Colonel Hohenthal stand ich als Vertrauensmann von Stauffenberg seit November 1943 in Verbindung. Diese hatte Juan Terrasa, ein spanischer Diplomat, bereits im März 1942 für mich hergestellt, während ich im Auftrag des Vorstands der Lufthansa in Madrid war, um die Iberia, eine Tochtergesellschaft der Lufthansa, zu reorganisieren.

Seit November 1937 war ich in der Rechtsabteilung der Hauptverwaltung der Lufthansa tätig, sollte danach – gefördert von Carl August Freiherr von Gablenz, dem Chef der Lufthansa – alle anderen Abteilungen der Hauptverwaltung zur Vorbereitung für einen Auslandsposten absolvieren. Darauf war mein ganzes Sinnen und Trachten gerichtet, denn es stand seit langem für mich fest, daß Hitler früher oder später einen Krieg anzetteln oder provozieren würde. Ich hatte keinerlei Neigung, für Hitler zu kämpfen, für ihn eines Heldentodes zu sterben oder mit ihm in einem katastrophalen Ende Deutschlands, dessen ich ganz sicher war, unterzugehen.

Mit Offenbarung dieser meiner Einstellung war ich ein persönlich und politisch vertrauter Freund von Dr. Klaus Bonhoeffer, des Chefsyndikus der Lufthansa, geworden. Er weihte mich in die Verschwörung ein, deren »geistiges Haupt« – wie Himmler nach dem 20. Juli von ihm sagte – Bonhoeffers Schwager Dr. Hans von Dohnanyi, persönlicher Referent des Reichsjustizministers Dr. Franz Gürtner, war und in der sich frondierende Offiziere des Heeres und namhafte Persönlichkeiten aus der Vornazizeit, ehemalige Politiker und Gewerkschaftsführer, besonders aber auch Renegaten des Naziregimes unter Anführung des ehemaligen Oberbürgermeisters von Leipzig, Dr. Carl Goerdeler zusammengefunden hatten, um Hitler zu stürzen. Der Grund: Hitler hatte am 5. November 1937 dem Kriegsminister von Blomberg, dem Außenminister von Neurath und den Oberbefehlshabern der drei Wehrmachtsteile Göring, von Fritsch und Raeder in einer geheimen Konferenz offenbart, »daß er dem deutschen Volk den notwendigen Lebensraum im Osten erobern werde«, zuerst mit einer »blitzartig schnellen« Unterwerfung von Österreich und der Tschechoslowakei »wahrscheinlich schon im Laufe des Jahres 1938«.[1]

An der Spitze der Heeresfronde agierte Oberst Hans Oster, Leiter des Zentralamtes der Abwehr unter Admiral Canaris, der im Einvernehmen mit dem Chef des Generalstabes des Heeres, General Ludwig Beck, die Organisation und Aktivität der Verschwörung abschirmte. Anfang März 1939 war ich in den engeren Kreis der Verschwörung als nützlicher und vertrauenswürdiger Aktivist eingereiht worden, weil ich aus dem Kreis der motorisierten Troßknechte Hitlers, anläßlich einer Besprechung mit Hitlers Flugkapitän »Hansl« Baur, in Erfahrung gebracht und über Dohnanyi und Oster Canaris informiert hatte, daß Hitler dem ORW-Chef Keitel bereits den Befehl zum Überfall auf die Rest-Tschechei gegeben hatte, was selbst Canaris und Beck noch nicht bekannt war.

Als ich im März 1942 nach Madrid kam, war ich sehr schnell mit dem spanischen Diplomaten Juan Terrasa vertraut geworden. Er hatte Ende der Zwanziger Jahre in Berlin mit Prinz Louis Ferdinand, dem heutigen Chef des Hauses Hohenzollern, studiert und war mir von diesem als vertrauenswürdiger Gegner des Franco-Faschismus empfohlen worden. Ich hatte Louis Ferdinand in die Verschwörung eingeweiht, nachdem wir uns während seiner Tätigkeit als verkehrspolitischer Berater in der Lufthansa angefreundet hatten. Er war ein kompromißloser Gegner des Naziregimes und galt als solcher bei den recht zahlreichen Monarchisten in der Verschwörung als legitimer Prätendent für die Wiedererrichtung einer Monarchie nach dem Sturz des Hitlerregimes.

Juan Terrasa, ein Katalane aus Barcelona, ein reich begabter musischer Mensch, hatte vor dem Spanischen Bürgerkrieg in Belgrad, wo ihm als deutscher Kollege der spätere Botschafter von Hassell, einer der führenden Köpfe in der Verschwörung, näher bekannt geworden war, in Moskau und auch in Washington Diplomatendienste getan. Von seinen vielseitigen geistigen Interessen zeugen Bilder, die er gemalt, und ein kleiner Band Gedichte, die er in Englisch verfaßt hat. Außerdem war er ein sachverständiger Musikliebhaber, was ihn besonders mit Prinz Louis Ferdinand verband. Er las die »Prawda« genauso regelmäßig wie andere führende Blätter der westlichen Weltmetropolen. In den Wirren des Spanischen Bürgerkrieges war er wegen seiner zu liberalen und sozialen Gesinnung denunziert und ins Gefängnis geworfen worden, wo er zwei Jahre unter entwürdigenden Lebensbedingungen ausharren mußte, bis er von Francos Bruder, dem Flieger Ramón Franco, der zusammen mit ihm an der Spanischen Botschaft in Washington Dienst getan hatte, herausgeholt und rehabilitiert worden war.

Weil ich Juan völlig unbekümmert vertrauen durfte, weihte ich ihn in die Verschwörung ein, um durch seine Vermittlung die Möglichkeit einer Verständigung zwischen dem innerdeutschen Widerstand und den Westmächten zu eruieren. Veranlaßt dazu hatte mich damals Dr. Goerdeler, der in der Verschwörung als präsumtiver Reichskanzler galt, in einem Gespräch unter vier Augen. Er wußte, daß ich durch meinen einzigen Freund aus der Studienzeit, Angel Ferrari-Nuñez, Professor für mittelalterliche Geschichte, und dessen Schwiegervater, Marquez de Aledo, einer der bedeutendsten internationalen Bankiers, über Verbindungen verfügte, von denen er sich eine Sondierung der Einstellung Churchills zu seinen Plänen als präsumtiver Reichskanzler erhoffte. Das war ihm über den ihm persönlich vertrauten schwedischen Bankier Markus Wallenberg, durch dessen Beziehung in London, wie er erhofft hatte, nicht gelungen. Dr. Goerdeler hatte mich zuvor auch schon mehrfach gebeten, die Möglichkeit einer Verbindung zu Roosevelt zu sondieren, mit dem Prinz Louis Ferdinand aus der Zeit seines Amerika-Aufenthalts vertraut war. Deshalb hatte ich ihn mit dem Prinzen im Juni 1942 in Cadinen, einem kaiserlichen Mustergut in Ostpreußen, zusammengebracht.

Im Sinne der Absichten Goerdelers hatte Juan Terrasa mich im März 1942 in seiner Wohnung mit dem amerikanischen Geschäftsträger Willard Beaulac – der Botschafter war wegen der undurchsichtigen Einstellung Francos zu Hitler, Mussolini und den Alliierten von Roosevelt abberufen worden – zusammengebracht, danach mit Tony Graham, Leiter des Secret Service an der englischen Botschaft in Lissabon, und in Madrid auch mit dem dort als Leiter des Croix Rouge getarnt residierenden Monsigneur Boyer-Mas, der in Wirklichkeit als geheimer Vertreter der Free French fungierte und mit Truelle, dem Botschafter de Gaulles, in enger Verbindung stand. Mit diesen Kontakten konnte ich zwar Dr. Goerdeler nicht weiterhelfen, aber sie sollten sich als ungeheuerlich schicksalsträchtig für mein ganzes Leben entpuppen, nachdem ich mit Stauffenberg bekannt und vertraut geworden war. Durch meine Sondierung für ihn in Madrid und Lissabon war ich im Winter 1943/44 zu der Überzeugung gekommen, daß es auch für ein vom Nationalsozialismus gereinigtes Deutschland nur noch »die bedingungslose Kapitulation« gab. Eine Erkenntnis, die Stauffenberg bis zuletzt nicht wahrhaben wollte.

Mit Stauffenberg war ich im Oktober 1943 von Oberst Hansen, dem damaligen Leiter der Abteilung I der Abwehr unter Canaris, bekannt gemacht worden, als Stauffenberg Chef des Stabes bei General Olbricht, Leiter des Allgemeinen Heeresamtes im OKW, geworden war. Stauffenberg brächte jetzt nun endlich, wie mir

mein Freund Ludwig Gehre, Hauptmann in der Abteilung III der
Abwehr, sagte, den Staatsstreich »in Schwung«. Hansen vertraute
mir weiterhin an, Stauffenberg sei »eigenwillig« und darauf erpicht,
sich unabhängig von »Politikern und Diplomaten in der Verschwörung« eine eigene Verbindung zu General Eisenhower zu schaffen,
um bei ihm nach gelungenem Staatsstreich Waffenstillstandsverhandlungen anzuknüpfen. Ob ich über meine Verbindungen zur
USA-Botschaft in Madrid einen Kontakt zu Eisenhower herstellen
könnte?

Selbstverständlich war ich bereit, es zu versuchen. Zu diesem
Zweck und weil meine Uk-Stellung für die Lufthansa auf die Dauer
sowieso nicht mehr haltbar geworden war, wurde ich durch Verfügung des Allgemeinen Heeresamtes mit Unterstellung unter die
Wehrgesetze zum Sonderbeauftragten des OKH bestellt, zur besse-
ren Tarnung jedoch unter Beibehaltung meiner Stellung als Syndikus der Lufthansa der Abwehrstelle Stettin zugeteilt. Damit war ich
als Vertrauensmann Stauffenbergs in die vorderste Front der
Fronde gegen Hitler eingegliedert und hatte das befreiende und
befriedigende Gefühl, endlich nun selbst auch bei der Vorbereitung
des Staatsstreichs aktiv mitzuwirken. Seit der Fritsch-Krise im
Februar 1939 hatte ich vergeblich mit immer wiederkehrenden
Enttäuschungen und immer wiederbelebten Hoffnungen auf den
Staatsstreich »der Generale« gewartet, ohnmächtig wie alle Zivilisten in der Verschwörung, mit verbissener Wut auf die Feldmarschälle und Generale, die auf den Gefreiten Hitler, auf seine
wahnwitzigen Befehle schimpften und sich im nächsten Moment
von ihm dekorieren ließen, aber selbst nichts unternahmen, um der
sich immer deutlicher abzeichnenden Katastrophe ein Ende zu
machen.

Unter dem Eindruck der düsteren Stimmung im Volk nach der
Katastrophe von Stalingrad und den immer verheerender werdenden Luftangriffen auf deutsches Gebiet, nicht zuletzt gedrängt
durch das siegreiche Vorgehen der Alliierten in Nordafrika, war
Stauffenberg entschlossen, den Staatsstreich noch vor Weihnachten
1943 zu unternehmen. Ein junger Offizier, Axel von dem Bussche,
war bereit, sich mit Hitler, dem ein Mantel für die neue Winteraus-

rüstung in Rußland vorgeführt werden sollte, bei dieser Gelegenheit in die Luft zu sprengen. Mehrmals war die Vorführung angesetzt, von Hitler immer wieder abgesagt, schließlich auf unbestimmte Zeit verschoben worden, weil die Ausrüstung bei einem Luftangriff der Royal Air Force verbrannt war.

In zuversichtlicher Hoffnung auf den Staatsstreich, war ich am 23. November 1943, als unser Berlin brannte, nach Madrid geflogen. Juan Terrasa verständigte sofort Mr. Beaulac von meiner Ankunft. Er lud uns für seinen nächsten freien Abend zum Dinner nach Hause ein. Dort traf ich außer Mrs. Beaulac einen anderen Amerikaner, etwa Mitte der Fünfzig, der mich wie einen alten Bekannten auf Deutsch begrüßte: »Wie geht es Ihnen, Doktor John?« Er ließ mich rätseln und sagte, wir hätten gemeinsame Bekannte und Freunde, z. B. Louis Lochner und den früheren amerikanischen Marineattaché an der US-Botschaft in Berlin, Commander Schrader. Erst nach dem Essen gab er sich zu erkennen: Es war Colonel William Hohenthal, seit kurzem Militärattaché an der Madrider US-Botschaft. Früher hatte er als Assistant Military Attaché an der US-Botschaft in Berlin gearbeitet, wo wir uns einmal bei einer Party getroffen hatten.

Hohenthal war natürlich von Beaulac davon in Kenntnis gesetzt worden, daß er mich treffen würde. Er stellte aber keine gezielten Fragen, dadurch konnte ich unbefangen mit ihm sprechen. Da ich von dem Zusammentreffen mit ihm völlig überrascht wurde, mußte ich mir zwischendurch überlegen, was ich sagen sollte und worauf ich schließlich hinauswollte. Dafür bot sich während des Essens reichlich Gelegenheit. Wir sprachen erst allgemein über den Krieg, wobei ich freimütig eingestand, daß ich ihn für uns, wie Beaulac ja wisse, von Anfang an für verloren gehalten hätte. Hohenthal fragte mich, ob die schweren Bombardements auf Hamburg die Bevölkerung nicht demoralisierten und kriegsmüde machten?

Ich zitierte, was Gablenz, den er auch flüchtig gekannt hatte, bei Ausbruch des Krieges mir gesagt hatte: Die Wehrmacht könnte bis zur totalen Erschöpfung sieben Jahre kämpfen, und sagte sarkastisch, daß es also wahrscheinlich noch drei Jahre dauern könnte, bis sie an das Brandenburger Tor kämen – wenn es uns nicht vorher

gelänge, »durch eine Änderung des Regimes« den Krieg zu beenden. Da er dies ganz gelassen zur Kenntnis nahm, sagte ich, ohne
Namen zu nennen, daß »wir« noch vor Weihnachten einen Versuch
unternehmen würden, »das Regime zu ändern«. Dazu könnten wir
als Unterstützung von außen eine Erklärung des Alliierten Oberkommandos brauchen, die unseren Feldmarschällen dieselbe
Behandlung verspricht, die Badoglio gewährt worden war. Damit
glaubte ich genug gesagt zu haben, um die Frage zu stellen, auf die
ich hinauswollte. Ob wir in Verbindung bleiben könnten? Er
bejahte das bereitwillig, gab mir die Nummer seines geheimen
Telefonapparates in der US-Botschaft und versprach mir strikteste
Geheimhaltung.
Erfreut über diesen vielversprechenden Kontakt gab ich – wie
vereinbart – eine Codenachricht über Klaus Bonhoeffer für Hansen
an Gehre, erhielt aber keine Antwort. Völlig verwundert darüber,
flog ich deshalb zurück nach Berlin. Noch sehr spät abends, informiert durch meinen Bruder, kam Gehre am 17. Dezember zu mir
und beschwichtigte meine Verstimmung darüber, daß ich in Madrid
ohne jede Nachricht gelassen worden war. Hansen hatte es für
ratsam gehalten, so sagte Gehre, Klaus Bonhoeffer und die interne
Lufthansa-Nachrichtenvermittlung nicht mehr in Anspruch zu nehmen. Sie seien ihm nicht mehr sicher genug.
Am nächsten Tag hatte ich im OKW-Lager Zossen eine längere
Aussprache mit Hansen. Er war sehr beeindruckt, daß es mir
gelungen war, die Verbindung mit Hohenthal herzustellen. Wir
vereinbarten, daß ich weiterhin nur ihm und er Stauffenberg über
die Verbindung zu Colonel Hohenthal berichten sollte. Gehre
sollte weiterhin die Verbindung zwischen uns aufrechterhalten.
Aber außer ihn sollte ich niemanden informieren. Auch Canaris
sollte nicht informiert werden. »Er sei«, sagte Hansen, »sowieso
total überlastet.«
An einem Abend Anfang Januar rief Haeften mich »rüber«. Er
wohnte nahe bei mir auf der anderen Seite des Erlenbusch Park.
Dort erwartete mich Stauffenberg. Er hatte von Haeften erfahren,
daß ich schon seit Kriegsbeginn mit dem engeren Kreis der Honoratioren und anderen führenden Männern der verschiedenen zivilen

Widerstandsgruppen vertraut war. Stauffenberg kannte die politischen und personellen Verflechtungen im Bereich des zivilen Widerstandes und ihre Entwicklung nicht. Er war noch kein halbes Jahr in Berlin und wollte sich bei mir informieren.

Was Stauffenberg zu Beginn des Gespräches sagte, machte mir klar, daß Organisation und Initiative für den Staatsstreich auf ihn konzentriert waren und daß es ihm deshalb zukam, über alles informiert zu werden, was ich in den Jahren konspirativ erlebt hatte. Das war nicht mehr und nicht weniger eine Chronik der Verschwörung, ihrer Entstehung und Entwicklung, die ich natürlich – immer wieder unterbrochen durch Stauffenbergs Zwischenfragen – skizzieren konnte. Er war besonders interessiert am Zustandekommen meiner Verbindungen in Madrid und Lissabon. Schließlich fragte er mich, wen ich auf Grund meiner Kenntnisse und Erfahrungen für den bedeutendsten unter den Politikern in der Verschwörung hielt. Ohne überlegen zu müssen, sagte ich spontan: »Julius Leber.« Das mußte ich begründen. Was ich dazu sagte, kann ich nicht wörtlich wiedergeben. Dem Sinn nach war es das, was ich kurz nach dem Krieg einmal über Leber geschrieben habe:

»Leber ist die stärkste Persönlichkeit unter den Politikern, die ich näher kennengelernt habe, von hohem geistigen Rang, vital, trotz der vier oder fünf Jahre, die er vor dem Krieg unter besonders übler Behandlung im KZ war. Er ist kein doktrinärer Antimilitarist wie die Linken Sozialisten. In den 20er Jahren ist er als Reichstagsabgeordneter der SPD gegen die gesamte Linke für den Bau des Panzerkreuzers A aufgetreten, was damals viel Aufsehen erregt hat. Zu einer Geburtstagsfeier von Ernst von Harnack hat er einmal spontan vor einem kleinen Kreis unserer Freunde eine Rede gehalten, eine druckreife Rede – es war eine vollendete politische Analyse unserer Lage im ersten oder zweiten Kriegswinter.«

Canaris war nicht – wie Hansen mir kurz zuvor gesagt hatte – »total überlastet«. D. h. er war tatsächlich nicht durch dienstliche Inanspruchnahme überlastet, aber psychisch schwer belastet, was Hansen mir gegenüber offenbar kaschieren wollte. Seit der Verhaftung von Dohnanyi im April 1943 schwelte tief in seinem Innersten seine Ahnung von einem bösen Ende, dem er fatalistisch entgegensah.

Jahrelang hatte er sich gegen seine Widersacher und deren Handlanger im Reichssicherheitshauptamt behaupten können. Sie alle waren, wie schon der durch ein Attentat tschechischer Patrioten ermordete berüchtigt gewesene Reinhard Heydrich, lüstern darauf aus, ihn zu stürzen, um sich die Abwehr einzuverleiben, weil sie der einzige noch unabhängig von ihnen operierende Geheimdienst war. Aber das »Amt Ausland/Abwehr« war ein Bestandteil des OKW, für Himmler und alle seine SS- und SD-Chargen unantastbar. »Wer die Wehrmacht angreift, greift mich an«, hatte Hitler einst statuiert, als er mit den großen Morden am 30. Juni 1934 die SA entmachtet und die Wehrmacht zum alleinigen Waffenträger der Nation erklärt hatte. Das war von Himmler und seiner SS respektiert worden.

Aber was Himmler nicht gelingen wollte, brachte ein schurkischer Agent der Abwehrstelle München fertig. Ein gewisser Konsul Dr. Wilhelm Schmidhuber aus München, hatte unter dem Deckmantel eines Abwehrauftrages in ganz großem Umfang Devisenschiebung gemacht. Die Zollfahndungsstelle Prag war ihm auf die Spur gekommen. In der Voruntersuchung verteidigte er sich provozierend hochnäsig mit der Behauptung, er hätte die Geschäfte für die Abwehrzentrale in Berlin getätigt. Das könne Canaris bestätigen. Die Rückfrage bei ihm wurde routinemäßig von Dohnanyi mit der Klarstellung erledigt, daß der Herr Konsul keinerlei Auftrag vom Zentralamt der Abwehr erhalten habe, aber als Mitarbeiter der Abwehrstelle München bekannt sei. Wütend über diese Abfuhr, dachte der feine Herr Konsul, »er werde den Laden in Berlin hochfliegen lassen«. Als er mit solchen Erpressungsversuchen nicht weiterkam, denunzierte er Dohnanyi. *Der* hätte unter dem Deckmantel der Abwehr reiche Juden gegen hohe Dollarprämien in die Schweiz entkommen lassen. *Der* sei englischer Agent, stehe in Verbindung mit Professor Leibholz in Oxford, der mit seiner Schwägerin verheiratet sei. *Der* habe seinen Schwager, den Pastor Dietrich Bonhoeffer – für die Abwehr Uk gestellt – zur Aufnahme von geheimen Verbindungen mit dem Bischof von Chichester nach Stockholm und den Münchner Rechtsanwalt Dr. Josef Müller zum Vatikan geschickt. Diese Anschuldigungen waren dem Herrn Konsul gerüchteweise bekannt geworden. Er hatte keine Ahnung, daß und wie tief Dohnanyi in die Verschwörung gegen Hitler verstrickt war. Aber das, was Herr Schmidhuber zu Protokoll gebracht hatte, war von dem als »Bluthund« im Kriegsgerichtsverfahren gegen die Rote Kapelle berüchtigt gewordenen Oberkriegsgerichtsrat Dr. Manfred Roeder gierig aufgegriffen worden. Er hatte in enger Zusammenarbeit mit der Gestapo die Mitglieder der Roten Kapelle zur Strecke und an den Galgen gebracht und – er hatte etwas gegen Canaris und seine engsten Mitarbeiter, die dem Sicherheitsdienst Himmlers seit eh und je suspekt waren. Er machte sich selbst – wie er großspurig unter Kollegen im Reichskriegsgericht ausplauderte – stark dafür, daß er die staatsfeindliche Clique der Abwehr zur Strecke bringen würde.

Am 5. April 1943 war er mit dem Gestapokommissar Sonderegger in der Abwehr erschienen und hatte Dohnanyi verhaftet. Dabei hatte Sonderegger beobachtet, wie Oster ein Schriftstück in seine Tasche verschwinden lassen wollte. Er wurde von Roeder aus dem Amt verwiesen und unter Hausarrest gestellt. Zur gleichen Zeit wurden Dietrich Bonhoeffer, Josef Müller, Frau von Dohnanyi und Frau Müller verhaftet. Schmidhuber, der nach Italien geflohen war, wurde dort verhaftet und nach Berlin geholt. Die Verhafteten unterstanden der Juristiktion des Reichskriegsgerichtes und wurden deshalb in ein Wehrmachtsgefängnis eingeliefert. Dort waren sie vor dem Zugriff der Gestapo und deren Vernehmungsmethoden sicher. Ihren Anwälten gelang es, die Voruntersuchung bis zum 20. Juli 1944 hinauszuzögern.

Unterdessen geriet Canaris seit Beginn des Jahres 1944 immer mehr in Bedrängnis. Ein Gestapo-Spitzel, der Schweizer Arzt Dr. Reckzeh, hatte sich Zugang in den großen Freundes- und Bekanntenkreis von Frau Hanna Solf, Witwe des letzten kaiserlichen Außenministers und nachmaligen Botschafters, verschafft und die Personenverbindungen dieses Kreises in weitem Umfang monatelang ausgeforscht. Gleichwohl hatte die Gestapo sich zunächst mit Verhaftungen zurückgehalten, aber dann im Januar 1944 zum großen Schlag ausgeholt. Die Namen der Verhafteten wurden vor der Öffentlichkeit zunächst geheim gehalten. Unter ihnen befanden sich viele, denen einige der zivilen Verschwörer, u. a. Dr. Goerde-

ler, bekannt waren. Es war nicht abzusehen, ob und wie weit die
Gestapo nun in die Verschwörung eingedrungen war und stillschweigend heimlich weiter beobachtete.

Die Vernehmungen brachten die Gestapo auch auf die Spur von
Dr. Erich Vermeehren und seiner Frau, denen es als engagierte
Gegner des Naziregimes gelungen war, sich durch Betätigung an
der deutschen Botschaft in Istanbul eine Ausweiche einzurichten.
Als sie zum Verhör nach Berlin beordert wurden, war ihnen klar,
was sie dort zu erwarten hatten. Sie flüchteten sich in die englische
Botschaft, taten dies aber nicht geheim und geräuschlos, sondern
veranstalteten, nachdem sie nach London ausgeflogen worden
waren, dort mit einer aufsehenerregenden Pressekonferenz einen
weltweiten öffentlichen Skandal. Dabei war ihr Auftritt von sarka-
stischen Journalisten zu einer lächerlichen Farce aufgeputscht worden. Frau Vermeehren, eine geborene Gräfin Plettenberg, galt als
geradezu bigott fromm. Sie hatte geäußert, daß sie im Traum von
der Stimme des Heiligen Geistes gewarnt worden sei, nicht nach
Deutschland zurückzukehren, das wie Sodom und Gomorra zum
Untergang verdammt sei. Die Stimme hätte beiden aber auch
aufgetragen, die Bücher mit dem Geheimcode nach London mitzu-
nehmen. Tatsächlich waren sie mit leeren Händen nach London
gekommen.

Hitler tobte. Himmler hatte nun leichtes Spiel, auf diese und andere
»Pannen« der Abwehr hinzuweisen, für die Canaris verantwortlich
sei. »Sein ganzer Laden sei unfähig und unzuverlässig!« Am
18. Februar 1944 wurde Canaris auf Befehl von Hitler vom Dienst
suspendiert, die Abwehr in das Reichssicherheitshauptamt ein- und
aufgegliedert. Dabei wurde die bis dahin von Oberst Hansen ge-
führte Abteilung I der Abwehr, wie bisher zuständig für militärische Spionage im Ausland, aus Zweckmäßigkeitsgründen als weiterhin operativ selbständiges Amt MIL dem Generalmajor der
Waffen-SS und Brigadeführer Walter Schellenberg unterstellt.

Bevor sich dies in Berlin abspielte, war ich am 2. Februar nach
Madrid geflogen. Hansen hatte mir eingeschärft, den Kontakt mit
Colonel Hohenthal zu vertiefen, ihm, wenn nötig, anzudeuten, daß
»unser Badoglio« zur Aktion bereit stünde. Ein Zeichen der Ermu-

tigung von Eisenhower oder aus seinem Hauptquartier könnte der Sache sehr dienlich sein. Außerdem sollte ich versuchen, in Erfahrung zu bringen, wann nun wirklich mit einer Invasion in Frankreich zu rechnen sei. Churchill hätte zuvor geäußert: »Bevor die Blätter fallen.«

Nach meiner Ankunft in Madrid hatte ich Colonel Hohenthal gerade noch durch einen Anruf auf seinem Geheimapparat in der US-Botschaft erreicht. Er war im Begriff eine längere Dienstreise anzutreten. Wir trafen uns spät abends im Retiro, im Schatten einer grell in den Park hineinleuchtenden Tanzfläche, wo sich die Madrider laut singend und schreiend amüsierten. Colonel Hohenthal versprach mir, nach seiner Rückkehr Anfang März, definitiv Bescheid zu sagen, ob er für uns eine Verbindung zu Eisenhower herstellen dürfe. Dazu sei er von sich aus nicht ermächtigt. Zum Abschied gab er mir eine Stange Lucky Strike mit Grüßen für eine Bekannte in Berlin.

In gehobener Stimmung, weil mein Kontakt mit Colonel Hohenthal sich weiter so gut angelassen hatte, flog ich nach Lissabon. Als mein Besuch dort angekündigt wurde, war Juan Terrasa mitgeteilt worden, daß Tony Graham verreist sei. Tatsächlich war ihm von seinem Chef in London verboten worden, mich wiederzusehen. Der Chef in London war Kim Philby, der – was erst sehr lange nach dem Krieg 1963 durch einen sensationellen Spionageskandal ans Licht kam – ein Superagent Stalins war, in einem sehr hohen Rang des in aller Welt mehr bewunderten als gefürchteten Secret Service saß und darüber wachte, daß kein »Schachern« (diggering) zwischen der englischen Regierung und der Wehrmacht gegen den Vormarsch der Roten Armee zustande kam. Darüber mehr an anderer Stelle.

Aber Rita Winsor, eine Mitarbeiterin Tony Grahams, konnte ich sehen. Juan Terrasa managte für mich eine Verabredung mit ihr. In der Dunkelheit einer seitlich gelegenen Straße stieg ich in ihren Wagen. Markantes äußeres Kennzeichen war das Nummernschild am Wagen, ihr persönliches Erkennungszeichen eine graue Haarsträhne in ihrem dunklen Haar, ein reizvoller Kontrast zu ihrem anmutigen Gesicht. Zur Tarnung fuhr sie mich kreuz und quer

durch die Stadt und machte mir mit eindringlichen Worten klar:
»Nach einer strengen Weisung aus London sei jeder weitere Kon-
takt mit Emissären der deutschen Opposition – so nannte man in
England den innerdeutschen Widerstand – strikt verboten. Gespräche hätten auch keinen Sinn mehr. General Eisenhower sei zum
Oberbefehlshaber der Invasionsarmee ernannt worden, und nun
würden die Waffen den Krieg entscheiden!« Um mir diese bittere
Pille zu versüßen, lud sie mich ein, bei ihr zu Hause zum Abschied
einen Whisky zu trinken. In ihrer Wohnung erwartete uns eine
Kollegin, die früher einmal in der britischen Botschaft in Berlin
tätig gewesen war. Einige Zeit saßen wir plaudernd zusammen, als
ob es keinen Krieg gäbe.

Wieder in Madrid erwachte ich nachts mit brennenden Augen. Bei
einem Luftangriff im November zuvor war ich in einem brennenden
Haus am Lützowplatz in Berlin verschüttet worden und litt seitdem
an einer hartnäckigen Bindehautentzündung. Ich mußte bei verdunkelten Fenstern im Bett liegen bleiben und gab eine Codenachricht an Hansen. Diese Mitteilung löste bei ihm und Stauffenberg
die allergrößte Beunruhigung aus. Wie ich nach meiner Rückkehr
erfuhr, war Ludwig Gehre verhaftet worden, aber der Gestapo
wieder entkommen. Im Stabe Olbrichts befürchtete man, daß ich,
irgendwie von Gehre informiert, mit oder ohne ihn, zu den Alliierten übergehen und dadurch – wie die Vermeehrens – einen neuen
Skandal auslösen könnte, der Hansen die Haltung seiner Schlüsselstellung unmöglich gemacht hätte.

Von alldem nichts ahnend flog ich, nachdem sich der Zustand
meiner Augen gebessert hatte, nach Berlin zurück und kam dort
vierzehn Tage später als geplant, am 10. März, an. Mein Bruder
holte mich vom Flugplatz ab. Hinter einer Säule beobachtete er, ob
ich verhaftet werden würde. Dies hielten meine Freunde für möglich, weil meine enge Verbindung mit Gehre der Gestapo bekannt
sein konnte. Nichts geschah, und Haeften, der vor dem Flughafen
in einem Dienstwagen wartete, fuhr uns nach Hause.

Was ich dann zu Hause von meinem Bruder zu hören bekam,
überfiel mich wie eine letzte Warnung. Die Gestapo war uns auf den
Fersen. Aus den Ermittlungen gegen den Freundeskreis von Frau

Hanna Solf hatte die Gestapo erfahren, daß Graf Helmuth Moltke, Berater für Internationales Recht im OKW, Oberst Oster gewarnt hatte, »er solle nicht so viel in Berlin herumtelefonieren«. Die Gestapo brachte heraus, daß Moltke zu dieser Warnung durch Gehre veranlaßt worden war, der von einem Freund im Reichsforschungsamt über geheime Telefonüberwachungen, die uns betrafen, laufend informiert worden war. Nach weiteren Beobachtungen griff die Gestapo zu: Moltke und Gehre wurden verhaftet.

Gehre spielte sich in der Haft als »alter Kämpfer« auf, berief sich auf seine frühe Bekanntschaft mit Himmler und erklärte sich bereit, von der Abwehr zum Sicherheitsdienst überzutreten, weil er es satt hätte, »mit den reaktionären Offizieren« weiter zusammenzuarbeiten. Er verlangte Cognac, trank »auf alte Kameradschaft«, bis die anderen nicht mehr mithalten konnten. Am nächsten Morgen sollte er seine Bereitwilligkeit zur Mitarbeit unter Beweis stellen und anhand des internen Telefonbuchs der Abwehr eine politische Charakteristik aller ihm bekannten Abwehroffiziere schreiben. Er versprach dies zu tun, wolle aber vorher zu Hause einige persönliche Sachen holen. Zwei Gestapobeamte wurden abgeordnet, ihn zu begleiten. In der Villa seiner Schwiegereltern Herpich in Lichterfelde, wo er – weil die Familie mit seiner Frau evakuiert war – allein wohnte, setzte er die beiden Beamten unter Alkohol. Als sie mehr zu trinken verlangten, sagte er, seine Vorräte seien erschöpft, sie sollten mit ihm nebenan zu seinem Schwager Paul Herpich kommen. Da gäbe es zu essen und zu trinken, was ihr Herz begehre.

Bei Paul Herpich, der schnell begriff, was gespielt wurde, zechte man weiter. Als schließlich ein Film vorgeführt wurde, nickten die betrunkenen Gestapomänner durch das Schnurren des Vorführapparats ein. Unterdessen verschwand Gehre. Er ging zu meinem Bruder, der ihn erst bei uns und ein paar Tage später bei einem vertrauenswürdigen Bekannten verbarg. Dort sah ich ihn wieder. Er sagte, wenn die Gestapo ihn fände, würde er sich erschießen. Aber vorher würde er Olbricht aufsuchen und zur Rede stellen, wenn nicht endlich etwas geschehe, um der braunen Herrschaft ein Ende zu machen.

Dies war der Anlaß für Stauffenberg und Hansen, mich zu bitten, für Gehre in Spanien ein · Versteck ausfindig zu machen. Sie befürchteten, daß Gehre »durchdrehen« könnte. Ich fuhr deshalb unter dem Vorwand eines Abwehrauftrages nach Paris und besuchte dort einen Spanier, dessen Adresse Juan Terrasa mir für den Fall gegeben hatte, daß einer von uns untertauchen müßte. Leicht hätten wir Gehre einen falschen Wehrpaß und Marschbefehl nach Paris verschaffen können. Der Spanier war auch bereit, ihn zu verstecken. Aber Gehre weigerte sich beharrlich, Deutschland ohne seine Frau und ihr kleines Kind zu verlassen, obwohl diese im Landhaus von Gehres Schwiegereltern auf der Insel Sylt sicher waren. Nach dem Mißlingen des Aufstandes am 20. Juli hatte Gehre seine Frau heimlich nach Berlin kommen lassen, um mit ihr Selbstmord zu begehen. Er erschoß seine Frau, traf sich selbst so schlecht, daß er schwerverwundet von der Gestapo entdeckt und in ein Gefängnislazarett eingeliefert wurde. Er wurde später mit Canaris im KZ Flossenbürg gehenkt.

Inzwischen war die Gestapo auf meine Spur gestoßen. Einer von Hansens Mitarbeitern hatte im Gespräch mit SD-Leuten erfahren, daß der flüchtige Gehre eng befreundet mit einem eleganten, jungen blonden »Herrn« sei, den Gehre immer »den Doktor« nannte. Der sei sehr oft abends mit dem Fahrrad zu Gehre gekommen. Die Personalbeschreibung paßte auf mich und stammte von der Frau des Hausmeisters in der Villa Herpich. Es war mein großes Glück, daß Gehre der neugierigen Hausmeisterin nie einen Namen seiner Besucher genannt hatte. Aber es war kein angenehmes Gefühl, daß die Gestapo eine Personalbeschreibung von mir hatte und nach mir fahndete.

Unser Unbehagen vor der Gestapo wurde durchaus nicht erträglicher dadurch, daß mein Bruder und ich Gehre zu versorgen hatten. Sein Versteck mußten wir öfter wechseln. Dann holte Haeften mich spät abends mit einem Dienstwagen ab, und wir brachten Gehre in einen neuen Unterschlupf. Das war zuerst ein riskantes Unternehmen, weil wir von einer Militärstreife angehalten oder von einem Luftangriff überrascht werden konnten. Um solchen Gefahren vorzubeugen, besorgte Graf Schwerin-Schwanefeld, der als Hauptmann beim Generalquartiermeister Dienst tat, ein Soldbuch für

Gehre mit falschem Namen und Majorsrang. Gehre hatte sich zur Tarnung einen Schnurrbart wachsen lassen und trug ein Monokel. Zur Verzweiflung brachte er uns, als er zuweilen nachts spazierenging und gelegentlich von Telefonzellen aus den einen oder anderen anrief. Immer wieder drohte er, daß er »den ganzen Laden in der Bendlerstraße hochgehen lassen würde«, wenn die Gestapo ihn wieder zu fassen bekäme. Er glaubte, er könnte durch solches Drängen den Umsturz beschleunigen.

Hansen verstand es, ein tollkühnes Doppelspiel zwischen seinen neuen Herren von der SS und seinen Mitverschwörern zu treiben. Kaltenbrunner und Schellenberg hielten ihn bis zum 20. Juli für einen apolitischen, begabten Nachrichtenoffizier, und ließen ihm ziemlich freie Hand bei dem Aufbau des »Amtes Mil.«, der sich bis spät in das Frühjahr hinein hinzog. Unterdessen wurde Canaris trotz seiner Amtsenthebung »wegen Unfähigkeit« und weil ihm keinerlei konspirative Tätigkeit nachgewiesen werden konnte zum Chef des Sonderstabes für Handels- und Wirtschaftskrieg ernannt, konnte aber in dieser Stellung nichts für den Umsturz tun. Die erzwungene Ruhe kränkte und bedrückte ihn sehr.

Nach meiner Rückkehr aus Madrid im März hatte ich für Hansen und Stauffenberg die beiden im Anhang abgedruckten Berichte I und II verfaßt. Sie sollten die Erkenntnis vermitteln,

1. daß es keinerlei Chancen gab, die westöstliche Allianz zu spalten, obwohl schon zu dieser Zeit für Einsichtige fragwürdig war, ob diese Allianz nach dem Krieg weiterbestehen bleiben würde;
2. daß die Alliierten, Anglo-Amerikaner und Russen, von der Forderung der bedingungslosen Kapitulation der Wehrmacht nicht abgehen und diese erforderlichenfalls erzwingen würden;
3. daß die Invasion der Anglo-Amerikaner an den Küsten Frankreichs im Juni zu erwarten sei.

Meine Prognosen wurden von Adam von Trott zu Solz, Legationsrat im Auswärtigen Amt, in Frage gestellt. Ihn hatte ich schon vor dem Krieg kennengelernt, war aber erst im ersten Kriegswinter als Freund im Widerstand mit ihm vertraut geworden. Er war Rhodes Scholar gewesen, war weltweit gereist und durch seine weitverzweigten Verbindungen zu hohen englischen Kreisen ein Experte englischer Außenpolitik. Er hatte sich schon vor dem Krieg die deutsch-englische Verständigung zur Aufgabe gemacht, während des Krieges durch Verbindungen über Schweden und die Schweiz nach London und in die USA die Möglichkeit eines Verständigungsfriedens zwischen den Westmächten und dem innerdeutschen Widerstand eruiert und propagiert. Seit der Konferenz von Casablanca hatte er in Memoranden von Schweden und der Schweiz aus die Forderung der bedingungslosen Kapitulation kritisiert, schließlich, in den Monaten vor dem 20. Juli, versucht, die Westmächte zu warnen, daß sie mit der »sinnlosen Forderung der bedingungslosen Kapitulation wohl den Krieg, aber nicht den Frieden gewinnen könnten«, und daß die Zerstörungen in Deutschland durch Flächenbombardierungen die Bevölkerung der Verproletarisierung und schließlich der Unterwerfung kommunistischer Vorherrschaft preisgeben würden.[2] Gleichwohl hoffte Trott bis zuletzt auf eine bessere Einsicht Churchills, den er persönlich kannte, und zitierte dafür eine Rede Churchills vom Februar vor dem englischen Unterhaus, in der dieser ganz unmißverständlich einen Unterschied zwischen Nazis und dem deutschen Volk zum Ausdruck gebracht hätte. Außerdem verwies er auf eine andere Rede Churchills, die er am 24. Mai vor dem englischen Unterhaus gehalten hatte: »Wir werden weiterkämpfen bis Deutschland gezwungen ist zu kapitulieren, bis der Nationalsozialismus ausgerottet ist . . .« Es sei doch gar nicht mißzuverstehen, meinte Trott, daß Churchill immer noch bereit sei, einen Unterschied zwischen dem deutschen Volk und dem Naziregime zu machen.

Trott hatte Stauffenberg im Herbst 1943 durch seinen Kollegen im Auswärtigen Amt Hans-Bernd von Haeften, den Bruder von Werner, kennengelernt, war aber von ihm nicht in seine Verbindung über mich zu Colonel Hohenthal eingeweiht worden.

Diese Verbindung ist auch von der Untersuchungskommission der Gestapo nicht aufgedeckt worden. Im Bericht der Gestapo heißt es: »Einen eigenartigen Plan der Verbindung zu Amerika hatte Stauffenberg. Es hat sich nicht vollauf klären lassen, ob es sich hierbei nur um einen Plan handelte, oder ob Stauffenberg Verbindungen bereits aufgenommen hatte, oder ob er Agenten der amerikanischen Seite aufgelaufen war. Stauffenberg suchte entsprechend seiner rein militärischen Einstellung eine Anknüpfungsmöglichkeit beim militärischen Oberkommando der Alliierten, zu General Eisenhower und zum Generalstabschef, General Marshall. Berthold Stauffenberg, der Bruder des früheren Obersten von Stauffenberg, sagte dazu: »Etwa im Mai 1944 war ich zugegen, als über Beziehungen gesprochen wurde, die zu Eisenhower liefen oder aufgenommen werden sollten.«[3]

Trott sagte dann weiter: »Ich hatte aus meinem letzten Gespräch mit Stauffenberg den bestimmten Eindruck, daß Beck in jüngster Zeit eine positive Anknüpfungsmöglichkeit zum amerikanischen Gegner, wahrscheinlich zu dessen militärischem Oberkommando sich geboten haben müßte.«[4]

Hansen und auch Stauffenberg hatten sich zu meinen Prognosen erst später geäußert. Ihnen waren nicht meine Prognosen, sondern meine Verbindung zu Colonel Hohenthal wichtig. Hansen drängte mich deshalb, gleich nach Ostern wieder nach Madrid zu fliegen, um die Verbindung mit Colonel Hohenthal zu festigen. Er war zuversichtlich, daß Stauffenberg den Staatsstreich nun wirklich sehr bald in Gang bringen würde und daß ich deshalb in Madrid »auf Posten bleiben müßte«.

Zu dieser Zeit, Anfang April, war Stauffenberg noch ganz darauf eingestellt, den Umsturz durch einen der jungen Offiziere auslösen zu können, die, wie von dem Bussche, von Kleist und von Breitenbuch, bereit waren, sich selbst für ein Attentat auf Hitler zu opfern. Dies scheiterte jedoch immer wieder daran, daß keiner, der zum Selbstopfer bereit war, an Hitler herankam.

Eigentlich hätte ich es sehr eilig haben sollen, aus Berlin zu verschwinden, um nicht dort irgendeinem der mit meiner sehr treffenden Personalbeschreibung ausgestatteten Fahnder der Gestapo in die Arme zu laufen. Aber es war mir auch nicht leicht, meinen Bruder mit der riskanten Versorgung von Gehre allein zu lassen, auch wenn Haeften sich für stets einsatzbereit erklärt hatte, Gehre, wenn erforderlich, bei Nacht von einem Versteck in ein anderes zu fahren.

Was mich vor allem zurückhielt, war die Frage, worauf will Stauffenberg nun eigentlich hinaus, und was will und kann ich selbst eigentlich noch tun? Es gab doch nur noch die bedingungslose Kapitulation.

Stauffenberg wollte mich vor meiner Rückkehr nach Madrid unbedingt noch selbst sprechen. Das Treffen sollte an einem Abend bei mir stattfinden. Mit mir und meinem Bruder sollte außerdem besprochen werden, ob das »Haus am Erlenbusch«, das wegen seiner Lage am Parkrand zwischen Villengärten für geheime Zusammenkünfte besonders geeignet war, von ihm benutzt werden könnte. Aber er verschob seinen Besuch von einem Abend zum anderen. Damals hatte ich zum ersten Mal den Eindruck, daß Stauffenberg viel zu viel auf sich nahm, weil kein anderer es ihm gut genug machen konnte.

Als ich noch auf ihn wartete, holte mich Albrecht Haushofer zu einem Spaziergang durch den Grunewald ab. Er wußte, daß ich nach Madrid fliegen wollte. Am Tag zuvor noch habe er mit von Hassell gesprochen, und beide stimmten darin überein, daß Madrid und Lissabon für unsere Verhandlungen ungeeignet seien. Stockholm wäre der richtige Platz dafür! Dort könnte man sich »nach Osten umdrehen und Stalin ansprechen«, wenn sich die Westmächte nach gelungenem Staatsstreich nicht auf Verhandlungen mit uns einlassen wollten.

Haushofer kannte meinen konkreten Auftrag nicht. Er dachte, ich würde in Madrid und Lissabon immer noch für Goerdeler sondieren. Zudem glaubte er noch an Verhandlungsmöglichkeiten für uns und legte mir mit geistreichen Formulierungen dar, wie man den Engländern klarmachen müßte, daß Hitler nur eine Art neuzeitlicher Super-Cromwell sei, dessen Beseitigung eine Grundlage für Verhandlungen schaffen würde.

Am 17. April 1944 flog ich wieder nach Madrid. Dort wartete ich mit ungeduldiger Spannung auf das Zeichen der Erhebung aus Berlin und auch – auf die Rückkehr von Colonel Hohenthal. Aber nichts passierte. Die meiste Zeit saß ich mit Gerd Lindenberg, dem Bevollmächtigten der Lufthansa für Spanien, bei ihm zu Hause oder auch beim Rotwein vor einem einsamen Gasthaus am Rande der Sierra. Wir sprachen oft kaum ein Wort, starrten in den prächtigen Sonnenuntergang. Lindenberg dachte und fühlte politisch wie ich. Wir waren uns über das unabwendbar gewordene, katastrophale Ende Deutschlands im klaren. Schon Monate vorher hatte er mir gesagt: »Ich will gar nicht wissen, was du jetzt eigentlich immer noch in Madrid zu tun hast. Die ›Iberia‹ ist in Ordnung. Ich fühle doch, daß dir etwas anderes im Kopf herumgeht. Ich will nicht fragen, aber ich möchte dir sagen, wenn du mich brauchst, stehe ich zur Verfügung.«

Meine Beschäftigung in diesen Tagen in Madrid bestand wesentlich im Abhören der BBC und in der Lektüre englischer und amerikanischer Zeitungen. Dabei konnte ich mit besonderem Interesse die Entwicklung in Italien seit dem Sturz Mussolinis im Juli 1943 durch Badoglio verfolgen. Gab es vielleicht doch noch eine Chance für Stauffenberg, nach dem Sturz Hitlers mit Eisenhower Waffenstillstandsverhandlungen auszuhandeln? Unbestreitbar war die Tatsache, daß Italien durch den Sturz Mussolinis die bedingungslose Kapitulation, den totalen wirtschaftlichen Zusammenbruch, die Proletarisierung und eine Vorherrschaft der kommunistischen Partei, alles das, was Trott für Deutschland von einem Krieg bis zur bedingungslosen Kapitulation befürchtete, erspart geblieben waren.

Gab es doch noch Hoffnung für Deutschland, oder waren es nur noch Illusionen und Spekulationen, über die ich mich mit meinem Freund aus gemeinsamer Studienzeit an der Frankfurter Universität, Professor Angel Ferrari-Nuñez, und seinen liberalen Kollegen unterhalten konnte? Sie erhofften sich von einem Sieg der Alliierten über Deutschland auch den Sturz Francos. Gespannt verfolgten auch sie die alliierte Politik in Italien, waren aber aufgrund ihrer Informationen aus London und Washington einmütig der Ansicht, daß es für Deutschland nur noch die bedingungslose Kapitulation gab, auch wenn »ein deutscher Badoglio« Hitler stürzen würde.

Aus diesen Gesprächen wurde mir erst recht mit Erschrecken klar, wie völlig verschieden die politische Situation der Italiener gegenüber den siegreichen, über Rom vorrückenden Anglo-Amerikanern von unserer Lage war. Als die ersten Bomben auf Rom gefallen waren, hatte Badoglio in Lissabon einen Kuhhandel mit Eisen-

hower zustandegebracht. Für den Sturz Mussolinis, der kein
Umsturz des faschistischen Regimes war und auch gar nicht sein
wollte, wurde der Regierung in Rom erlaubt, ihre deutschen Bun-
desgenossen – wie vor dem Ausgang des ersten Weltkrieges – zu
verraten und sich mit den Westmächten zu verbünden, während
Mussolini noch am Gardasee den Rest seines »Imperium
Romanum« regierte. Roosevelt und Churchill hatten sich zuerst
gegen diesen Kuhhandel mit den Faschisten gesträubt. Dann aber
hatten sie Eisenhower nachgegeben, weil er auf einer möglichst
schnellen militärischen Unterwerfung Italiens bestand, um alle
Streitkräfte für die Invasion Frankreichs frei zu bekommen. Er war
zum Oberbefehlshaber an den Invasionsfronten Europas ernannt
worden und hatte das Sagen.

Die Abmachung zwischen Eisenhower und Badoglio hatte aber
auch noch andere Auswirkungen, nämlich auf die Behandlung
Deutschlands. Der Kuhhandel war vor Stalin geheimgehalten worden. Durch seine Publikation in der amerikanischen Presse fühlte
sich Stalin natürlich zum Narren gehalten. Mit hochtrabenden
Worten Roosevelts war die bedingungslose Kapitulation nicht nur
an Deutschland, sondern auch an das faschistische Italien gerichtet
worden. Sie war von Italien gegenüber allen Alliierten, auch der
Sowjetunion gegenüber zu erfüllen. Es sollte nicht nur Mussolini
gestürzt, sondern vor allem auch das faschistische Regime liquidiert
werden. Nichts dergleichen wurde nach dem Sturz Mussolinis in
dem angeblich »vom Faschismus befreiten« Italien auch nur versucht. Der König, der Große Faschistische Rat, die vielen großen
und kleinen Faschisten blieben ungeschoren und amtierten weiter,
wie vor und während des Krieges. Formell wurde Italien von einem
Alliierten Rat regiert. In diesem war die Sowjetunion aber nicht
vertreten. Stalin hatte zuerst wütend protestiert, dann aber – weil er
in Italien keine Soldaten hatte – seine politische Schlappe listig zu
seinem Vorteil gewendet. Sollten doch die Anglo-Amerikaner in
dem von ihnen »vom Faschismus befreiten« Italien ihre Art Demokratie einführen! Sie hatten damit aber auch einen Präzedenzfall
geschaffen, der ihn, Stalin – indem er dies stillschweigend duldend
anerkannte – berechtigte, ebenso zu verfahren und in den osteuro-

päischen Ländern, die die Rote Armee von den Nazis befreite, seine Art Demokratie einzuführen. So verfuhr er dann auch – sozusagen gleichberechtigt, ohne seine westlichen Alliierten zu befragen – mit den baltischen Staaten, mit Polen und Ostdeutschland. Churchill wollte, grimmig und verbissen, zuvor Stalin noch ein Schnippchen schlagen und mit einer Invasion von Griechenland die Balkanstaaten »von den Nazis befreien«, um dort die westliche Art Demokratie einzuführen. Aber dazu ließ Eisenhower sich nicht überreden. Die dafür erforderlichen Einsätze von Menschen und Material, so argumentierte er, würden die Planung der Invasion in Frankreich vollkommen über den Haufen werfen und mindestens um ein Jahr verzögern. Das aber war nicht im Sinne Roosevelts und seines für ihn maßgebenden militärischen Beraters und Stabschefs, General Marshall. So blieb »die Befreiung« der Balkanstaaten – außer Griechenland – der Roten Armee überlassen.

Es bestand gar keine Aussicht, daß Eisenhower Deutschland ebenso nachgiebig wie Italien entgegenkommen würde, ganz abgesehen davon, daß es keinen deutschen Badoglio und auch kein Nazigremium gab, von dem Hitler wie Mussolini von dem Faschistischen Großrat verfassungskonform abgesetzt werden konnte. Und Deutschland stand auch nicht wie Italien vor nur einer, sondern zwischen zwei übermächtigen, siegreich vorrückenden Fronten.

Was Stalin bis zur Kapitulation der Wehrmacht befürchtet hat, ein »Schachern« zwischen dem in seinem Herzen antikommunistischen Churchill und der Wehrmacht gegen die Sowjetunion, war ein Wunschtraum gar nicht weniger in der Verschwörung, die sich dies von einer Beseitigung des Hitlerregimes erhofften. Goerdeler pflegte eher pragmatisch zu argumentieren: »Die Engländer können es sich einfach nicht leisten, die Russen nach Deutschland hereinzulassen, weil dadurch ihre weltpolitischen Gegensätze zu den Russen für alle Zeiten unlösbar werden.« Ihm war es durch seine Geheimverbindungen über Schweden nicht gelungen, eine Verständigung mit Churchill über einen Separatfrieden auf der Grundlage einer »Ausschaltung« Hitlers und einer totalen Liquidierung des NS-Regimes herbeizuführen. Meine Kontaktversuche, ihm den Weg dafür über die britische Botschaft in Lissabon zu öffnen, waren durch Kim Philby unterbunden worden. Er hatte – wie ich erst nach dem Krieg durch Trevor Roper, der ein Mitarbeiter Kim Philbys in der British Intelligence war, erfahren habe – alle Berichte über meine Sondierungsversuche in Lissabon in seinem Panzerschrank verschlossen und allen seinen Mitarbeitern verboten, darüber zu sprechen, um jede Möglichkeit eines »Schacherns« der britischen Regierung mit der Fronde in der Wehrmacht von vornherein zu unterbinden. Das Erstaunen von Trevor Roper und seiner Kollegen im Amte Philbys war nicht gering, als ihnen mit den Ereignissen am 20. Juli in Berlin offenbar wurde, daß und welche Möglichkeiten für die britische Regierung bestanden hätten, zumindest Waffenstillstandsverhandlungen mit dem innerdeutschen Widerstand zu führen, um gemeinsam den Krieg gegen die Sowjetunion fortzusetzen und den Einbruch der Roten Armee über Polen und die baltischen Staaten nach Mitteldeutschland hinein zu verhindern.[5]

Meine Verbindung zur britischen Botschaft in Lissabon war Stauffenberg ganz gleichgültig. Er bestand »eigenwillig«, wie Hansen mir schon beim ersten Gespräch darüber gesagt hatte, darauf, daß Waffenstillstandsverhandlungen nicht von Politikern oder Diplomaten, sondern einzig und allein nur zwischen den Oberbefehlshabern der Streitkräfte, »von Soldat zu Soldat«, geführt werden müßten, d. h. nach gelungenem Staatsstreich zwischen dem präsumtiven Oberbefehlshaber der Wehrmacht, Feldmarschall von Witzleben, und General Eisenhower.

Den ersten Kontakt dafür hatte ich mit Colonel Hohenthal hergestellt. Aber nun wartete ich auf dessen Bescheid, ob er die Verbindung zu Eisenhower weiterknüpfen konnte. Das Warten darauf wurde mir nicht weniger unerträglich als das Warten auf eine Nachricht aus Berlin.

Für den 15. Mai buchte ich meinen Rückflug nach Berlin. Ich packte meine Koffer voll mit Kaffee, Tee, Honig, Cognac und Zigaretten für meine Freunde in Berlin. Da der Flug erstmals durch die feindlichen Jäger über Frankreich gefährdet war, mußten wir auf einem Militärflughafen in der Nähe von Lyon zwischenlanden, am nächsten Tag in Stuttgart. Den Rest der Strecke nach Berlin fuhr ich in einem Nachtschnellzug.

Am Anhalter Bahnhof fragte mich der Taxichauffeur erstaunt, wo ich denn herkäme. Ungläubig betrachtete er seinen sonnengebräunten Fahrgast und die eleganten Koffer. »Lissabon«, antwortete ich, längst gewöhnt, Taxichauffeure immer ganz automatisch konspirativ abzulenken. »Da wärn 'Se man wohl besser dajeblieben«, sagte er.

Tatsächlich war es mir ja gar nicht leicht gewesen, trotz der mir drohenden Verhaftung nach Berlin zurückzukehren. Was stand mir bevor? Als erstes klagte mein Bruder, Gehre finge an »verrückt zu spielen«. Er hätte mehrmals nachts von Telefonzellen aus im OKW angerufen, »um auszuprobieren«, ob er ohne Schwierigkeiten zum Vorzimmer von Olbricht durchkäme. Den würde er unter Druck setzen und alle hochgehen lassen, wenn nicht endlich etwas geschähe!

Am nächsten Tag erschien ich für alle überraschend in meinem Lufthansabüro. Klaus Bonhoeffer war erschrocken. Seit der Verhaftung seines Schwagers Dohnanyi und seines Bruders Dietrich stand er nun selbst schon über ein Jahr unter dem psychischen Druck, auch verhaftet zu werden. In diese Gefahr würde ich ihn erst recht bringen, wenn ich immer wieder nach Berlin käme. Wenn ich verhaftet und mir dann die Daumenschrauben angesetzt würden, wäre das das Ende für uns alle! Es sei unverantwortlich, daß ich zurückgekommen sei!

Ich war betroffen. Ich hatte mich darauf eingestellt, im Falle einer Verhaftung wegen meines Status als Sonderbeauftragter des Oberkommandos des Heeres unter die Jurisdiktion des Reichskriegsgerichtes in ein Wehrmachtsgefängnis gebracht zu werden und da vor der sog. verschärften Vernehmung durch die Folterknechte der Gestapo sicher zu sein – wie Dohnanyi. Aber er hatte inzwischen wahre Höllenqualen durchgestanden, war im November nach einem Luftangriff in seiner halbausgebrannten Zelle infolge eines Gehirnschlages bewußtlos aufgefunden worden, hatte eine Gesichtslähmung und Sprachstörungen. Dr. Sack, Chef der Rechtsabteilung des Heeres und seit der Fritsch-Krise ein enger Vertrauter von Dohnanyi und Dr. Lehmann, Chef der Rechtsabteilung im OKW, der Dohnanyi seinerzeit als persönlicher Referent des Reichsjustizministers kennengelernt und als hochqualifizierten Juristen schätzen gelernt hatte, war es möglich gewesen, durchzusetzen, daß Dohnanyi wegen akuter Lebensgefahr in die Privatklinik von Professor Sauerbruch in die Charité gebracht worden war. Dort hatte ich ihn auf sein dringliches Verlangen hin und durch Vermittlung von Sauerbruch, der mich als Freund der Familie Bonhoeffer kannte, Anfang Januar zweimal spät abends heimlich besucht. Er wollte von mir eine klare Antwort auf seine brennenden Fragen. Ihn quälte die Sorge, was draußen geschah und ob überhaupt noch etwas getan wurde, um das Regime zu stürzen.

Eingehend informierte ich ihn und versuchte ihm Hoffnungen zu machen. Er aber war skeptisch, zudem sah er die Gefahren, die auf uns alle zukamen. Ich mußte ihm versprechen, seine Aufzeichnungen zu vernichten, die von Major Schrader, einem Freund Gehres, im Lager Zossen in einem Panzerschrank deponiert waren. Darunter befand sich auch der sog. »X-Bericht«, mit dem Brauchitsch Anfang 1940 für den Umsturz gewonnen werden sollte. Schrader allerdings gab mir die Dokumente nicht heraus, da Beck gesagt habe, sie seien historische Beweisstücke und müßten daher erhalten bleiben. Das würde ihn und uns allen den Kopf kosten, sagte Dohnanyi, und bat mich, mit Beck zu sprechen. Aber ehe ich dazu kam, befahl Keitel, am 22. Januar Dohnanyi in das Gefängnislazarett Buch zu verlegen, und das aus folgendem Grund: Er hatte einfach Angst vor Beschuldigungen des Gestapochefs Müller, er hätte Dohnanyi mit der Erlaubnis für seine Verlegung in die Charité begünstigt.

Als Klaus Bonhoeffer mir wegen meiner Rückkehr nach Berlin Vorwürfe machte, befand Dohnanyi sich in einem so elenden Zustand körperlicher Schwäche, daß er sogar von den rigorosen Ärzten des Gefängnislazaretts Buch »bis auf weiteres« für nicht verhandlungsfähig erklärt wurde. Wir hofften, daß dies seine Chance war, den Staatsstreich zu überleben. Jedoch wurde er zuvor noch wegen Erkrankung an einer Scharlach-Diphtherie in das Seuchenlazarett Potsdam verlegt. Nach dem 20. Juli wurde er dort von der Gestapo abgeholt, in das KZ Sachsenhausen gebracht und dort mit seinen Aufzeichnungen und mit dem sog. X-Bericht konfrontiert, die Major Schrader mir hätte aushändigen sollen. Als »der Urheber und das geistige Haupt der Bewegung zur Beseitigung des Führers« wurde Dohnanyi von einem SS-Standgericht im KZ Sachsenhausen zum Tode verurteilt und auf einer Bahre zum Galgen geschleppt.

Selbstverständlich hatte ich Verständnis für die große Erregung, in der Klaus Bonhoeffer und die ganze Familie sich befanden. Besonders schwer wog für ihn der Umstand, daß er seit der Verhaftung von Dohnanyi wegen der Gefährdung anderer durch seine mögliche Verhaftung von allen Informationen über den Fortgang der Vorbereitungen zum Staatsstreich ferngehalten wurde. Vor der Verhaftung von Gehre war dieser sein wichtigster Informant gewesen. Nun hatte er zusätzlich zu den schweren Sorgen um seine Familie sich auch noch zusammen mit meinem Bruder um die Versorgung von Gehre zu kümmern, immer in Spannung und Hoffnung, daß nun doch endlich, wie ich ihm zur Beruhigung versicherte, die Initialzündung zum Staatsstreich bald ausgelöst würde.

Als ich nun Hansen im Lager Zossen aufsuchte, war er ebenso wie alle anderen über mein plötzliches Auftauchen verdutzt. Er fragte gleich, ob ich käme, weil die Verbindung mit Colonel Hohenthal abgerissen sei? Das nicht, sagte ich, aber auf meinen Anruf auf Spanisch bei seinem Geheimapparat hätte mir eine weibliche Stimme auf Spanisch geantwortet, er käme erst Mitte Juni zurück. Er war natürlich, was mir erst später klar wurde, wegen der bevorstehenden Invasion auf einem anderen Posten unabkömmlich. Auf meine Frage, warum ich in Madrid ohne jede Nachricht gelassen war, erklärte Hansen, quasi sich entschuldigend, ich hätte ja keine Vorstellung, unter welchem Druck sie alle hier in Berlin stünden. Es sei alles generalstabsmäßig bis zur Auslösung der Initialzündung für den Staatsstreich vorbereitet. Aber Stauffenberg hätte noch keinen Ersatz für Axel von dem Bussche gefunden, der inzwischen schwerverwundet an der Front ein Bein verloren hatte. Zwei Personen ständen nun bereit, sich selbst zu opfern. Aber

Stauffenberg wüßte noch nicht, wie man sie an Hitler heranbringen könnte. Stauffenberg hatte also zu dieser Zeit im Mai 1944 noch gar nicht die Absicht, das Attentat selbst auszuführen.

Dann wollte Hansen wissen, wie mein Bruder mit Gehre zurechtkäme. Ich wußte nicht, daß Gehre – wie ich nun erst von Hansen erfuhr – als junger Offizier eine schwere Kopfverwundung im Ersten Weltkrieg erlitten hatte. Gerade deshalb trauten ihm Hansen und Stauffenberg die verrückte Kurzschlußaktion zu, die er angedroht hatte. Das war bei allen anderen Problemen und Sorgen, die Hansen und Stauffenberg bedrängten, keine geringe zusätzliche psychische Belastung. Gleich nach dem 20. Juli wurde die Fahndung nach Gehre intensiviert, weil die Gestapokommission der Überzeugung war, »der flüchtige Gehre habe Stauffenberg am nächsten gestanden«.[6] Trotz aller beunruhigenden Informationen hatte Hansen für mich auch eine erfreuliche Nachricht: Stauffenberg habe inzwischen Leber kennengelernt und auch gesprochen. Er sei von Leber sehr angetan.

Obwohl Hansen mich ungeduldig drängte, sofort nach Madrid zurückzukehren, wollte ·ich unbedingt erst noch mit Leber sprechen. Schon monatelang hatte ich ihn nicht mehr gesehen. Zunächst aber rief ich Graf Lynar, den Adjutanten des Feldmarschalls von Witzleben, an. Er hatte mich schon einige Male gebeten, wenn möglich, auch für den Feldmarschall Zigaretten aus Madrid mitzubringen. Von Lynar erhoffte ich, nun endlich eine sehr konkrete Auskunft über die Terminierung des Staatsstreichs zu bekommen, weil Witzleben danach ja Oberbefehlshaber der Wehrmacht werden sollte.

Lynar kam mit dem Feldmarschall in einem großen Wagen mit Stander und bat mich per Anruf aus der Lufthansa-Portierloge am Flughafen Tempelhof – wie verabredet – mit dem Zigarettenpäckchen herunterzukommen. Mein kurzes Gespräch am Wagen des Feldmarschalls hatte Aufsehen erregt und wurde nach dem 20. Juli von der Gestapountersuchungskommission als Beweis dafür gewertet, daß Witzleben über mich landesverräterische Verbindungen zur Feindseite unterhalten habe. Tatsächlich hatte weder er noch Lynar eine Ahnung von meiner Verbindung zu Eisenhower. Auf meine kurze Frage »Wann?«, hatte Lynar nur gesagt: »Wir sitzen zu Hause bei mir (in seinem Schloß bei Lübben im Spreewald) und warten – wie Sie.« Erst durch meine Nachforschungen zum 20. Juli habe ich erfahren, daß Witzleben bis zu diesem Tag Stauffenberg selbst noch nicht einmal persönlich getroffen, geschweige denn gesprochen hatte. Stauffenberg bestand immer auf strenger Einhaltung der mit ihm getroffenen Geheimhaltungsvereinbarung. Während der Vorbereitungen des Staatsstreichs war Witzleben von Olbricht immer nur durch Graf Schwerin-Schwanefeld auf dem laufenden gehalten worden.

An einem der nächsten Abende fuhr ich mit dem Fahrrad durch den Grunewald zu Julius Leber. Er wohnte mit seiner Familie in einem kleinen Haus in der Siedlung bei »Onkel Toms Hütte«. Ich wollte mich über den Stand der politischen Vorbereitungen für den Staatsstreich informieren. Als wir uns gerade bequem gesetzt und Leber sich eine Zigarre angezündet hatte, gab es das mir in Madrid schon fremd gewordene Sirenengeheul: Warnung vor einem Luftangriff. Leber führte mich in den Garten hinter dem Haus in einen kleinen Splittergraben, den er selbst ausgehoben und ganz bequem hergerichtet hatte. Er wollte nun zuallererst hören, was ich ihm über meine Erkenntnisse und Erfahrungen aus Madrid und Lissabon mitgebracht hätte. Ich erzählte, was ich in den zuvor erwähnten Berichten dargestellt hatte, sagte jedoch entsprechend der Geheimhaltungsvereinbarung mit Stauffenberg und Hansen nichts von meiner Verbindung zu Colonel Hohenthal. Dann offenbarte Leber mir aber, daß Stauffenberg ihm Andeutungen über meine Verbindungen zur USA-Botschaft in Madrid gemacht habe. Damit fühlte ich mich nun berechtigt, Leber Näheres darüber zu sagen. Während die Bomben auf Berlin herunterprasselten, erläuterte ich Leber meine Prognosen über die Forderung der bedingungslosen Kapitulation, die ultima ratio der Westmächte. Er sagte mit der Autorität des erfahrenen Politikers, ein Umsturz in Deutschland würde die weltpolitische Lage von Grund auf ändern. Erst aus dieser Lage heraus könnte man urteilen und handeln.

An einem anderen schönen Abend der letzten Maiwoche war ich wieder zu Leber hinausgeradelt. Es war niemand im Haus. Ich ging

durch den Garten. Plötzlich stand ich einem Mann in Uniformum-
hang ohne Abzeichen gegenüber, der mir durch die hintere Garten-
türe zwischen Bäumen und Sträuchern entgegengekommen war:
Stauffenberg. Auch er war ohne vorherige Verabredung hierher
gekommen. Er schlug einen gemeinsamen Spaziergang vor. Wir
schlenderten zum Schwarzen Grund und setzten uns auf eine Bank.
Es war das einzige Mal, daß Stauffenberg sich Zeit zu einem
persönlichen Gespräch mit mir nahm, um nicht nur wie sonst, das in
Eile zu besprechen, was die Lage und unsere Aufgabe erforderte.
Zurückkommend auf unser Gespräch im Januar brachte Stauffenberg mit spürbarer Befriedigung zum Ausdruck, wie richtig ich
Leber beurteilt hätte: »Das ist der Mann, den wir brauchen!« Er
hätte schon mehrere Gespräche mit ihm gehabt. Ich fühlte mich
geradezu innerlich erhoben, daß ich diese Verbindung zustandegebracht hatte, und sehe darin auch heute noch meinen bedeutendsten Beitrag zur Vorbereitung des Staatsstreichs.
Ich erwähnte mein Zusammentreffen mit Witzleben und Lynar und
fragte Stauffenberg nach der Haltung von Rommel. Er wäre ihm
lieber als Witzleben, entgegnete Stauffenberg. Rommel hätte sich
aber noch nicht entschieden. Was ich denn tun würde, wenn ich
Feldmarschall wäre? »Hitler über den Haufen schießen, wie einen
tollwütigen Hund!« Aber die Frage wäre für mich akademisch,
fügte ich hinzu. Offizier hätte ich nie werden wollen und Feldmarschall erst recht nicht.
Warum ich nicht verheiratet sei? – »Ich wollte schon '39 auswandern, für die Lufthansa nach China oder Südamerika«, sagte ich.
»Ich wußte, was uns mit Hitler bevorstand. Aber dann bin ich durch
Bonhoeffer und Dohnanyi auf den Weg geraten, der mich zu Ihnen
und heute hierher geführt hat.« Heiraten wäre nun für mich nicht
mehr in Betracht gekommen. Ich hätte eine Frau nicht in die Lage
von Hanna Gehre bringen wollen. Ich hätte auch im ersten Kriegswinter Adam von Trott abgeraten, zu heiraten. Aber er hätte sich
nicht abhalten lassen und mich im Mai danach nach Hamburg zu
seiner Hochzeit eingeladen.
Was ich in der Schule am liebsten getan hätte? »Na ja«, sagte ich.
»Ich war in einem Realgymnasium in Wiesbaden, nebenbei begei-

sterter Wandervogel. Später in der Prima haben drei Freunde und ich einen literarischen Zirkel gegründet, der über das Abitur hinaus bestanden hat.« »Und sonst, Sport?« fragte Stauffenberg. »Reiten«, sagte ich. »Ich bin während des Ersten Weltkrieges eigentlich im Pferdestall meines Großvaters groß geworden. Pferde sind mir immer noch die liebsten Viecher.« »Mir auch«, sagte Stauffenberg. Ich wußte gar nicht, daß er Kavallerist war.

»Kennen Sie Stefan George?« fragte Stauffenberg, sicherlich angeregt durch den von mir erwähnten literarischen Zirkel. Ja, sagte ich, und als ob das gar nichts Besonderes sei: »Ich habe ihn auch persönlich gekannt.« Stauffenberg war wie elektrisiert, ich mußte erzählen. »In unserer ›Reitergruppe Wiesbaden‹ war ein Mädchen, Ellen Espenschied, eine Cousine von Stefan George und wie er in Bingen geboren. Sie war dann verlobt mit einem Hauptmann der Reichswehr. Er war Turnierreiter, Ende der Zwanziger Jahre war er mit der Schwarzen Reichswehr in Rußland zur geheimen Ausbildung als Flieger. Dort ist er tödlich abgestürzt. Ellen, eine fast zierliche Person, wollte den gleichen Tod wie ihr Verlobter sterben. Sie bestieg in Frankfurt am Main eine JU 52 der Lufthansa nach Berlin, zwängte sich kurz nach dem Start durch eines der engen Fenster und schlug auf einem Acker in der Wetterau tot auf. Als ich sie das letzte Mal, nicht lange vorher, in unserem Reitstall getroffen hatte, nahm sie meine Hand und sagte mir aus den Linien ›eine gute Zukunft‹ voraus – mit der Bemerkung ich sei zu weich und zu gutmütig.«

Von dieser Geschichte vom Selbstmord meiner Freundin Ellen Espenschied hatte Stauffenberg seinerzeit als Fahnenjunker im Bamberger Reiterregiment 17 gehört. Mehr beeindruckt war er aber dann davon, daß ich Stefan George persönlich gekannt hatte und 1930 durch seinen Interpreten, Professor Richard Grützmacher, mit ihm literarisch vertraut geworden war.

Abschließend bemerkte ich noch: »Ich hätte eigentlich auch auswandern wollen, wie Stefan George. Ich wußte, was uns mit Hitler bevorstand«. Im Gegenteil, meinte Stauffenberg mit spontaner Entschiedenheit, es sei das einzig Richtige gewesen, daß ich geblieben wäre. Das würde sich schon noch erweisen. Was ich denn im

»neuen« Deutschland vorhätte? Bei dieser Frage spürte ich sein persönliches Interesse an mir. Ich hatte keinerlei bestimmte Vorstellungen, wußte aber aus der englischen und amerikanischen Presse, daß die Alliierten die Lufthansa zerschlagen wollten, und fügte hinzu, daß ich als Anwalt im Chaos der Nachkriegszeit sicherlich nicht ohne Arbeit dastehen würde. Ob ich mir gar nichts anderes vorstellen könnte, z. B. eine Aufgabe bei der politischen Neuordnung? Ich sagte ihm ganz offen, daß ich dazu keine Meinung hätte. Damit war unser Gespräch beendet, denn Stauffenberg mußte zu einer anderen Verabredung aufbrechen. Sein Fahrer wartete bereits mit dem Wagen in einer dunklen Nebenstraße. Zum Abschied fragte er mich: »Warum sind Sie so pessimistisch? Das paßt doch gar nicht zu Ihnen? Darüber sprechen wir noch ein andermal!« Ich hatte das schöne Gefühl, einen Freund gewonnen zu haben.

In diesen Tagen kündigte sich die Sternstunde Stauffenbergs an. Eines Morgens nach dem Gespräch ließ er mir durch Haeften sagen, ich möchte abends zu Leber kommen. Dort offenbarte er uns, er werde jetzt Stabschef bei Fromm, dem Oberbefehlshaber des Ersatzheeres. Dieser hätte ihm dies selbst angetragen und er würde nun auch zum Oberst befördert. Zuerst hätte er gezögert. Er hätte zu bedenken gegeben, daß Fromm und er die militärpolitische Lage völlig verschieden beurteilten und er deshalb kein besonders geeigneter Stabschef für ihn sei. Aber Fromm hatte ihm gesagt, er hätte seine Auffassungen über »die Lage« auch ändern müssen. Da war Stauffenberg sich seiner Chancen bewußt geworden: Als Stabschef von Fromm würde er zu den Lagebesprechungen Hitlers zugezogen. Deshalb hätte er eingewilligt.

»Man wird nur einmal Oberst, das muß gefeiert werden«, sagte Leber und machte eine Flasche Mosel auf. Da Stauffenberg noch nicht zu Abend gegessen hatte, setzte ihm Frau Leber einen Teller vor und zerteilte das Fleisch für ihn. Stauffenberg fühlte sich sichtbar zu Hause. Das tat mir wohl, vor allem die Erkenntnis, daß diese beiden kongenialen Männer sich gefunden hatten.

Als Frau Leber gegangen war, drängte mich Stauffenberg, über die Verbindung zu Colonel Hohenthal zu berichten. Das war nun der

Beweis für mich, daß Stauffenberg sich Leber gegenüber bereits rückhaltlos offenbart hatte. Meinen Darlegungen und Prognosen folgte eine heiße Diskussion. Stauffenberg war einfach nicht zu überzeugen, daß die Invasion unmittelbar bevorstand. Auch wenn Churchill gesagt hätte, »bevor die Blätter fallen« . . ., es sei zu spät im Jahr! »Die Invasion ist möglich, aber nicht wahrscheinlich«, sagte er. »Außerdem können wir sicher sein, daß wir mindestens noch eine Fünfzig-zu-Fünfzig-Chance haben, die Anglo-Amerikaner ins Meer zurückzuschlagen.« Das wäre bei besserer Führung in Italien auch möglich gewesen!

»Und dann werden die Engländer«, ereiferte sich Stauffenberg, »die in diesem Krieg noch keine Blutverluste von wirklicher Bedeutung erlitten haben, auch verhandeln.«

Dazu konnte ich nur noch bemerken, daß Hansen auch aus anderen Quellen Voraussagen hatte, die auf eine Invasion noch in diesem Jahr hindeuteten.

»Lassen Sie mich einmal den Advocatus Diaboli spielen«, warf Stauffenberg ein: »Trott hat mir gesagt, er habe ein Telegramm aus unserer Botschaft in Ankara gelesen. Es berichtet über eine Unterhaltung zwischen dem Gehilfen des russischen Militärattachés und einem türkischen General. Der Russe hat sich beklagt, daß die Engländer und Amerikaner auch in diesem Jahr noch keine Invasion machen würden und daß Rußland immer noch allein die Hauptlast des Krieges gegen Deutschland zu tragen hätte«. Ich sollte doch noch einmal mit Trott sprechen.

Zum Thema Invasion äußerte sich Leber wenig. Es ging ihm mehr darum, zu erfahren, wie es um die Verhandlungschancen mit Eisenhower stehe. Das hatte ich ihm zwar schon bei unserer Unterhaltung im Splittergraben seines Gartens angedeutet, schilderte dies jedoch noch einmal – diesmal in allen Einzelheiten. Darauf meinte Leber, daß Verhandlungen mit den Westmächten über eine Verständigung vor dem Umsturz, wie Goerdeler sie sich erhofft hatte, mit Sicherheit nicht mehr möglich seien. Aber danach, weil durch einen Umsturz die ganze weltpolitische Lage von Grund auf verändert würde. »Das sicherlich«, meinte auch Stauffenberg. Er müsse aber klarstellen, daß es sich zunächst nicht um politische, sondern um Waffenstillstandsverhandlungen handeln werde. Und das sei Sache der Oberbefehlshaber an den Fronten, »von Soldat zu Soldat«.

Als wir aufbrachen, sagte Stauffenberg zu mir: »Ich bringe Sie nach Hause.« Ich war diesmal mit der U-Bahn gekommen. Als wir bereits im Korridor standen, kam Frau Leber durch die Küchentüre heraus, offenbar um sich von uns zu verabschieden. In diesem Augenblick schien Stauffenberg plötzlich etwas einzufallen, als er zu mir sagte: »Warten Sie bitte noch eine Sekunde in der Küche mit Frau Leber.« Er ging mit dem nicht weniger als ich verblüfften Leber zurück ins Zimmer und flüsterte ganz kurz mit ihm hinter der Türe, die nur angelehnt war. Sollte ich nicht hören, was er Leber noch sagen wollte, oder Frau Leber? Vielleicht wir beide nicht? Nach dem 20. Juli fiel mir der Vorgang wieder ein und auch eine plausible Erklärung dafür: Stauffenberg hatte sich entschlossen, das Attentat selbst zu unternehmen, nachdem kein anderer an Hitler herangekommen war. Sein Entschluß dazu muß in ihm gereift sein, seit er sich spontan bereit erklärt hatte, Stabschef bei Fromm zu werden: Das war seine Chance, an Hitler heranzukommen! Das wollte er damals, davon bin ich überzeugt, Leber, der ihm von allen Politikern am nächsten stand, zumindest noch irgendwie andeuten.

Während der Fahrt zu mir nach Hause äußerte Stauffenberg sich mit ausgesprochener Bewunderung über Leber und fragte, wie ich ihn eigentlich kennengelernt hätte. Ich erzählte ihm von meinem ersten Zusammentreffen mit Leber bei Ernst von Harnack im ersten Kriegswinter. »So lange schon«, meinte Stauffenberg. Da hätte er selbst noch gar nicht an einen Umsturz gedacht. Als wir bei mir zu Hause ankamen, sagte er in vertraulich freundschaftlichem Ton: »John« – er machte eine Pause, als ob er noch etwas zu bedenken hätte – »wir sehen uns noch, bevor Sie nach Madrid fliegen.«

Zwei oder drei Tage später, am 6. Juni, griff die größte Armada der Geschichte das europäische Festland an. Der Überraschungseffekt war vollkommen. Stauffenberg und seine Stabsoffiziere wurden im Sog des großen militärischen Geschehens mitgerissen, mußten viel improvisieren und organisieren und waren nicht mehr zu sprechen. Nach drei Tagen ließ Hansen mich bitten, ihn am S-Bahnhof

Rangsdorf zu treffen, von wo er mich mit dem Wagen in sein Wochenendhäuschen bringen wollte. Er kam nicht. Statt dessen erschien spät abends Haeften bei mir zu Hause und sagte, ich sollte am nächsten Vormittag um 12 Uhr Stauffenberg und Hansen zu einer letzten Besprechung in Olbrichts Vorzimmer treffen und danach so schnell wie möglich nach Madrid fliegen.

In Olbrichts Vorzimmer war Hochbetrieb. Man spürte, wie die Invasion seinen Stab aufgewirbelt hatte. Am Tag vorher war zudem die erste V-1 abgeschossen worden. Stauffenberg übergab die Dienstgeschäfte von Olbrichts Stab seinem Nachfolger Mertz von Quirnheim. Er hetzte zwischen Fromm und Olbricht hin und her und sagte, er hätte überhaupt keine Zeit, ich sollte alles mit Hansen besprechen. Als dieser eintrat, zog er mich sofort aus dem Trubel in ein kleines Zimmer nebenan.

Hansen war in geradezu gehobener Stimmung, weil wir die Invasion richtig vorausgesagt hatten. Er hatte sich am Abend vorher mit Stauffenberg besprochen. Beide waren nun der Ansicht, daß die Anglo-Amerikaner fest Fuß gefaßt hätten und nicht mehr ins Meer zurückgeworfen werden könnten. Die nächsten drei Wochen seien entscheidend, meinte Hansen. Bis dahin müßte und würde etwas geschehen! Ich sollte nach Madrid fliegen und dort auf ihn warten. Sobald Witzleben den Oberbefehl übernommen habe, würde er nachkommen, um über Colonel Hohenthal die Verbindung zum Hauptquartier Eisenhowers aufzunehmen. Mit Stauffenbergs eigenen Worten schärfte er mir ein, Waffenstillstandsverhandlungen seien ausschließlich Sache der militärischen Oberkommandos, »von Soldat zu Soldat«, wobei alle Politiker ausgeschaltet bleiben müßten. Damit meinte er Dr. Goerdeler.

Bevor ich mich nun endgültig nach Madrid auf den Weg machte, suchte ich noch einmal Joseph Wirmer auf. Politisch hatte er sich inzwischen Leber genähert und stand nun zwischen ihm und Goerdeler. Wie wir alle war er enttäuscht, daß sich kein hoher Truppenführer gefunden hatte, dem Krieg vor der Invasion ein Ende zu machen. Wirmer erklärte dies damit, daß die Alliierten uns keinerlei Hoffnung auf einen anständigen Frieden gemacht hätten. Dies wolle er mir mit auf den Weg geben, außerdem solle ich für ihn und seine politischen Freunde ein Memorandum nach London übermitteln. Ich versprach es ihm, obwohl ich dies zu diesem Zeitpunkt für völlig zwecklos hielt. Durch Juan Terrasa schickte ich das im Anhang abgedruckte Memorandum vom 26. Juni 1944 an die Britische Botschaft in Lissabon.

Bereits vor meiner Ankunft in Madrid hatte Juan Terrasa sich vergewissert, ob wir nach gelungenem Staatsstreich sofort über die US-Botschaft die Verbindung zum Hauptquartier Eisenhowers aufnehmen könnten. Von einem mir namentlich nicht genannten Mittelsmann brachte er mir im Auftrag von Hohenthal die Zusage, daß jegliche Nachricht oder Botschaft, die unser neues Oberkommando an Eisenhower übermitteln möchte, ihm sofort auf den Schreibtisch gelegt werden würde. Aber man hatte Juan auch noch einmal ausdrücklich gesagt, daß eine Antwort Eisenhowers nur die bedingungslose Kapitulation fordern könne. Nachdem ich Hansen davon verständigt hatte, blieb mir wieder einmal nichts anderes übrig, als zu warten.

Um mir die Wartezeit zu verkürzen, suchte ich in diesen Tagen Monseigneur Boyer-Mas auf. Ich erzählte ihm, was mir Joseph Wirmer mit auf den Weg gegeben hatte. Auch er warnte uns vor Illusionen und sagte dann noch wörtlich: »Die Engländer und Amerikaner werden ganz bestimmt keine besonderen Anstrengungen machen, um vor den Russen in Berlin zu sein. Es gibt Leute, die sind der Ansicht, daß Deutschland ein Strafgericht verdient hat! Und das überläßt man gerne den Russen.«

Völlig bestürzt sprach ich darüber mit Gerd Lindenberg. Er mußte gerade dienstlich nach Berlin fliegen, und ich bat ihn, meinen Bruder aufzusuchen, sich von ihm zu Stauffenberg oder Hansen bringen zu lassen und einen von beiden über mein Gespräch mit Monseigneur Boyer-Mas zu informieren. Er sollte ihnen klarmachen, daß keine Zeit mehr zu verlieren war.

Am 13. Juli wurde Lindenberg von meinem Bruder ins OKW zu Haeften geführt. Stauffenberg war nicht da, aber Haeften ließ Hansen telephonisch aus dem Lager Zossen herbeirufen. Ehe er kam, mußte Lindenberg jedoch nach Tempelhof zu einer Direktionssitzung der Lufthansa. Haeften dirigierte Hansen hinter ihm

her. Dieser ließ sich Lindenberg aus der Sitzung in mein Lufthansabüro kommen, wo sie sich unter vier Augen sprechen konnten.

Am nächsten Morgen flog Lindenberg nach Madrid zurück. Vom
Flugzeug aus schickte er mir, als ob es eine dienstliche Weisung vom
Vorstand der Lufthansa wäre, einen dringenden Funkspruch, ich
sollte sofort nach Berlin kommen. Nach der Landung teilte mir
Lindenberg erst die besondere Botschaft Hansens mit: »Leber ist
verhaftet worden. Strafgericht machen wir selbst.«

Die Aufforderung, sofort nach Berlin zu kommen, war mir vollkommen unverständlich. Was sollte und konnte ich da noch tun?
Schon als ich das letzte Mal nach Berlin zurückgekommen war,
hatten meine Freunde befürchtet, ich würde verhaftet, könnte sie
alle gefährden!

Mit sehr gemischten Gefühlen flog ich am 18. Juli nach einer
Zwischenlandung in Barcelona nach Berlin. Am 19. nachmittags
kam ich in Tempelhof an. Wiederum beobachtete mein Bruder
zuerst aus der Deckung, ob ich unbehindert den Zoll passieren
konnte. Als nichts geschah, kam er auf mich zu und umarmte mich.
Er nahm mir die Tasche ab und führte mich zu einem Privattaxi, das
er reserviert hatte. Im Wagen flüsterte er mir zu: »Morgen!« Ich
sollte mich für einen Anruf von Haeften zu Hause oder im Büro zur
Verfügung halten.

Wie ich den Staatsstreich
im OKW erlebte

Der nächste Tag, der 20. Juli, war der Tag einer Sonnenfinsternis. Am Morgen dieses Tages war der Himmel grau verhangen und die Luft stickig. Eigentlich kein Wetter für eine Revolution, sagte ich zu meinem Bruder. Die Franzosen hätten die Bastille ja auch im Juli gestürmt, entgegnete er mir. Ich war unentschlossen und zögerte, ob ich den Anruf von Haeften zu Hause oder im Büro abwarten sollte.

Ich rief Hansen in seinem Büro in Zossen an und bekam die Auskunft, daß er verreist sei. Mir blieb so nichts übrig, als auf den Anruf von Haeften zu warten, und entschloß mich, in mein Büro nach Tempelhof zu fahren. Klaus Bonhoeffer war entsetzt, daß ich wieder nach Berlin gekommen war, anstatt dort zu bleiben, wo ich sicher war. Ich durfte ihm aber kein Wort über den Umsturz sagen. Er wurde schon seit einiger Zeit wegen der Verhaftung Dohnanyis und seines Bruders Dietrich für ein Sicherheitsrisiko angesehen und ist deshalb nicht weiter über den Stand der Dinge informiert worden, damit durch seine Verhaftung nicht noch andere gefährdet werden konnten. Darunter litt er ganz besonders und war leicht erregbar. Er hatte aber volles Verständnis dafür, daß ich wegen meiner eigenen eventuellen Gefährdung nicht wie früher mit ihm zum Lunch in die Stadt fuhr.

Meiner Sekretärin, Liselotte Birk, hatte ich Honig mitgebracht. Sie war zwar nicht in die Verschwörung eingeweiht, hatte aber immer meine Berichte getippt. Nun machte sie mir Kaffee und vertrieb mir die Zeit, indem sie mir erzählte, was sich so alles während meiner Abwesenheit in der Lufthansa zugetragen hatte. Gegen 5.30 Uhr nachmittags rief endlich Haeften an. Kurz angebunden und ohne ein Zeichen von Aufregung, als ob es eine Einladung zum Kaffee wäre, sagte er nur: »Kommen sie her, wir machen vollziehende Gewalt.« Diese für einen Juristen ungewöhnliche und mir deshalb auch unvergeßliche Formulierung mahnte zur Eile. Schnell benachrichtigte ich noch Klaus Bonhoeffer und bat ihn, abends mit meinem Bruder auf mich oder meine telefonische Nachricht zu warten.

Das eiserne Gittertor am Haupteingang zum OKW in der Bendlerstraße war geschlossen. Dem Pförtner sagte ich, daß ich zu Oberst Graf Stauffenberg wolle. Er telefonierte. Nach einigen Minuten trat ein junger Hauptmann auf mich zu und sagte: »Ich soll Sie 'rauflassen, Herr Doktor.« Auf dem Hof sah ich einen offenen schwarzen BMW stehen mit der Nummer POL-7, offensichtlich ein Dienstwagen vom höchsten Stabe der SS. Der Schreck fuhr mir in die Glieder.

Am Treppenaufgang stand ein Posten mit aufgepflanztem Gewehr. »Jetzt können Sie 'raufgehen«, sagte der Hauptmann noch, legitimierte mich damit gegenüber dem Posten und ging zur Wache zurück.

Die Augen auf die Stufen gerichtet ging ich zum zweiten Stock hinauf, wo der Befehlshaber des Ersatzheeres Fromm und auch Olbricht ihre Dienstzimmer hatten. Als ich oben angekommen aufsah, erschrak ich nochmals. Auf dem Treppenabsatz vor mir stand Oberst Fritz Jäger, ein Freund von Ludwig Gehre, rechts und links neben ihm standen zwei Wachen mit Stahlhelm und aufgepflanztem Gewehr, etwas abseits davon ein SS-Führer mit umgeschnallter Pistole. Es schien so, als sei Jäger verhaftet. In der Annahme, in eine Falle zu laufen, sagte ich absichtlich stramm: »Heil Hitler, Herr Oberst«. Da drückte er mir beide Hände und entgegnete: »Fein, daß Sie auch kommen«. Mit einem Augenzwinkern gab er mir zu verstehen, daß der SS-Führer sein Gefangener war.

Ich ging in das geräumige Vorzimmer Fromms, das durch eine offenstehende Glastür vom Dienstzimmer Stauffenbergs, dem sog. Chefzimmer, getrennt war. Er telefonierte gerade und winkte mir freundlich zu. Im Vorzimmer standen Generale und andere Offiziere herum und diskutierten. Dann kam Haeften auf mich zu und begrüßte mich. Er zog mich in eine Fensternische und sagte: »Hitler ist nicht mehr. Keitel behauptet, er wäre nicht mehr, nur leicht verwundet. Gibt es gar nicht!« Ich erkundigte mich nach Hansen. Haeften wußte aber auch nicht, warum er ausgeblieben war, und erwiderte: »Jetzt bleiben Sie erst mal hier«, ließ mich stehen und rannte zu einem der Telefone, die in der Ecke des Vorzimmers von einer Sekretärin bedient wurden.

Ich fühlte mich ziemlich unbehaglich, zündete mir eine Zigarette an und beobachtete, was um mich herum vorging. Den Generalstab in Aktion hatte ich mir anders vorgestellt, zielbewußter, überlegener und gelassener. Was ich sah und hörte, war ein Schwall von Telefongesprächen, ein hastiges Kommen und Gehen von Offizieren. Zwei kleine Gruppen von Generalen standen ins Gespräch vertieft, wie im Kasino. General Specht erkannte ich an seinem markanten Profil. Er unterhielt sich mit den andern beiden Herren über ein Geschütz. Noch ein General kam durch die weit offenstehende Tür vom Flur herein, ging zu der anderen Gruppe und fragte: »Wissen die Herren, warum wir hierherbestellt sind?« Keiner wußte es.

Graf Fritz Detlef von der Schulenburg kam gemächlich eine Zigarre rauchend aus Stauffenbergs Zimmer und begrüßte mich. Er war erstaunt über meine Anwesenheit hier und sagte, er müsse schnell »'rüber«, d. h. zu Olbrichts Dienststelle auf der anderen Seite des Flures. Hinter ihm kam Stauffenbergs Bruder Berthold aus dem Chefzimmer, in blauer Marineuniform, eine nicht ins feldgraue Bild passende Erscheinung. Wir kannten uns persönlich nicht. Er machte eine leichte, stumme Verbeugung zu mir hin, ging nachdenklich rauchend durchs Zimmer. Ich überlegte, ihn anzusprechen, da kam Graf Schwerin herein, der präsumtive Staatssekretär für den präsumtiven Staatschef Beck.

Schwerin, ein bedächtig wirkender, aber auf seine stille Art sehr tatkräftiger Mann, nahm sich Zeit, mich über die Lage aufzuklären. Ich bot ihm eine Lucky Strike an, die ich noch von Madrid her in der Tasche hatte. Er rückte Stühle zurecht, wir setzten uns. Ich erfuhr jetzt, daß Stauffenberg mit Haeften im Führerhauptquartier gewesen war und Hitler bei der Lagebesprechung von ihm in die Luft gesprengt worden war. Dann informierte er mich darüber, was sich seit dem Vormittag bis zu meinem Eintreffen abgespielt hatte.

Auf meine Frage, wer denn nun an Stelle von Fromm BdE sei, entgegnete mir Schwerin »Stauffenberg, wie Sie sehen!« Tatsächlich übte Stauffenberg als Stabschef von Fromm weiter dessen Befehlsgewalt aus, immer noch überzeugt, daß Hitler tot sei, und fest entschlossen, mit der Befehlsgewalt Fromms über die Truppen im Reich den Staatsstreich durchzusetzen. Das war auch die Einstellung Becks, der inzwischen Fromms Platz eingenommen hatte. »Der alte Beck ist eisern entschlossen, die Sache durchzuziehen«, sagte Schwerin.

Da stürzte Stauffenberg ins Zimmer zum Telefontisch, nahm der Sekretärin den Hörer aus der Hand, rief jemandem durch das Telefon energisch zu, die Befehle des BdE auszuführen. Sie allein seien maßgebend. Dies überzeugte mich, daß Stauffenberg das Heft in die Hand genommen hatte und Hitler tot sein mußte. »Wenn nur die Besetzung des Rundfunks geklappt hätte,« sagte Schwerin. Aus einem Lautsprecher in einem anderen Zimmer hörte man ständig gedämpfte Marschmusik. Ich hielt das für eine psychologische Vorbereitung des militärischen Ausnahmezustandes.

Ob ich etwas Neues aus Madrid mitgebracht hätte, fragte Schwerin. Ich erinnerte ihn an meine Berichte, die er kannte, sagte, daß ich ihnen nichts hinzuzufügen hätte und auch bereit sei, dies Beck persönlich vorzutragen. Das käme jetzt überhaupt nicht in Frage, sagte Schwerin. Erst müßte die Lage geklärt werden. Aber es war keiner da, der zu dieser Zeit – es war nach sieben Uhr abends – die Lage klären konnte und wußte, was sich im Führerhauptquartier wirklich abgespielt hatte.

Schwerin wurde zu Beck gerufen. Ich ging ihm nach auf den Korridor. In dem Augenblick trat Beck aus Fromms Zimmer, blieb vor der offenen Tür stehen, sah an mir vorbei in den Flur. Von dort her kam Generalfeldmarschall von Witzleben um die Ecke, gefolgt von seinem Adjutanten Graf Lynar. Witzleben grüßte Beck achtungsvoll mit dem Marschallstab. Beck reichte ihm die Hand und zog ihn in Fromms Zimmer. Lynar folgte ihnen mit Abstand und flüsterte mir im Vorbeigehen eine ärgerliche Bemerkung zu, die ich nicht verstand.

Langsam empfand ich es als ziemlich peinlich, hier herumzusitzen und nichts tun zu können. Ich vergaß, daß Hansen ja immer noch nicht eingetroffen war. Einer der Generale im Vorzimmer hatte durch die offene Tür zum Flur gesehen, daß Feldmarschall von Witzleben gekommen und in Fromms Zimmer verschwunden war. Dies teilte er den anderen mit. Sie tuschelten und waren ärgerlich, daß sie immer noch warten mußten. Schließlich fragte einer von ihnen Stauffenberg, der gerade vorbeikam, ob er gehen könne, seine Zeit sei zu kostbar, sie hier zu vergeuden. Stauffenberg ließ ihn gehen. Bald darauf gingen auch die anderen anwesenden Generale.

Zu diesem Zeitpunkt war ich immer noch der Auffassung, daß Hitler tot sei. Vom Gegenteil hätte ich mich auch nur durch ein Wort von Stauffenberg oder Haeften überzeugen lassen. Aber beide waren viel zu beschäftigt, als daß ich sie mit meinen Fragen hätte stören wollen. Aber ich sah und hörte, wie durch Stauffenbergs telefonische Befehle und Anweisungen die Wehrmacht gegen die Nazis in Marsch gesetzt wurde. Noch konnte ich nicht ahnen, daß sie wieder kehrtmachen würde, sobald sich herausstellte, daß Hitler nicht tot war. Punkt acht Uhr rief ich verabredungsgemäß meinen Bruder an und sagte ihm, er möchte weiter zu Hause mit Klaus Bonhoeffer auf mich warten. Er stellte Fragen, wollte mehr von mir wissen, doch eine Sekretärin bat mich, aufzulegen, die Leitung würde gebraucht.

Diese Sekretärin am Telefontisch hatte Schwierigkeiten, die Verbindungen, die Stauffenberg haben wollte, herzustellen. Schließlich sagte sie mit einem Blick zu mir, weil ich ihr zusah: »Wie soll das denn auch klappen, wenn die Herren Generale an einem solchen Tag alle zum Abendessen ausgehen!?« Dann versuchte sie es mit einem Seufzer weiter.

Dies brachte mir erst recht zum Bewußtsein, wie unnütz ich hier war. Gerade als ich gehen wollte, kam eine der Sekretärinnen mit einem improvisierten Abendbrot, Stullen und Wurstsalat für Stauffenberg und seinen Stab. Ich sei doch sicher auch hungrig, sagte sie und stellte mir einen Teller hin. Ich war dankbar, seit dem Frühstück hatte ich gespannt gewartet und nichts gegessen, nur im Büro

Kaffee getrunken. Dann saß ich wieder da, rauchte, wartete und wartete. Zeitweilig war ich der einzige im Zimmer.

Und wieder einmal stürzte Stauffenberg durch die Tür ins Zimmer an den Telefontisch und sagte zu mir hin: »Gegenbefehle von Himmler«, riß der Sekretärin einen Telefonhörer aus der Hand, zog mit seinem rechten Armstumpf einen Stuhl herbei, ließ sich darauf fallen und horchte mit äußerster Spannung. Dann sprach er, überdeutlich und hastig: »Hier Stauffenberg – jawohl – ja – alles Befehle des BdE – jawohl, es bleibt dabei – alle Befehle sind sofort auszuführen – Sie müssen sofort alle Rundfunk- und Nachrichtenstellen besetzen – jeder Widerstand wird gebrochen – wahrscheinlich bekommen Sie Gegenbefehle aus dem Führerhauptquartier – die sind nicht autorisiert – nein – die Wehrmacht hat die vollziehende Gewalt übernommen – niemand außer dem BdE ist autorisiert, Befehle zu erteilen – haben Sie verstanden? – Jawohl – das Reich ist in Gefahr – wie immer in Stunden der höchsten Not, hat jetzt der Soldat die vollziehende Gewalt – ja, Witzleben ist zum Oberbefehlshaber ernannt – es ist nur eine formelle Ernennung – besetzen Sie alle Nachrichtenstellen! – klar? – Heil!«

Dieses Gespräch Stauffenbergs bestärkte mich, daß er den Ausnahmezustand und auch den Sturz des Regimes durchsetzen würde. Mochte Himmler mit seiner SS Widerstand leisten, die Wehrmacht würde ihn brechen, dessen war ich sicher. Haeften gab einem älteren Major Anweisungen, für einen Raum zu sorgen, »um die unsicheren Kantonisten für die Nacht festzusetzen«. Jetzt war ich ganz sicher, daß Stauffenberg gewillt war, jeden Widerstand zu brechen.

Witzleben war also zum Oberbefehlshaber ernannt worden. Ich mußte zwangsläufig an Popitz denken. Der konservative Professor Johannes Popitz, der als ehemaliger preußischer Finanzminister Mitglied des Reichskabinetts geworden war, war ein enger Vertrauter des Feldmarschalls. Weil zu befürchten stand, daß er wegen einer heiklen Aussprache, die er mit Himmler gewagt hatte, überwacht wurde, hatte mein Bruder für ihn über Lynar eine Besprechung zwischen seinem Vertrauensmann Dr. Gerecke und dem Feldmarschall vermittelt. Gerecke war schon als ehemaliger Minister in der Papen-Regierung ein besonders verhaßter Gegner Hitlers, schon gleich nach der Machtübernahme wegen angeblicher Veruntreuung öffentlicher Gelder ins Gefängnis gebracht worden, danach ein rigoroser Aktivist in der Verschwörung.

Die Aussprache zwischen Gerecke und Witzleben hatte am Tag vorher stattgefunden, und mich interessierte brennend, was dabei herausgekommen war. Nicht zuletzt deshalb, weil das, was Popitz zu sagen oder zu raten hatte, immer von Beck respektiert worden war.

Als ich Schwerin mitteilte, daß ich mich zu Popitz auf den Weg machen wollte, stimmte er mir sofort zu, zumal Popitz über den Ablauf der Ereignisse noch nicht informiert war. Er versprach, mich zu Hause anzurufen, wenn sich etwas wesentlich Neues ereignen sollte.

Stauffenberg befand sich im Zimmer von Fromm mit Beck und Witzleben, deshalb sagte ich zu Haeften, ich hätte das Gefühl, daß ich hier nur im Wege sei und gehen wolle. Falls ich von Schwerin keinen Anruf bekäme, würde ich am nächsten Morgen Punkt acht Uhr auf Stauffenbergs Apparat anrufen. »Dann haben wir es geschafft, oder wir werden alle gehängt«, erwiderte darauf Haeften. Ich sah ihn betroffen an. »Aber soweit ist es noch lange nicht!« fügte er mit bezwingendem Lächeln hinzu. Das beruhigte mich wieder. Er drückte mir noch herzlich die Hand und sagte zum Abschied: »Auf Wiedersehen, bis morgen!«

So kam ich »wie der reine Tor« gerade noch rechtzeitig und ohne jede Schwierigkeit aus dem OKW in der Bendlerstraße heraus. Das war gegen 8.30 Uhr abends. Kurz danach kam es dort zu einer Revolte gegen die Verschwörer. Hitlertreue Offiziere hatten sich in einem oberen Stockwerk zusammengeschart, nachdem sie sich davon überzeugt hatten, daß Hitler noch lebte. Als ich das Gebäude verließ, waren sie schon auf dem Weg zu Olbricht, um von ihm »Aufklärung« zu fordern.

Wie der Staatsstreich zerschlagen wurde

Außerhalb des OKW in der Bendlerstraße hatte sich an diesem Tag in Berlin folgendes abgespielt: Major Remer, der Kommandant des Berliner Wachbataillons »Groß-Deutschland«, hatte um 4.10 Uhr nachmittags einen Anruf von General Hase erhalten. Er teilte Remer mit, daß der Ausnahmezustand verhängt worden sei und daß deshalb der »Walküre-Befehl« in Kraft trete. Er befahl Remer, das Wachbataillon sofort zu alarmieren und danach sofort zu ihm in die Stadtkommandantur zu kommen. Remer führte den Befehl aus und war kurze Zeit später im Vorzimmer von Hase, um sich bei diesem zu melden. Hase teilte Remer mit, »daß der Führer einen Unfall gehabt habe« und daß deshalb die Wehrmacht die vollziehende Gewalt übernommen habe, um Ruhe und Ordnung aufrecht zu erhalten. Es müßte mit Aufständen der Fremdarbeiter gerechnet werden!

Remer erhielt den Befehl, mit seinen Truppen entsprechend den dem »Walküre-Befehl« beigegebenen Plänen und Weisungen die Ministerien in Berlin abzuriegeln und sich danach wieder bei Hase zu melden. Remer raste zu seiner Truppe, rief seine Offiziere zusammen und erklärte ihnen die Lage und die Aufgabe, die dem Wachbataillon gestellt war. Unter den Offizieren des Wachbataillons war ein Leutnant der Reserve namens Dr. Hans Hagen, von Beruf nationalsozialistischer Kulturhistoriker.

Dr. Hagen war in Rußland schwer verwundet worden und seitdem in der Schrifttumsabteilung des Propagandaministeriums tätig – auch als Mitarbeiter in Goebbels Wochenzeitung »Das Reich«. Als überzeugter Nationalsozialist und eifriger Parteidoktrinär hatte er am 20. Juli nachmittags – wie schon öfter zuvor – vor den Unterführern des Wachbataillons einen Vortrag gehal-

ten, diesmal über das Thema »Nationalsozialistische Führungs-
fragen«.

Als er seinen Vortrag gerade beendet hatte, war der Anruf von
General Hase erfolgt, durch den das Wachbataillon mobilisiert und
Remer zu Hase befohlen wurde. Hagen hörte, daß die Wehrmacht
den Ausnahmezustand verkündet und die vollziehende Gewalt
übernommen habe. Da schoß ihm wie eine Erleuchtung durch den
Kopf, daß da etwas nicht stimmen könnte. Er hatte nämlich auf dem
Weg zum Wachbataillon einen offenen Militärwagen mit einem
General vorbeifahren gesehen, den er fälschlicherweise für den
Feldmarschall von Brauchitsch gehalten hatte. Er wußte, daß Brau-
chitsch, weil Hitler ihn zum Sündenbock für den verlorenen Feld-
zug im russischen Winter 1941/42 machen wollte, schon über zwei
Jahre vorher entlassen worden war, und war erstaunt gewesen, als
er nun Brauchitsch in voller Uniform im offenen Wagen durch
Berlin gesehen hatte.

Hagen erinnerte sich an diesen Vorfall, als er mit anderen Offizieren des Wachbataillons die Erläuterungen der Lage durch Remer
und die Befehle, die von Remer dem Wachbataillon zur Durchführung des Ausnahmezustandes gegeben wurden, vernahm. Unter
vier Augen teilte er Remer mit, daß er den entlassenen Feldmarschall Brauchitsch in voller Uniform in Berlin in einem Wagen
durch die Stadt habe fahren sehen und daß ihm deshalb die Verkündung des Ausnahmezustandes durch die Wehrmacht sehr verdächtig vorkäme.

Um die gleiche Zeit befanden sich andere Einheiten des Ersatzheeres, die in den Kasernen der Vororte lagen und von Oberst Mertz
mit dem »Walküre-Befehl« mobilisiert worden waren, bereits auf
dem Marsch nach Berlin.

Gegen 5.30 Uhr trat Hagen bei Goebbels ein, der sich zu dieser Zeit
im Arbeitszimmer seiner Stadtwohnung in der Hermann-Göring-
Straße aufhielt. Hagen berichtete Goebbels in großer Erregung,
daß Brauchitsch in Berlin sei und einen Staatsstreich inszeniere,
denn er habe ihn selbst gesehen! Goebbels wußte nun zwar schon
von dem Attentat und auch, daß es mißlungen war. Er ahnte aber
nicht, daß inzwischen Truppen mobilisiert waren und bereits im

Zentrum von Berlin ihre Stellungen bezogen hatten. Als er nun von Hagen hörte, daß das Wachbataillon unter dem Befehl von Remer schon dabei war, das Regierungsviertel von Berlin zu besetzen, wurde er doch sehr unruhig. »Das ist doch nicht möglich«, rief er aus. Hagen zeigte durch das Fenster auf die Hermann-Göring-Straße, auf der gerade Soldaten in Lastwagen zum Brandenburger Tor fuhren. »Was können wir tun?« fragte Goebbels. Hagen hatte den richtigen Einfall. Er sagte: »Major Remer sofort hierherkommen lassen!«

Goebbels überlegte einen Moment, dann fragte er: »Ist dieser Major Remer ein zuverlässiger Nationalsozialist?« Als Hagen dies aus voller Überzeugung bestätigt hatte, gab Goebbels ihm den Auftrag, Remer so schnell wie möglich zu ihm zu bringen.

Am Brandenburger Tor, das bereits von einer Einheit des Wachbataillons abgesperrt war, erfuhr Hagen von einem Leutnant, daß Remer »sich auf seinem Gefechtsstand« bei General von Hase in der Stadtkommandantur befände. Hagen raste auf dem Krad dorthin. Vor dem Eingang der Stadtkommandantur Unter den Linden standen Truppen des Wachbataillons. Hagen beauftragte einen Offizier, zu Remer hinaufzugehen und ihm heimlich zu sagen, daß der Führer gar nicht tot sei und er sofort zu Goebbels kommen sollte.

Als Remer dies erfahren hatte, sagte er zu Hase, daß er den Befehl erhalten habe, sich sofort bei Dr. Goebbels zu melden. Daraufhin gab Hase Remer den dienstlichen Befehl, bei ihm zu bleiben und die Stadtkommandantur nicht ohne sein Einverständnis zu verlassen. Remer verweigerte jedoch den Gehorsam. Er verließ das Gebäude und fuhr zu Goebbels. Das war zwischen 6.30 Uhr und 7 Uhr abends.

Von Goebbels wurde Remer nun über die wirkliche Lage unterrichtet. Goebbels teilte ihm auch mit, daß er von Hitler unbeschränkte Vollmacht habe, alle Maßnahmen zu treffen, um den Aufstand niederzuschlagen. Zum Beweis dafür nahm Goebbels seinen Telefonhörer auf und verlangte, Hitler persönlich zu sprechen.

Als Hitler am Apparat war, übergab Goebbels Remer den Hörer.

Dann sprach Hitler mit Remer und befahl ihm, rücksichtslos vorzugehen und jeden Widerstand der Verschwörung in Berlin mit Gewalt zu brechen. Remer sei ihm bei der Ausführung dieses Befehls unmittelbar unterstellt und habe Vollmacht, alle Maßnahmen zu treffen, die er selbst für notwendig hielt, um die Revolte zu zerschlagen – bis Himmler, der bereits unterwegs sei, in Berlin eingetroffen wäre.

Gegen 8.30 Uhr hatte Remer den größten Teil seiner Soldaten im Garten vor Goebbels Haus in der Hermann-Göring-Straße versammelt. Goebbels hielt eine flammende Ansprache an die Truppe. Er teilte den Soldaten mit, daß der Führer lebe und Major Remer persönlich den Befehl gegeben habe, den Aufstand rücksichtslos niederzuschlagen.

Danach sollte es Remer zufallen, den Staatsstreich zu zerschlagen. Zunächst gab er durch seine Offiziere an die Kommandeure der anderen Einheiten, die auf Befehl von Oberst Mertz in Berlin schon einmarschiert oder auf dem Weg in die Stadt waren, »im Auftrag des Führers« den Befehl, sofort wieder abzurücken und in ihre Kasernen zurückzukehren. Dieser Befehl wurde prompt und ohne jeden Widerstand ausgeführt. Damit war Remer der Herr der Lage in Berlin.

Kurz nach 9.00 Uhr abends wurde Remer, der nun seinen Befehlsstand bei Goebbels aufgeschlagen hatte, von einem seiner Offiziere berichtet, daß die Zentrale der Verschwörung sich im OKW in der Bendlerstraße eingenistet habe und von dort aus zu agieren versuche. Goebbels telefonierte diesen Lagebericht an Hitler. Darauf gab Hitler durch Goebbels an Remer den Befehl, das OKW in der Bendlerstraße zu zernieren und zu stürmen.

Zu diesem Zeitpunkt – während Remer seine Vorbereitungen für diesen ungewöhnlichen Sturmangriff traf – bestellte General Olbricht im OKW seine Offiziere zu sich in sein Dienstzimmer. Er erklärte ihnen schonungslos die Lage und beschwor sie, den Kampf gegen Hitler und sein Regime bis zum letzten Mann durchzufechten.

Zur gleichen Zeit versammelten sich aber auch im oberen Stockwerk über der Dienststelle von Olbricht die hitlertreuen Offiziere, die erfahren hatten, daß ihr Führer nicht tot war. Sie beschlossen, von Olbricht Aufklärung zu fordern und Stauffenberg und seine mitverschworenen Kameraden festzusetzen.

Kaum hatte Olbricht seinen Appell an die bei ihm versammelten Verschwörer beendet, da drangen schon die hitlertreuen Offiziere bei ihm ein und verlangten von ihm eine Erklärung der Geschehnisse. Es kam zu einem Handgemenge, und Olbricht wurde überwältigt. Stauffenberg gelang es gerade noch, aus dem Zimmer Olbrichts zu entkommen. Aber auf dem Flur wurde er von hinten angeschossen, als er in sein eigenes Dienstzimmer flüchten wollte. Dort wurde er dann zusammen mit den anderen Verschwörern überwältigt. Generaloberst Fromm wurde befreit, übernahm wieder das Kommando als Oberbefehlshaber des Ersatzheeres und hielt auf der Stelle ein Standgericht ab. Stauffenberg, Olbricht, Mertz von Quirnheim und Haeften wurden zum Tode verurteilt.

Inzwischen hatte Remer den Sturmangriff mit dem Wachbataillon auf das Kriegsministerium befohlen. Es war bereits nach 10.00 Uhr, als Truppen des Wachbataillons unter dem Befehl des Leutnants Schlee in den Hof des OKW und von dort in das Gebäude eindrangen. Sie stießen nicht nur auf keinerlei Widerstand, sondern wurden von den hitlertreuen Offizieren mit offenen Armen empfangen. Als Leutnant Schlee hörte, daß der Widerstand der Verschwörer bereits gebrochen und diese festgesetzt worden waren, unterstellte er sich mit seinen Soldaten dem Befehl von Generaloberst Fromm. Dieser befahl Schlee, sofort ein Kommando für die Erschießung »der Verräter« zusammenzustellen.

Während dies geschah, versuchte Generaloberst Beck, sich im Dienstzimmer von Olbricht, wo Fromm die Verschwörer festgesetzt hatte, mit seiner Pistole zu erschießen. Als ihm dies aber auch beim zweiten Schuß nicht gelang, wurde er in ein Nebenzimmer gebracht und erhielt dort von einem Feldwebel den Gnadenschuß. Stauffenberg, Olbricht, Mertz und Haeften wurden auf Befehl von Fromm in den Hof geführt und von dem dort bereitstehenden Kommando erschossen.

Wie ich entkam

Ich erinnere mich, daß ich auf dem Weg nach Hause zur U-Bahn an der Station »Nollendorfplatz« auf die Uhr geschaut und gesehen habe, daß es 20.53 Uhr war. Mit Popitz, der ganz in der Nähe von mir wohnte, hatte ich eine Absprache getroffen, daß ich ihn jederzeit aufsuchen könnte. Auch spät abends, wenn an einem dünnen Lichtschein in einem Schlitz am Fensterladen zu erkennen war, daß er noch nicht zu Bett gegangen war.

Hitler war tot, das war meine felsenfeste Überzeugung. Ich war glücklich, daß wir es endlich geschafft hatten, und freute mich darauf, daß ich Popitz als erster die freudige Nachricht bringen und ihn über die Vorgänge im OKW informieren konnte. Aber als ich sein Haus erreicht hatte, war im Fensterladen kein Lichtschein mehr zu sehen. Schade, aber schließlich konnte ich ihm auch am anderen Morgen über alles berichten . . .

Zu Hause wartete immer noch mein Bruder auf mich. So machte ich mich schleunigst auf den Weg, zumal ich ihm am Telefon gesagt hatte, daß ich sehr bald heimkommen würde.

Zu Hause angelangt, traf ich Klaus Bonhoeffer bei meinem Bruder an. Ohne Umschweife verkündete ich ihnen: »Der Hund ist tot«, und machte dann eine Flasche Sekt auf. Das Radio war eingeschaltet, um die Nachrichten zu verfolgen. Ununterbrochen wurde Marsch- und Wagnermusik gesendet. Allmählich ging sie mir auf die Nerven. Außerdem fragte ich mich immer wieder, warum denn der Rundfunk nicht besetzt wurde. Plötzlich – es war ein paar Minuten vor 1.00 Uhr morgens – wurde die Musik unterbrochen. Ein Sprecher kündigte mehrmals mit Unterbrechungen an: »Es spricht der Führer!« – Er sprach tatsächlich . . .

Wir hatten Waffen im Haus – einen Revolver und drei Maschinenpistolen, die Gehre bei uns deponiert hatte. Zwei holte ich aus dem
Keller und legte sie schußbereit unter die Kissen auf dem Sofa in der
Bibliothek. Hier richteten wir uns ein, das weitere Geschehen
abzuwarten. Da ich zwei Stunden vorher noch in der Bendlerstraße
gesehen worden war, mußte ich mit einer baldigen Verhaftung
rechnen. Was mir und auch meinem Bruder bei der Gestapo
bevorstand, konnten wir uns leicht vorstellen. Wir waren entschlossen, uns bis zur letzten Kugel zu verteidigen, eine letzte für jeden
von uns.

Der frühe Sommermorgen dämmerte bereits heran. Plötzlich, nach
Stunden des Wartens – Klaus Bonhoeffer war schon nach Hause
gegangen – klopfte es an der Tür. Verwundert sagte ich: »Herein!«
Es war der Mann unserer Haushälterin, mit ihr und ihrem Mann
waren wir gesinnungsmäßig vertraut.

»Entschuldigen Sie, Herr Doktor«, sagte er, »wir haben Besuch
oben, ein SS-Mann.« Er bemerkte mein Erstaunen und fuhr fort:
»Er ist kein Nazi! Er ist ein Vetter meiner Frau, auf Urlaub von der
Front. Wir möchten noch gern eine Flasche Wein trinken. Würden
Sie uns bitte eine geben?«

Ich gab ihm den Schlüssel zum Weinkeller und bat ihn auch noch
eine Flasche Sekt mitheraufzubringen. Es konnte die letzte sein!

Als die Gestapo am Freitagmorgen, am Freitag, den 21. Juli, immer
noch nicht erschienen war, ging ich gegen 9.00 Uhr zu Popitz
hinüber. Ich wollte mir ein Bild von der Lage machen. Seine
Tochter Cornelia machte mir die Tür auf und erzählte sehr gefaßt,
ihr Vater sei am frühen Morgen um fünf Uhr auf Befehl Himmlers
verhaftet worden. Damit hatte Popitz schon lange gerechnet!

Nun bestand kein Zweifel mehr, daß auch ich sehr bald an der
Reihe war. Um mich möglichst wenig verdächtig zu machen, versuchte ich mich ganz normal zu verhalten und ging einfach in mein
Lufthansabüro. Von dort rief ich Stauffenbergs Geheimnummer in
der Bendlerstraße an. Fromms Sekretärin war am Apparat und
teilte mir mit, daß er »dienstlich verreist« sei.

Das war für mich die Bestätigung meiner Vermutung, daß Stauffenberg noch nicht erschossen, sondern nur verhaftet war. Was hätte

auch ein toter Stauffenberg Himmler für die Aufklärung der Verschwörung nützen können?

Nachdem ich mir immer wieder vergegenwärtigt hatte, was ich am
Abend zuvor im OKW gesehen und gehört hatte, daß an verschiedenen Stellen des Reiches, in Wien und in Paris, die Wehrmacht
gegen die Nazis in Marsch gesetzt worden war, konnte ich mir
einfach nicht vorstellen, daß alle beteiligten Generale und Offiziere
sich wieder auf die Seite Hitlers schlagen würden. Ich schöpfte neue
Hoffnung.

Mit der Wahnidee im Kopf, daß noch nicht alles verloren sei, wollte
ich »weitermachen«. Ich sagte dies auch zu Klaus Bonhoeffer. Wir
fuhren in die Stadt, da ich ein paar Leute zusammentrommeln
wollte. Ich rief Trott an. Nur ganz kurz teilte er mir mit, daß er
nachmittags zu mir käme. Dann suchten wir Rechtsanwalt Wergin,
den Verteidiger von Dietrich Bonhoeffer, auf, der in der Nähe der
Bendlerstraße wohnte. Ich erreichte, daß er eine beabsichtigte
Reise nach Süddeutschland verschob, um für alle Fälle zur Verfügung zu stehen.

Inzwischen war es Mittag geworden, und ich wußte immer noch
nicht, was sich wirklich abgespielt hatte. Ziemlich deprimiert fuhr
ich mit der U-Bahn nach Hause. Dann erschien Trott und berichtete mir, was er inzwischen vom tatsächlichen Ablauf der Ereignisse
am Tag vorher im Auswärtigen Amt in Erfahrung gebracht hatte.
Danach konnte nun kein Zweifel mehr bestehen, daß Stauffenberg
erschossen und die Verschwörung zerschlagen war.

Da ich annehmen mußte, daß ich bei meinem Besuch bei Popitz
beobachtet worden war und jetzt beschattet wurde, hielt ich es für
besser, mich nicht mehr bei mir zu Hause, sondern bei unserer
Nachbarin Gisela Hauss zu verbergen.

Am nächsten Morgen, es war Samstag, war die Gestapo immer
noch nicht erschienen. Dafür hörte ich aber im Rundfunk Dr. Leys
Rede, in der Stauffenberg und unsere Freunde als »blaublütige
Schweine« beschimpft wurden. Diese Rede ließ gar keinen Zweifel
mehr, daß die Nazis das Heft wieder in der Hand hatten und die
Abrechnung bevorstand.

Vom Haus meiner Nachbarin aus beobachtete ich, ob und wer zu mir ins Haus kam. Am Samstagnachmittag erschien noch einmal Klaus Bonhoeffer. Nachdem ich mich mit ihm und meinem Bruder besprochen hatte, beschloß ich, am Montag nach Madrid zu fliegen. Auch Trott hatte mich schon gedrängt, nach Madrid zu fliegen, um – wie er es formulierte – »der Welt zu sagen, was wir gewollt hatten und woran wir gescheitert waren.«

Am Montag, den 24. Juli, fuhr ich zum Flughafen Tempelhof. Ungehindert bestieg ich die Linienmaschine, eine Focke-Wulf 200, die damals schnellste Linienmaschine der Lufthansa. Nach einer Zwischenlandung in Barcelona landete ich in Madrid. Dort empfing mich am Flughafen Barajas Gert Lindenberg. Ein Blick genügte, um uns zu verständigen. Als er mich ins Hotel Palace, wo ich ein ständiges Zimmer hatte, gebracht hatte, kündigte mir der Portier eine telephonische Voranmeldung aus Lissabon an. Es war Juan Terrasa.

Wie schon öfter, war er auch diesmal dienstlich in Lissabon, um den Austausch deutsch-englischer Kriegsgefangener zu überwachen. Alarmiert durch die Rundfunkmeldung über das Mißlingen des Attentats hatte er, blindlings hoffend, daß ich davongekommen sei, die Voranmeldung für mich speichern lassen. Als er mich hörte, sagte er erleichtert: »Hombre! Ich komme gleich!« und deutete an, daß er mich in Sicherheit bringen würde.

Ich bat Lindenberg, in der Bar des Hotels auf mich zu warten, da ich mich inzwischen duschen und umziehen wollte. Gerade als ich unter der Dusche stand, schellte das Telefon. Der Portier teilte mir mit, daß ein Herr von der Kriminalpolizei mich sprechen wolle. Als ich zurückfragte, was er denn von mir wollte, antwortete der Portier, das würde er mir selbst im Zimmer sagen.

Also doch! Wäre ich doch nicht ins Hotel gegangen! Hätte ich mich doch irgendwo in Madrid zunächst einmal versteckt. Aber nun war es zu spät!

Ich war gerade in den Bademantel geschlüpft, als es schon an der Türe klopfte. Auf meine Aufforderung trat ein eleganter, nicht mehr ganz junger Mann ein, der mich höflich begrüßte. Ich war erstaunt, daß es nur ein Beamter war. Bei Verhaftungen in Deutschland kamen immer mindestens zwei Beamte. Sofort stellte

ich mich vor einen Tisch, auf dem hinter mir das Schreibgerät,
darunter ein schwerer Löscher aus Marmor stand. Ich war entschlossen, den Beamten, dem alleine gegenüber ich mich stark
genug fühlte, niederzuschlagen und zu flüchten. Auf meine Frage,
was er denn wolle, antwortete er, daß ich doch schon so oft in
diesem Hotel gewohnt habe und er nun einmal meine Papiere
überprüfen müßte. Es sei nur eine Angelegenheit der Ordnungspo-
lizei, ob er meinen Paß einmal sehen dürfte. Ich gab ihm den Paß, er
machte sich einige Notizen und verließ dann freundlich grüßend das
Zimmer.

Der Schock steckte mir noch in den Gliedern, als ich in die Bar zu
Gert Lindenberg hinunterging und ihn bat, mit mir die Stadt zu
verlassen.

Da saßen wir nun wieder vor »unserem« einsamen Gasthaus am
Rande der Sierra mit dem Blick auf die untergehende Sonne. Völlig
deprimiert brüteten wir über das Schicksal Deutschlands und überlegten, wie es nun weitergehen sollte. Auch darüber, was aus uns
werden würde.

»Was willst du nun tun?« fragte Lindenberg, indem er hinzufügte,
daß ich auf Dauer auch in Spanien nicht mehr sicher sei. »Ich warte
auf Juan Terrasa« und: »Er wird mich schon irgendwie in Sicherheit
bringen!«

Allerdings: Meine Freundschaft mit Juan Terrasa war der spanischen Geheimpolizei mit Sicherheit nicht unbekannt geblieben.
Dies war es, was Lindenberg nachdenklich stimmte: »Wahrscheinlich ist es richtig, Du tust das, was Juan Dir sagt. Wenn Du mich
aber brauchst, soll er mich benachrichtigen.« Wegen der großen
Sommerhitze waren Gerd Lindenbergs Frau und Töchter bereits an
die See gefahren, während Lindenberg hier in Madrid auf mich
gewartet hatte, um meinen Bericht über die Ereignisse in Berlin zu
hören. Nun konnte ich ihm nur noch raten, ebenfalls schnell aus
Madrid zu verschwinden. Er schien mir allein schon deshalb gefährdet, weil er in meinem Auftrag bei Hansen gewesen war und von
diesem mit einer Botschaft für mich betraut worden war. Er be-
folgte meinen Rat sofort. Er reiste ab.

Wie stand es um meine Sicherheit? Meine wichtigste Verbindung in

Madrid war über zwei Jahre der US-Geschäftsträger Willard Beaulac und sein Militärattaché Colonel William Hohenthal gewesen. Sollte ich nicht einfach, um mich gegen alle Überraschungen abzusichern, in die US-Botschaft gehen und um Asyl bitten? Ich verwarf den Gedanken. Was Juan Terrasa mir am Telefon angedeutet hatte, bedeutete nicht mehr und nicht weniger als eine Versicherung, daß er mich mit Hilfe seiner englischen Freunde nach London in Sicherheit bringen würde. Dorthin wollte ich, um über den Rundfunk der BBC der Welt zu sagen, »was wir gewollt hatten und woran wir gescheitert waren«.

Als ich das Hotel betrat, teilte mir der Hotelportier mit, Señor Juan Terrasa hätte aus Lissabon angerufen, seine Rückkehr verzögere sich. Da ich mir den Schlüssel zu Juans Wohnung jederzeit bei seiner in der Nachbarschaft wohnenden Haushälterin, deren Mann auch Terrasas Chauffeur war, abholen konnte, ging ich am nächsten Vormittag dorthin und rief von dort aus Monseigneur Boyer-Mas an. Der joviale Gottesmann machte sich sofort auf den Weg.

Er hatte nichts davon gewußt, daß ich in Berlin dabei gewesen war. Während ich berichtete, versagte mir immer wieder die Stimme. Ich war mit den Nerven völlig am Ende. Als mein Gegenüber bemerkte, daß mir die Tränen kamen, brach er das Gespräch ab. Er nahm mich mit in die Küche und machte Kaffee. Nachdem ich mich etwas beruhigt hatte, meinte er, es sei höchst wichtig, daß ich sofort einen möglichst ausführlichen Bericht verfasse. Er gab mir Schreibmaterial und ließ mich allein. Am späten Nachmittag kam er wieder, um meinen Bericht in die englische und amerikanische Botschaft zu bringen. Erst im Oktober 1966 erfuhr ich, daß Boyer-Mas, der loyal zu de Gaulle stand, den Bericht nicht zur britischen und amerikanischen Botschaft, sondern zuerst zu de Gaulles Vertreter Truelle gebracht hatte, der ihn an Soustelle nach Algier schickte. Kopien des Berichts wurden aber unabhängig davon durch Juan Terrasa nach dessen Rückkehr aus Lissabon auch nach London geschickt, wo sie auf diese Weise mit drei Tagen Verspätung ankamen.

Mit meinem Bericht für London und Washington glaubte ich den ersten und zugleich zukunftsweisenden Schritt getan zu haben, um der Weltöffentlichkeit klarzumachen, »was wir gewollt hatten und woran wir gescheitert waren«. Daß dies eine Illusion war, erkannte ich erst drei Monate später, als ich auf meiner Flucht in London angekommen war und dort ins Gefängnis gesperrt wurde.

TEIL II
Mein Werdegang in die Verschwörung

Politisches Erwachen

Mein Leben ist entscheidend durch die Ereignisse geprägt worden, die vom Ausbruch des Ersten Weltkrieges zu der deutschen Katastrophe im Jahre 1945 geführt haben. Als der Erste Weltkrieg ausbrach, war ich fünf und ein halbes Jahr alt. Der patriotische Rausch, in den die Menschen sich damals auch in meinem hessischen Heimatstädtchen Treysa hineinsteigerten, hatte mich wie alle anderen Buben in den höchsten Zustand der Begeisterung für unsere Soldaten und den Krieg versetzt. Mein Vater war Hauptmann der Reserve, wurde früh mit dem Eisernen Kreuz ausgezeichnet und auch deshalb in der Illustrierten »Die Woche« abgebildet. Ich war mächtig stolz, nicht weniger stolz natürlich auf die Siege unserer Armeen. Diese Begeisterung für Soldaten und Krieg sollte mir vergehen, als mich eines Tages ein Onkel, von Beruf Apotheker, der am Bahnhof unseres Städtchens Rotkreuzdienst tat, zu einem Lazarettzug mitnahm. Da ich ihm nicht schnell genug im und durch den langen Zug folgen konnte, ging ich plötzlich »verloren«. Auf der Suche nach dem Onkel trottete ich allein durch den Zug. Zuerst sah ich nur Leichtverwundete. Sie lachten fröhlich. Aber dann gelangte ich in die Waggons mit den Schwerverwundeten. Ein widerlicher, penetranter Duft von Karbol nahm mir fast die Luft. Aschfahle Gesichter starrten mich an, blutdurchtränkte Verbände verstörten mich. Ich hörte erbärmliches Stöhnen, es wurde mir unheimlich. Ich mußte hinaus.

Draußen, vor dem Zug, stand mein Onkel und sprach mit einem Sanitäter im weißen Kittel. Ein Schwerverwundeter wurde ausgeladen. Er wimmerte leise und wurde zu einer Operation ins örtliche Lazarett abtransportiert. Schwestern boten an den Fenstern des Zuges, an dem wir entlanggingen, Erfrischungen an. Am Ende des

Zuges war ein Güterwagen angehängt. An der offenen Tür saß ein bärtiger deutscher Soldat, das Gewehr im Arm, im Inneren hockten und lagen auf Stroh französische Soldaten in ihren blauen Uniformfräcken und roten Hosen mit schmutzigen Verbänden. Sie lamentierten und gestikulierten, wollten unbedingt auf den Bahnsteig, um an der Pumpe Wasser zu holen. Soviel konnte ich verstehen. Aber es wurde ihnen nicht erlaubt. Ich empfand tiefes Mitleid mit ihnen, spürte aber zugleich, daß dies ja gar nicht erlaubt war, weil diese Franzosen unsere »Feinde« waren! Man hatte uns Kindern auch den bis zu Kriegsbeginn üblichen Gruß »Adieu« verboten.

So geriet ich zum erstenmal in einen inneren Konflikt zwischen meinen wirklichen Gefühlen und Denken und der Politik, von der ich mir noch keine konkrete Vorstellung machen konnte, spürte jedoch, daß sie Gewalt über mich hatte. Mit den Eindrücken von diesem Lazarettzug wurde ich lange nicht fertig. Ich konnte mich aber nun nicht mehr für den Krieg begeistern, auch wollte ich nicht mehr Soldat werden.

Je mehr ich vom Kriegsgeschehen hörte, um so unheimlicher wurde es mir. Als sich in einem Garten vor unserem Städtchen einer erschoß, weil er nicht wieder an die Front wollte, bekam ich Angst davor, Soldat werden zu müssen. Aber das wagte ich nicht offen zu sagen. Es war mir klar, daß eine solche Angst sich nicht mit der Haltung vereinbaren ließ, die von mir »als deutschen Jungen« erwartet wurde. Ein Gefühl der Erleichterung erfaßte mich, als der Krieg zu Ende gegangen war. Seine Eindrücke auf mich versanken allmählich im Schoß meines Unterbewußtseins und wurden durch neue Erlebnisse zugedeckt, die der politische Trubel der Nachkriegsjahre in Deutschland, Revolution und Inflation mit sich brachten.

Das politische Geschehen dieser Jahre ging an mir als Heranwachsendem nicht spurlos vorüber. Die Auswirkungen der großen Politik auf das kleine Tagesgeschehen hatten auf die Entwicklung meiner Anschauungen vom Leben nachhaltigeren Einfluß als die Schulzeit. Als Schüler stand ich, wie die ganze bürgerliche Gesellschaft in Deutschland, im Konflikt zwischen Revolution und Gegenrevolution. Auf dem Gymnasium wurden wir stramm deutschnational erzogen und lernten die Fahne der Republik als Schwarz-Rot-Senf verächtlich machen. Unsere Lehrer waren im Krieg fast ausnahmslos Offiziere gewesen. Sie brachten uns die »Dolchstoßlegende« bei. In der Inflation erlebte ich, wie die Menschen ihr Vermögen verloren – »das Verbrechen« der republikanischen Regierung am Volk! Ich empfand den Widerspruch zwischen der offiziellen öffentlichen Meinung und dem, was ich Menschen sagen hörte, begriff aber noch nicht, daß die Weimarer Republik für die republikanische Minderheit eine große Illusion und für die immer monarchisch gesinnte Mehrheit eine dreiste Lüge war. Im Zimmer, das ich mit meinem jüngeren Bruder Hans teilte, hing ein lebensgroßes Bild vom Kaiser und von Hindenburg in Uniform. Der Nationalheros Hindenburg war lange mein Idol. Seine Wahl zum Reichspräsidenten im Jahre 1925 habe ich noch mit der Masse des Volkes als ein nationales Ereignis empfunden.

Im Jahre 1922 wurde mein Vater nach Wiesbaden versetzt. Unser Umzug aus dem kleinen hessischen Landstädtchen in die mondäne internationale Weltkurstadt war für mich wie die Verpflanzung eines jungen Gewächses aus dem Freien in ein Treibhaus. Meine geistige Entwicklung nahm nunmehr einen eigenen Weg.

Die Stadt war von der französischen Armee besetzt. Überwiegend von Marokkanern und anderen farbigen Soldaten. Außerhalb des besetzten Rheinlandes wurde dies »die schwarze Schmach am Rhein« genannt. Sich darüber immer wieder zu empören, erschien auch mir eine selbstverständliche patriotische Pflicht. Um so verwunderter war ich, daß nach unserer Ankunft in Wiesbaden der Anblick der »schwarzen Schmach« überhaupt keinerlei Haßgefühle in mir auslöste. Im Gegenteil, die eleganten Französinnen übten eine faszinierende Wirkung auf mich aus. Ich wünschte nur, daß sich meine Mutter und meine beiden Schwestern ebenso schön wie die Französinnen zurechtmachten. Das war natürlich ganz und gar unpatriotisch. Lippenstift und Puder waren zu dieser Zeit bei deutschen Frauen noch verpönt. Ich empfand es als nicht unangenehm, mit weißen und farbigen französischen Soldaten zusammenzuleben. Gestört wurde diese friedliche Koexistenz nur einmal während des sogenannten »passiven Widerstandes« gegen die Besetzung des Ruhrgebietes durch französische Truppen Anfang 1923.

Die Reichsregierung war damals mit Reparationslieferungen in Verzug geraten, das Ruhrgebiet als Pfand von Frankreich besetzt und in Besitz genommen worden. Dagegen rief die Reichsregierung zum »passiven Widerstand« auf. Beamte der Eisenbahn und Post traten in Streik, Unternehmer und Arbeiter im Ruhrgebiet stellten die Produktion von Kohle, Eisen und Stahl ein. Das Ergebnis war der totale Ruin der deutschen Wirtschaft und der Staatsbankrott des Deutschen Reiches. Anfang November 1923 kostete ein USA-Dollar in Deutschland 4 200 000 000 Mark! Mit dem wirtschaftlichen Zerfall breitete sich ein politisches Chaos aus. Das versuchten »die Separatisten« im besetzten Rheinland zu nutzen, um mit der Unterstützung Frankreichs eine vom übrigen Deutschland abgetrennte autonome »Rheinische Republik« zu errichten. Führer der Separatisten war ein Wiesbadener Staatsanwalt Dr. Dorten, sein präsumtiver Kultusminister ein Studienrat Dr. Krehmer, der uns gegenüber wohnte. Eine nicht geringe Rolle innerhalb dieser Bestrebungen spielte der Kölner Oberbürgermeister Dr. Konrad Adenauer, der damit für mich zum erstenmal als politische Figur in Erscheinung trat.

Den Aufstand der Separatisten erlebte ich in den Straßen von Wiesbaden. Er wurde unterdrückt durch den Einsatz der Feuerwehr mit Wasserspritzen und durch Prügel, mit denen die reichstreue Bevölkerung ihrer Wut über die Separatisten Luft machte. Dr. Dorten wurde eine Treppe hinuntergeworfen, Dr. Krehmer von ehemaligen Schülern auf der Straße angespuckt.

Der separatistische Aufstand ging vorüber. Er hatte mich aber, wie viele andere Schüler, insbesondere auch meinen Freund Fritz Göring, Neffe des späteren Reichsmarschalls Hermann Göring, in patriotische Ereiferung versetzt, die von unseren Lehrern geschürt wurde. Wir fühlten uns zu patriotischen Taten gedrängt. Mir fiel die Aufgabe zu, Freunden meiner älteren Schwester, Mitglieder des »Deutschnationalen Jugendbundes«, die von der französischen Militärregierung wegen ihrer Aktivität im passiven Widerstand aus dem besetzten Gebiet ausgewiesen worden waren, Geld und Briefe von ihren Angehörigen in ihren Unterschlupf nach Frankfurt am Main zu bringen.

Mit dem Fahrrad machte ich mich auf den Weg, denn es wäre höchst unpatriotisch gewesen, mit der Eisenbahn zu fahren, die von Franzosen betrieben wurde! Unterwegs wurde ich an einem Bahnübergang von einem dort Wache schiebenden marokkanischen Soldaten angehalten. Ich verhielt mich störrisch. Das war aktiver Widerstand gegen die französische Militärregierung, und der Marokkaner trieb mich mit aufgepflanztem Bajonett in eine nahegelegene improvisierte Wachstube. Dort besprach er sich mit seinen Kameraden. Ich verstand nichts, aber ich hatte wegen des Geldes und der Briefe, die ich in einem Brustbeutel unter dem Hemd verborgen hatte, Angst vor einer Leibesvisitation. Höchst unwohl wurde mir, als sich ein pockennarbiger Marokkaner mit dreistem Grinsen bei mir anzubiedern versuchte. Ich wußte, es waren schon manche blonde Buben von Marokkanern vergewaltigt worden! In dieser brenzligen Situation erschien ein französischer Sergeant. Er akzeptierte meine Erklärung, daß ich auf einer Radtour sei, besah die Butterbrote in meinem Rucksack und ließ mich weiterradeln.

Abseits der Hauptstraßen fuhr ich weiter über Feldwege in Richtung Frankfurt. Da hielt mich plötzlich ein Bauer an und erzählte mir, daß hinter dem nächsten Dorf vor der Grenze ein Sperrgebiet sei, in dem die Franzosen das Radfahren verboten hätten, damit keiner ihren Patrouillen entkommen könnte. Wenn sie mich auf dem Fahrrad erwischen würden, käme ich ins Kittchen! So stellte ich mein Fahrrad im Dorf ein und pilgerte zu Fuß weiter in Richtung Frankfurt.

Die sommerliche Hitze machte mich durstig, und ich verfluchte aus ganz persönlicher Verärgerung zum erstenmal den Versailler Vertrag und das französische Besatzungsregime, das sich anmaßte, unsere Rechte zu beschneiden und mir das Radfahren zu verbieten. Nach mühseliger Wanderung über die Felder schlich ich mich durch die Schrebergärten von Frankfurt in die Stadt und entledigte mich meiner patriotischen Mission. Als ich von den exilierten jungen Helden des passiven Widerstandes reichlich bedankt und belobigt wurde, war ich stolz, zum verschworenen Mitglied dieser geheimen jugendlichen Widerstandsgruppe gehören zu dürfen. Einer von ihnen namens Habicht sollte zehn Jahre später durch die Unterminierung Österreichs mit subversiver NS-Aktivität und dem Mord an dem österreichischen Bundeskanzler Engelbert Dollfuß eine fragwürdige Berühmtheit erlangen.

Warum war ich nicht Nationalsozialist geworden? Wie war ich in die Verschwörung gegen Hitler geraten? Ich war nicht als homo politicus geboren, erst recht nicht, um zum Verschwörer zu werden. Ich hätte einen ganz anderen Weg durchs Leben gehen können. Nach dem Abitur absolvierte ich erst eine Lehre in einer chemisch-pharmazeutischen Firma in Mainz. Aber ich war nie darauf aus, viel Geld zu verdienen oder gar Generaldirektor eines großen chemischen Unternehmens zu werden. Dann überlegte ich, Medizin zu studieren, kam davon aber wieder ab, weil ich mir nicht die Fähigkeit zutraute, mit absoluter Sicherheit Diagnosen stellen zu können. Hätte es damals schon Psychologie als eigenständiges Fach gegeben, ich hätte mich darauf verlegt. Die menschlichen Probleme, die heute mit den inzwischen entwickelten Mitteln und Methoden der Psychologie behandelt werden, waren immer ein großes Faszinosum für mich. So entschied ich mich, Rechtswissenschaften zu studieren – ohne entschiedene Vorstellungen für eine spätere Berufsbetätigung zu haben.

Als mein letztes Semester an der Frankfurter Universität zu Ende ging, kam Hitler an die Macht. Dadurch wurde meinem Lebensweg eine völlig neue Richtung gegeben. Von Hitlers Herrschaft konnte ich nichts anderes erwarten, als genau das, was er dann auch anrichtete. Das vorauszusehen, bedurfte keiner höheren politischen Einsicht, sondern nur einer nüchternen Betrachtung dessen, wie Hitler und seine SA seit ihrem Auftreten in den Jahren vor der Machtübernahme sich benommen hatten. Es war mir immer unbegreiflich, wie auch sonst ganz vernünftige Menschen dem politischen Erlöserglauben an Hitler verfallen konnten. Mir war diese »Deutschland erwache!«-Bewegung von Anfang an widerwärtig, ganz und gar unglaubwürdig. Genauso unglaubwürdig war mir übrigens auch die kommunistische Heilslehre. Seit ich selbständig denken konnte, war und bin ich grundsätzlich liberal eingestellt, aber keiner politischen Partei zugetan. Während des Studiums waren die nationalen Heroen des deutschen Volkes immer mehr verblaßt. Ein anderes Vorbild trat an deren Stelle: Albert Schweitzer.

Dabei hatte ich – ohne Übertreibung – Chancen, in diesem NS-Staat Karriere zu machen. Anfang April 1933 bot mir mein Schulfreund Fritz Göring in einer aufrichtig freundschaftlichen Regung an, mit ihm in den Stab seines Onkels Hermann einzutreten, der damals ja bereits der zweite Mann nach Hitler im Deutschen Reich war. Das war nicht einmal eine Versuchung für mich. Fritz Göring war ein anständiger Kerl und ist es geblieben – trotz seines berühmten und berüchtigten Onkels! Nach dem Krieg sagte seine Mutter zu einer Verwandten, der Schwiegermutter meiner Schwester Erika: »Wir waren nicht überrascht, daß Otto und Hans John beim 20. Juli dabei waren. Wir kannten immer ihre Einstellung. Aber wir hätten sie nie bei der Gestapo angezeigt. Sie waren so nette Jungens.«

Das gab es. Und es gab auch nicht wenige überzeugte Nazis, die immer anständig waren und geblieben sind, für die es – bei den einen früher, bei den anderen später – ein böses, fürchterliches Erwachen gab, als sie erleben mußten, wie Hitler seine Stellung als Reichskanzler mißbrauchte und sich durch politische Intrigen, fortgesetzten Verfassungsbruch, durch unmenschliche Gewalttaten und gemeine Verbrechen zum Diktator über das deutsche Volk erhob und schließlich den Krieg vom Zaune brach. »Laßt Hitler an die Macht, so wird er sich selbst am ehesten abwirtschaften!« Diese Parole hatten viele demokratisch gesinnte Gegner Hitlers vor seiner Ernennung zum Reichskanzler durch den senilen Feldmarschall von Hindenburg ausgegeben. Aber es dauerte eben zwölf lange Jahre, bis Hitler abgewirtschaftet und Millionen und aber Millionen Menschen in eine Katastrophe gestürzt hatte!

Diese Katastrophe war kein unabwendbares Naturereignis. Sie ist von Menschen heraufbeschworen worden, von deutschen Menschen, die Hitler verfallen waren. Daß dieser »Führer« uns und ganz Europa in einen Krieg stürzen würde, dessen war ich seit 1933 sicher. Das politische, wirtschaftliche und auch das geistige Leben, soweit dies nicht überhaupt erstickt wurde, richtete sich mit Enthusiasmus unter freiwilliger »Gleichschaltung« auf Erhöhung der Wehrkraft ein, auf die Aufrüstung unter dem Motto »Kanonen statt Butter«. Dieser Militarismus begnügte sich nicht mit Auf- und Ausrüstung der militärischen Streitkräfte. Das Leben in Deutschland wurde nach militärischem Vorbild ausgerichtet und uniformiert. Als Referendare wurden wir von unserem Landgerichtspräsidenten mit dem Hinweis auf besonders günstige Beförderungschancen ermuntert, in die Wehrmacht einzutreten, um Offiziere zu werden. Die politische Schulung lag in den Händen eines Amtsrichters. Er wies bei jeder Gelegenheit auf den kommenden Krieg hin und versuchte uns klarzumachen, daß im Ernstfall jedes Haus und jeder Laternenpfahl Kampfwert besitze.

In dieser Staatsorganisation zur totalen Erfassung aller Menschen »für Führer und Volk« bestand keine Möglichkeit für betrachtendes Beiseitestehen. Man mußte sich entscheiden, dafür oder dagegen. Die meisten Menschen – ob sie nun rechts oder links standen – liefen Hitler zu, weil sie von dem profitierten, was Goebbels schon damals »ein deutsches Wirtschaftswunder« nannte, die Entfaltung der deutschen Wirtschaft in einem umfassenden Programm für Arbeitsbeschaffung, das nahtlos in die spätere Aufrüstung überging. Dabei konnte und wollte ich nicht mitmachen. Warum? Es war mir alles zuwider: die Gestalt des »Führers«, seine verlogene Ideologie und seine demagogischen Reden, die Phrasen der vielen kleineren Führer, das patzige Auftreten der Braun-Uniformierten, die Aufmärsche der Männer-, Frauen- und Jugendorganisationen, die Gleichgültigkeit der Massen angesichts der Staatsverbrechen und Gewalttaten gegenüber Oppositionellen, die feige Unterwürfigkeit all derer, die um ihr Geschäft oder ihre Karriere fürchteten.

All dies empörte mich jeden Tag von neuem und immer mehr. Es war unvereinbar mit allem, was ich dachte, fühlte und mit meinem Gewissen vereinbar empfand. Es verdarb mir buchstäblich die Freude am Leben. Überdies wurde mein erlernter Beruf zur Farce. Wir wurden in den Stand von »Rechtswahrern« erhoben, aber die NS-Ideologie bestimmte, was rechtens war, oder Hitler selbst, der sich nach dem großen Morden bei seiner Abrechnung mit der SA, insbesondere ihrem Stabschef Röhm, am 30. Juni 1934 zum »Obersten Gerichtsherrn« des deutschen Volkes ernannte. Als er sich acht Tage später auch noch die Machtbefugnisse des verstorbenen Reichspräsidenten und die Oberste Befehlsgewalt über die Reichswehr anmaßte, Offiziere und Soldaten auf sich persönlich vereidigen ließ, war er der unumschränkte Diktator über Deutschland geworden. Von nun an war – wie uns verkündet wurde – »sein Wille Befehl«. In seinen Händen allein lag die Entscheidung über Krieg und Frieden. Und er wollte den Krieg, darüber bestand für mich überhaupt kein Zweifel.

Das hätte man damals noch nicht erkennen können! Ich rechne mich wirklich nicht zu den Neunmalklugen, aber ich habe es erkannt, und Millionen von Menschen hätten es erkennen können, wenn sie nur Hitlers »Mein Kampf« gelesen hätten. Sie hätten es erkennen können, wenn sie sich nicht von Hitlers wirtschaftlichen und politischen »Erfolgen« hätten korrumpieren lassen, die in Wirklichkeit nur der Aufrüstung und Kriegsvorbereitung dienten. Ich wollte nicht für Hitler kämpfen. Deshalb wollte ich weg aus Deutschland. Aber ich hatte weder Geld noch die nötigen Beziehungen, um mir im Ausland eine Existenz aufzubauen. Ein Wiedersehen mit einem Freund aus meiner frühesten Schulzeit in Treysa, Horst von Baumbach, der für die Lufthansa als Pilot flog, brachte mich auf die Idee, mich bei der Lufthansa zu bewerben. Vielleicht hatte ich da eine Chance, ins Ausland zu kommen, sozusagen im Auslandsdienst. Nur möglichst weit weg von Deutschland, vielleicht Südamerika oder China.

Im Frühjahr 1936 fing ich dort als Volontär ohne Bezahlung auf dem alten Frankfurter Flughafen Rebstock an. Koffer tragen fiel mir leichter, als mit den Nationalsozialisten umzugehen.

In Zusammenarbeit mit der Air France richtete die Deutsche Lufthansa damals gerade die erste internationale Luftpostlinie von Frankfurt nach Südamerika ein. Einmal in der Woche arbeitete ich im Nachtdienst, um die Luftpostsäcke für Südamerika abzufertigen. Zur Inspektion dieser Linie flog der Chef der Lufthansa, Carl August Freiherr von Gablenz, über Frankfurt nach Südamerika. Er unterhielt sich mit mir über meine beruflichen Absichten und fragte, warum ich nicht auch noch das juristische Assessorexamen machen wollte. Ich hatte das Gefühl, daß ich zu diesem Mann ehrlich und offen sprechen konnte, als ich ihm entgegnete, Deutschland sei für mich kein Rechtsstaat mehr, und die Betätigung als »Rechtswahrer« sinnlos. Deshalb wolle ich ins Ausland.

Gablenz erkundigte sich darauf nach meinen Sprachkenntnissen. Ich hatte während des Studiums intensiv Englisch, Französisch und auch Spanisch gelernt, mit der Absicht, mich nach dem Referendarexamen eventuell beim Auswärtigen Amt zu bewerben. Aber Staatsdienst unter Hitler käme für mich nicht in Betracht, antwortete ich Gablenz. Einige Wochen später ließ er mir sagen, er würde mich für eine Vertretung der Lufthansa im Ausland in Aussicht nehmen, aber nur unter der Bedingung, daß ich auch noch das Assessorexamen ablegte.

Widerwillig durchlief ich nun beim Oberlandesgericht in Frankfurt meinen letzten juristischen Ausbildungteil und arbeitete nebenbei an der Frankfurter Universität als wissenschaftlicher Assistent von Professor Adalbert von Unruh über Luftrecht. Mein persönlicher Umgang an dieser Universität war auf einen spanischen Freund beschränkt, Angel Ferrari-Nuñez, heute Professor für Mittelalterliche Geschichte in Spanien. Im übrigen führte ich mit meiner politischen Einstellung ein sehr zurückgezogenes Leben. Was in Deutschland vorging, erlebte ich nur als distanzierter Betrachter. Es stieß mich immer wieder ab. Seit ich wußte, daß es nur noch eine Frage der Zeit war, bis ich Deutschland den Rücken kehren und für die Lufthansa nach Übersee gehen würde, war es für mich nicht mehr so schwer, in diesem Land zu leben, das meine Heimat war. Was hätte ich andererseits tun können? Widerstand leisten? Ich spürte keinerlei Bedürfnis, ein individuelles heroisches Beispiel für politisches Märtyrertum zu geben. Das wäre überdies ohne jegliche politische Wirkung geblieben. Damals gab es noch keine Widerstandsbewegung. Die ehemals führenden Politiker unter den Gegnern des NS-Regimes waren zum größten Teil ins Ausland geflüchtet, in Konzentrationslager gesperrt oder auf andere Art und Weise von der Gestapo »unschädlich« gemacht. Es gab nur einzelne Gruppen von zwar kompromißlosen Gegnern, die sich aus den verschiedensten Richtungen früherer politischer Aktivität zusammengefunden hatten, aber ihre Widerstandsaktivitäten waren im wesentlichen darauf beschränkt, heimlich die Köpfe zusammenzustecken.

Sicher gab es auch offenen heroischen Widerstand, heimliche Flugblattaktionen und auch Sabotageakte. Aber die Opfer, die auf solche Art gebracht wurden, standen in keinem Verhältnis zu den Erfolgen. Wirksam blieb nur der geistige Widerstand, vor allem aus den Kreisen der Kirchen. Das Organisieren einer Widerstandsbewegung im Volk war unmöglich. Die Ausschreitungen der SA waren mit der Ermordung Röhms, Hitlers einzigem Duz-Freund und Rivalen, abgestellt worden. Seitdem wurde das Volk durch den heimlichen Terror der SS-Organisationen in Schach gehalten, vor allem durch die Gestapo und den Sicherheitsdienst. Der Widerstand aller unversöhnbaren Gegner des Regimes mußte in einer Stillhaltebewegung versanden.

In meiner Vorstellung gab es bereits damals schon keine andere Möglichkeit für eine Befreiung Deutschlands von der Diktatur Hitlers als eine totale militärische Niederlage in dem Krieg, dessen Entfesselung durch Hitler nach meiner Überzeugung nur noch eine Frage der Zeit sein konnte. Diesen Zeitpunkt abzuschätzen war deshalb schwer, weil nicht abzusehen war, wie lange die Westmächte ihre Appeasementpolitik, für die Neville Chamberlain zum Symbol geworden war, gegenüber Hitler betreiben würden. Nach der Besetzung des entmilitarisierten Rheinlandes durch deutsche Truppen hatte Anthony Eden im März 1936 vor dem britischen Unterhaus erklärt, »es bestehe kein Grund, in dieser Handlung Deutschlands eine feindliche Absicht zu sehen.« Seitdem mußte ich mich darauf gefaßt machen, daß sich die Westmächte noch mancherlei von Hitler gefallen lassen würden, ehe man eine Intervention von ihnen erwarten konnte.

Staatsstreich der SS gegen die Fronde im Heer

Am 1. November 1937 war ich in die Hauptverwaltung der Deutschen Lufthansa eingetreten. Dies mit der Absicht, möglichst schnell und möglichst viel von dem in mich aufzunehmen, was ich für einen Auslandsposten der Lufthansa benötigte, um möglichst bald möglichst weit weg von Deutschland zu kommen.

Auf Grund meiner juristischen Ausbildung kam ich in die Rechtsabteilung. Dieser Umstand sollte sich als schicksalsträchtig erweisen, denn der Leiter der Rechtsabteilung war – Klaus Bonhoeffer. Klaus, ein Sohn des Psychiaters Geheimrat Karl Bonhoeffer, war mit einer Tochter des Historikers Hans Delbrück verheiratet und durch diese verschwägert mit der Familie des berühmten Theologen Adolf von Harnack. In den Familien Bonhoeffer, Delbrück und Harnack waren die besten Traditionen des gelehrten deutschen Bürgertums verkörpert. Im Widerstand gegen Hitler sollten sie die schwersten Opfer bringen!

Bald war ich im Kreis dieser Familien ein gern gesehener und vertrauter Gesinnungsfreund. Der Umgang mit ihnen und ihren Freunden hat mir eine neue Welt eröffnet. Es sind dies meine schönsten Erinnerungen an die beiden letzten Jahre vor dem Krieg in Berlin. Trotzdem strebte ich damals aus Deutschland heraus. Das wußte Klaus Bonhoeffer, und er tat, was er konnte, um mir dies auszureden. Er fand, daß wir beide uns in der Zusammenarbeit ausgezeichnet zum Vorteil eines jeden von uns ergänzen würden, und machte mir Hoffnungen auf eine große Karriere, wenn ich bis zum Zusammenbruch des Regimes in Berlin durchhalten würde. Aber ich wollte nicht.

In ganz verschiedenen rechts- und auch linksgerichteten oppositionellen Kreisen Deutschlands wurde damals heimlich darüber gesprochen, daß der Oberbefehlshaber des Heeres, Generaloberst von Fritsch, ein entschiedener Gegner des Nazi-Regimes sei. Man behauptete, er warte nur auf den richtigen psychologischen Augenblick und eine passende Gelegenheit, »um gegen die Nazis loszuschlagen und dem braunen Spuk ein Ende zu machen«. Davon hatte ich schon als Referendar im Kreis deutsch-nationaler Kollegen gehört, die seit und wegen der Auflösung des »Stahlhelms« und seiner Einverleibung in die SA, von Hitler genug hatten und, erst recht nach dem großen Morden am 30. Juni 1934, darauf hofften, daß Fritsch »die braune Bande abhalftern würde«.

Fritschs Einstellung war Himmler und dem Chef seines Sicherheitsdienstes (SD), Reinhard Heydrich, nicht verborgen geblieben. Für sie war Fritsch ihr ärgster Feind: ein reaktionärer Monarchist, darauf aus, Hitler zu stürzen, um die depossedierten Hohenzollern wieder einzusetzen. Das war in der Tat eine Hoffnung nicht weniger aus dem konservativem Lager, an führender Stelle Oberst Oster.

Himmler und Heydrich warteten nur »auf den richtigen psychologischen Augenblick und eine passende Gelegenheit«, um Fritsch zu entmachten. Diese Chance wurde ihnen zu ihrer eigenen, nicht geringen Überraschung Anfang Januar 1938 von Reichskriegsminister Feldmarschall Werner von Blomberg geboten. Dieser war von jeher einer der ergebensten Anhänger Hitlers, ihm geradezu hörig. Er hatte die Wehrmacht nach dem Tode Hindenburgs mit der Vereidigung »auf die Person des Führers« der Befehlsgewalt Hitlers ausgeliefert. Seine Erscheinung wirkte martialisch, aber im Offizierskorps wurde er nur »der Gummilöwe« genannt, weil er Hitler immer in allem nachgab. Die jüngste seiner drei Töchter hatte er mit dem General Wilhelm Keitel verheiratet und diesen zum Chef des Wehrmachtsamtes im Reichskriegsministerium ernannt. Seine geistigen Fähigkeiten – so sagte mir Feldmarschall Rundsted nach dem Krieg – seien seit einem Reitunfall nicht wenig beeinträchtigt gewesen.

Im Winter 1937/38 entschloß sich Blomberg – seit 1932 Witwer – wieder zu heiraten. Er fragte Göring, ob etwas dagegen einzuwenden sei, wenn er eine Sekretärin aus dem Kriegsministerium heirate. Göring hatte nichts dagegen einzuwenden, war Blomberg

sogar dabei behilflich, einen Rivalen, den früheren Geliebten seiner Braut, nach Südamerika abzuschieben. Hitler war erfreut,
daß sein aristokratischer Kriegsminister eine Frau aus dem Volk
heiraten wollte und damit ein Beispiel für die Festigung nationalsozialistischer Volksgemeinschaft geben werde. Die Hochzeit
fand am 12. Januar 1938 statt. Göring und Hitler waren Trauzeugen.

Während das Paar auf Hochzeitsreise in Rom war, kam in Berlin
das Gerücht auf, der Feldmarschall hätte eine Frau von sehr
zweifelhafter Vergangenheit geheiratet. Sie sei bei der Polizei
registriert. »Die Spatzen pfeifen es von allen Dächern: Der Feldmarschall hätte eine Prostituierte geheiratet«, notierte Jodl in
seinem Tagebuch. Die Generalität des Heeres geriet in Aufruhr. In
ihrem Namen forderte Generalstabschef Beck den Oberbefehlshaber des Heeres von Fritsch auf, von Hitler die Entlassung Blombergs zu fordern. Dies hatte aber inzwischen schon Göring voll
angeblicher Entrüstung getan, um – wie Blomberg erst nach dem
Krieg als Zeuge vor dem Internationalen Militärgerichtshof sagte –
bei dieser Gelegenheit selbst als Nachfolger von Blomberg Kriegsminister zu werden. Blomberg erklärte in Nürnberg, er sei »auf
einen Schurkenstreich von Göring hereingefallen, hätte das aber
nie früher zu sagen gewagt, weil er immer Angst vor der Rache
Görings gehabt habe«.

Hitler war in allergrößter Verlegenheit, weil er einsehen mußte,
daß er seinen allertreuesten Paladin nicht mehr im Amt halten
konnte. Das war angesichts des Drängens der Generalität nicht
möglich. Er bestellte Blomberg zu einer letzten Aussprache, fragte
ihn, wen er als Nachfolger vorschlage. Aus Verbitterung gegen
seine Kameraden in der Generalität des Heeres, die seine Abberufung verlangt hatten, und weil er damals von der ihm erst später
offenbar gewordenen Intrige Görings keine Kenntnis hatte, entgegnete Blomberg: »Göring«. Hitler soll darauf gesagt haben, der sei
für diesen Posten zu bequem. Rundsted sagte mir nach dem Krieg
bei der Erörterung dieser Affäre, Hitler hätte ihm gesagt, Göring
sei »zu faul« für den Posten des Kriegsministers.

Es ist kolportiert worden, dieses Gespräch zwischen Hitler und

Blomberg sei beiderseits in großer Erregung geführt worden. Hitler war zwar zutiefst enttäuscht von seinem »gefallenen« Kriegsminister, aber er fühlte sich ihm irgendwie für seine treuen Dienste verpflichtet und behandelte ihn in der Aussprache sehr nachsichtig. So sehr, daß Blomberg Hitler vor seiner Verabschiedung noch seinen Schwiegersohn Keitel als besonders vertrauenswürdig für eine Verwendung bei der Reorganisation des Kriegsministeriums empfehlen konnte. Keitel – wegen seiner Willfährigkeit gegenüber Hitler »Lakeitel« genannt – wurde dann auch Chef des von Hitler neu eingerichteten Oberkommandos der Wehrmacht.

Hitler hatte keine leichte Entscheidung zu treffen. Nach den althergebrachten Regeln des Offizierskorps wäre der Oberbefehlshaber des Heeres Generaloberst von Fritsch an der Reihe gewesen, Nachfolger des Reichskriegsministers zu werden. Dadurch wurden Himmler und Heydrich auf den Plan gerufen. Heydrich erinnerte sich in diesem Moment einer von ihm sicher verwahrten Akte über einen Strichjungen aus dem Jahre 1935, der sich gebrüstet hatte, mit verschiedenen prominenten Persönlichkeiten, »sogar auch mit dem General von Fritsch«, homosexuellen Verkehr gehabt zu haben. Heydrich stellte das Dossier zusammen, und Himmler übergab es seinem Führer, den schockartig böse Erinnerungen an seinen homosexuellen Freund überkamen: Ernst Röhm, den Führer der SA, den er am 30. Juni 1934 ermorden ließ, weil er von ihm die Ernennung zum Kriegsminister gefordert hatte, um die Reichswehr in seine Befehlsgewalt zu bringen. Damals hatte Hitler sich für oder gegen die SA zu entscheiden. Er wählte die stärkeren Bataillone. Röhm und seine Männer wurden von SS-Kommandos unter dem Befehl Himmlers ermordet.

Wollte Himmler nun wie damals Röhm an Stelle von Fritsch Kriegsminister werden?

Hitler ließ Fritsch sofort kommen. Er empfing ihn in Gegenwart von Göring. Fritsch wußte, was ihm bevorstand. Von Oberst Hossbach, der als Adjutant bei Hitler den Oberbefehlshaber des Heeres von Fritsch vertrat, war er bereits heimlich telefonisch informiert worden. So reagierte Fritsch gegenüber den Beschuldigungen, die Hitler ihm vorhielt, keineswegs überrascht, verwirrt oder entsetzt.

Fritsch hörte sich kühl und gelassen die Beschuldigungen an, erklärte kurz und bündig — »auf mein Ehrenwort« – daß die Anschuldigungen nicht wahr seien. Auf einen Wink Hitlers trat durch eine Seitentüre der inzwischen gealterte und verkommene Strichjunge mit unsicheren Schritten ein. Hitler fragte ihn ganz kurz auf Fritsch zeigend: »Ist er es?« Der Zeuge, der von Heydrich präpariert war, bestätigte es, ohne Fritsch nur eine Sekunde näher zu betrachten. Vor verhaltener Erregung brachte Fritsch kein Wort heraus. Damit war für Hitler seine Schuld erwiesen, und er forderte Fritsch auf, seine Entlassung einzureichen. Fritsch verlangte die Einsetzung eines Kriegsgerichts, worauf ihm Hitler befahl, zunächst bis auf weiteres »in Urlaub zu gehen«.

Niemand hat erfahren, was danach zwischen Hitler und Göring unter vier Augen, und später zwischen Hitler, Himmler und Heydrich gesprochen wurde. Hitler gab das Dossier zur Überprüfung dem Reichsjustizminister Dr. Gürtner. Dieser beauftragte Dohnanyi, ein Rechtsgutachten über den Fall zu erstellen. Dohnanyi erkannte sehr schnell, daß es sich um eine Intrige handelte, als ihm eine Vernehmung des angeblichen Tatzeugen von Heydrich verweigert wurde. Dohnanyi besprach sich mit Oster, und sie brachten es mit Hilfe des gleichgesinnten Dr. Sack, Reichskriegsgerichtsrat im OKH, fertig, die Glaubwürdigkeit des von der Gestapo gestellten Belastungszeugen so zu erschüttern, daß der als Nachfolger von Fritsch neuernannte Oberbefehlshaber des Heeres von Brauchitsch auf Drängen seines Generalstabschefs Beck bei Hitler die Einsetzung eines Kriegsgerichts unter dem Vorsitz von Göring erwirken konnte.

In der Hauptverhandlung wurde der Zeuge unsicher. Im Kreuzverhör durch Göring stellte sich heraus, daß dieser Kronzeuge der Gestapo den General von Fritsch mit einem ehemaligen Major »von Frisch« verwechselt hatte. Das war Heydrich längst bekannt, aber von ihm verschwiegen worden. Fritsch wurde wegen erwiesener Unschuld freigesprochen, der Zeuge auf Befehl Hitlers erschossen.

Die Fritsch-Affäre ist dem deutschen Volk als »geheime Kommandosache« verschwiegen worden. Sie ging überdies, wie die Blom-

berg-Affäre nach der Besetzung von Österreich durch einen un-
blutigen »Blumenkrieg« im Begeisterungstaumel über das »Großdeutsche Reich« unter. Fritsch wurde »rehabilitiert«, indem Hitler
ihm nach der Rückkehr aus dem von ihm verordneten Urlaub
»zur Wiederherstellung seiner Gesundheit« durch einen Brief, der
veröffentlicht wurde, gratulierte. Ein neues Kommando über-
trug er ihm jedoch nicht. Himmler und Heydrich hatten ihr Ziel
erreicht und den von ihnen am meisten gefürchteten Gegner kaltgestellt.

Verbittert zog sich Fritsch auf sein Landhaus bei Soltau in der
Lüneburger Heide zurück. Er war aber zutiefst erschüttert und
voller Groll gegen Hitler, »weil dieser nicht dem Ehrenwort des
Oberbefehlshabers seines Heeres, sondern einem ehrlosen Schur-
ken geglaubt und dafür kein Wort der Entschuldigung gefunden
hatte«.[6]

In dieser Stimmung wurde Fritsch von Beck und Oster gedrängt,
»wegen der ihm durch die SS angetanen schweren Beleidigungen«
eine an Himmler gerichtete Duellforderung auf Pistolen zu unter-
schreiben. Dadurch sollte – so der Plan von Oster und Dohnanyi –
der Entscheidungskampf zwischen Heer und SS zum Sturz des
Regimes ausgelöst werden. Generaloberst von Rundsted übernahm es, als rangältester Offizier des Heeres, Himmler die Duellforderung zu überbringen. Erst im Jahre 1947 gelang es mir durch
Gespräche mit Rundsted im Kriegsgefangenenlager Bridgend in
Wales aufzuklären, warum Rundsted die Duellforderung Himmler
tatsächlich nie überbracht hat. Er erzählte mir dazu: »Ich habe
die Duellforderung noch lange mit mir herumgetragen. Aber
dann ließ Fritsch die Sache auf meine Bitte hin fallen. Nach Hitlers Weisungen durfte Himmler sich nie zu einem Duell stellen,
und die Sache hätte nur zum Schaden der Armee Staub aufgewirbelt.«

Während diese sog. »Fritsch-Krise«, die nach dem Krieg ganz zu
Unrecht zu einem Widerstandsnimbus um Fritsch aufgebauscht
worden ist, hatte die SS-Führung, wie SS-Brigadeführer Walter
Schellenberg in seinen »Memoiren«[7] berichtet, tatsächlich »eine
militärische Aktion gegen die politische Führung« befürchtet. Sol-

che Befürchtungen waren aber völlig unbegründet, ebenso unbegründet wie auf der anderen Seite die Hoffnungen derer, die zuversichtlich erwartet hatten, daß Fritsch nun »losschlagen« würde. In den Stunden der Entscheidung erwies sich zur bitteren Enttäuschung aller, die auf Fritsch als Befreier des deutschen Volkes von der Gewaltherrschaft Hitlers gehofft hatten, daß er weder einer solchen patriotischen Tat fähig war noch sich überhaupt dazu berufen gefühlt hätte. Bei Himmler und der SS war er ganz zu Unrecht als ein Gegner des Regimes in Verdacht geraten. Er war zwar kein Nazi im Sinne der Partei-Ideologie, auch nicht Mitglied der Partei, weil er als Offizier es nicht sein konnte, aber er war immer und bis zu seinem Tod ein getreuer Vasall Hitlers.

Als die Affäre schon fast in Vergessenheit geraten war, schrieb er im Dezember 1938 an die mit ihm befreundete Baronin Margot von Schutzbar-Milchling:

»Es ist sonderbar, daß so viele Menschen mit wachsender Besorgnis in die Zukunft sehen, trotz der unbestreitbaren Erfolge des Führers in der Vergangenheit... Schon bald nach dem Krieg kam ich zu dem Schluß, daß wir drei Schlachten gewinnen mußten, damit Deutschland wieder groß und stark wird:

1. den Kampf gegen die Arbeiterklasse, den Hitler gewonnen hat;
2. gegen die katholische Kirche, vielleicht besser gesagt gegen den Ultramontanismus und
3. gegen die Juden.

Wir stehen mitten in diesen Kämpfen und der gegen die Juden ist der schwerste. Ich hoffe, jedermann ist sich der Schwierigkeiten dieses Kampfes bewußt.«[8]

Das war also die wahre geistige Verfassung dieses Edelmannes, der in vornehmer Zurückgezogenheit in seinem Landhaus in der Lüneburger Heide lebte und darauf wartete, daß Hitler den Krieg, den er ihm in der geheimen Konferenz Anfang November 1937 angekündigt hatte, in Gang bringen würde. Nachdem Hitler Österreich und die Tschechoslowakei annektiert hatte und der Krieg begann, wollte Fritsch nicht mehr abseits stehen. Er gesellte sich ungerufen zu seinem Regiment, suchte und fand in vorderster Front

bei einem Spähtruppunternehmen den »Heldentod«. Hitler be-
scherte ihm ein Staatsbegräbnis, das Göring als Abschiedsgruß
mit erhobenem Marschallstab zelebrierte.

Die »Fritsch-Krise« hatte eine erhebliche Stärkung der Machtstel-
lung Hitlers zur Folge. Göring wurde nicht Kriegsminister und
mußte sich mit der Ernennung zum Generalfeldmarschall be-
scheiden, weil er Hitler »zu faul« war. Das Revirement, das Hitler dann ganz selbstherrlich in der Staats- und Wehrmachtsführung vornahm, hatte gravierende und entscheidende Auswirkungen. Er übernahm selbst den Obersten Befehl über die gesamte
Wehrmacht, Blombergs Schwiegersohn Keitel wurde Chef des
Oberkommandos der Wehrmacht und von Brauchitsch Oberbefehlshaber des Heeres. Die »anständigen«, ihm nicht ergebenen Generale wurden aus allen wichtigen Kommandostellen entfernt, der getreue Ribbentrop wurde Außenminister und Funk
Reichswirtschaftsminister.

Hitler hatte nun in der politischen und militärischen Führung die
blind ergebenen Mitarbeiter, die er brauchte, um seinen »Lebensraum« zu erobern.

Sein erster Gewaltstreich als Oberbefehlshaber der Wehrmacht
war die Besetzung Österreichs. Diejenigen, die ein militärisches
Eingreifen Mussolinis und der Westmächte befürchtet hatten,
waren ad absurdum geführt. Dieser unblutige Sieg führte ihm
neue Anhänger zu. Erzbischof Kardinal Dr. Innitzer und der
»Evangelische Oberkirchenrat von Österreich« bekannten sich
spontan öffentlich zu Hitler und riefen zu einer »Volksabstimmung über den Anschluß« auf. Worte öffentlicher Fürbitte für
die Menschen, die seit dem Einmarsch der deutschen Truppen
von der Gestapo verfolgt, verhaftet und gemartert wurden, fanden sie nicht. 99,75 Prozent der Österreicher stimmten für Hitler.
Anfang Juni stand fest, daß Hitler die militärischen Vorbereitungen zur »Zerschlagung der Tschechoslowakei« befohlen hatte.
Dohnanyi sagte: »Das bedeutet Krieg!« Mir schien es nun höch-
ste Zeit, Deutschland zu verlassen. Aber ich war vorerst an Berlin gebunden. Auf Vorschlag von Gablenz war ich zum Geschäftsführer der »Deutschen Verkehrsfliegerschule« bestellt

worden. Sie war wegen der umfassenden Aufrüstung der Luftwaffe hinter ihren Aufgaben zurückgeblieben und sollte reorganisiert werden. Diesen Auftrag konnte ich nicht von heute auf morgen zurückgeben, ohne es mir mit Gablenz, der mich ja fördern wollte, zu verderben.

Konsolidierung der Fronde

Während im Begeisterungstaumel über die Errichtung des »Groß-deutschen Reiches« die Opposition in Deutschland zusammenschmolz, keimten die Pläne für eine Erhebung gegen Hitler in den Köpfen und Herzen von Oster und Dohnanyi weiter. Diese beiden Männer waren während der »Fritsch-Krise« als kompromißlose Gegner des Regimes miteinander vertraut geworden. Nach dem Scheitern ihres Planes, durch eine Duellforderung von Fritsch an Himmler eine Erhebung gegen Hitler zu provozieren, fühlten beide sich vor die Entscheidung gestellt: Entweder zu resignieren und ihren Dienst zu quittieren oder aber die einzigartigen Möglichkeiten in ihren dienstlichen·Schlüsselstellungen zu nutzen, um planmäßig einen Staatsstreich gegen Hitler vorzubereiten. Nachdem Fritsch alle Hoffnungen der militärischen Fronde enttäuscht hatte, war Beck ihr unumstrittener Führer geworden.

Als Generalstabschef des Heeres hatte er eine Stellung inne, die in der Tradition der deutschen Armee in allerhöchstem Ansehen stand. Er war zwar maßgebender Berater des Oberbefehlshabers des Heeres, hatte selbst aber keine Kommandogewalt über Truppen. Im Kampf gegen Hitler mußte er sich auf den Einsatz geistiger Waffen und seines moralischen Ansehens beschränken. Mit solchen Mitteln konnte er sich gegenüber der in ihrer Mehrheit Hitler anhängenden Generalität nicht durchsetzen. Seit die »Sudeten-krise« von Hitler angeheizt wurde, um die von ihm erstrebte »Zerschlagung der Tschechoslowakei« psychologisch vorzubereiten, hat Beck in einem Alleingang von einzigartiger Zivilcourage versucht, Hitler ein Ende zu machen. Durch Denkschriften und in Aussprachen wies er die führenden Generale des Heeres, d. h. den Oberbefehlshaber von Brauchitsch, die Heeresgruppenführer und die Kommandierenden Generale, darauf hin, daß durch ein gewaltsames militärisches Vorgehen gegen die Tschechoslowakei, die Auslösung eines Weltkrieges heraufbeschwören würde, der nur in einer totalen Niederlage und Katastrophe für Deutschland enden könnte. Es gelang ihm aber nicht, Brauchitsch und die führende Generalität des Heeres dafür zu gewinnen, was er leidenschaftlich vertrat und als patriotische Tat von ihnen forderte: Die Einstellung der Kriegsvorbereitungen durch eine Demarche bei Hitler zu erzwingen.

In England ist mir nach dem Krieg immer wieder vorgehalten worden, Beck sei von der nationalsozialistischen Ideologie auch nicht frei gewesen, bevor er sich gegen Hitler wandte. Er sei weniger aus moralischen als militärischen Gründen zum Spiritus rector der Verschwörung gegen Hitler geworden. Er sei nicht Pazifist gewesen. Während Hitlers Kampf um die Macht hätte er diesen gefördert, indem er im September 1930 für drei Leutnants des von ihm befehligten Artillerieregiments 5 eingetreten sei, die damals wegen nationalsozialistischer Zersetzung der Reichswehr des Hochverrats angeklagt worden waren. Sein Auftreten gegen Hitlers Kriegsvorbereitungen sei allein durch militärpolitische Erwägungen ausgelöst worden. Er habe Hitler vom Krieg gegen die Tschechoslowakei abhalten wollen, »weil die Wehrmacht zu der Zeit noch nicht genügend aufgerüstet gewesen sei«. Diese These habe ich zuerst 1946 in einem Artikel in der Londoner »Literary Times« gelesen.

Durch Dohnanyi habe ich Beck erst nach Ausbruch des Krieges als Generaloberst im Ruhestand kennengelernt und bin dann im Widerstand mit ihm vertraut geworden. Ich fühle mich nicht berufen, ein historisches Urteil über ihn zu fällen. Aber ich bin Zeuge dafür, daß er, solange ich ihn kannte, bis zu seinem Tod aus tiefster moralischer Empörung über den verbrecherischen Charakter des Regimes seinen Kampf gegen Hitler geführt hat. Gegenüber hitlerhörigen Generalen selbstverständlich mit militärischen und militärpolitischen Argumenten. Denn diese Generale waren ja für moralische Betrachtungen und Argumente nicht zugänglich. Daß Beck kein Pazifist von der Art derer war, die keine Waffe in die Hand nehmen und Verbrüderung der Menschheit predigen, bedarf wohl keiner Rechtfertigung. Er hat für meine Begriffe alles getan, was in seinen Kräften stand, um den Krieg und die durch ihn verursachte Katastrophe abzuwenden. In diesem weiteren Sinne war er Pazifist, ein Kämpfer für den Frieden.

Der Entschluß, den Tyrannenmord an Hitler gutzuheißen, ist in Beck erst nach Ausbruch des Krieges gereift. Bis dahin war sein Bemühen darauf gerichtet, Brauchitsch, die Kommandierenden Generale des Heeres und durch sie auch das gesamte Oberkommando der Wehrmacht dafür zu gewinnen, ihren geschlossenen Rücktritt anzudrohen und dadurch Hitler zu zwingen, seine auf Krieg gerichtete Gewaltpolitik aufzugeben. Das war allerdings ein völlig illusorisches Vorhaben. »Darüber ist es zu sehr heftigen Diskussionen und Auseinandersetzungen zwischen Beck und mir gekommen«, erzählte mir Brauchitsch nach dem Krieg. »Was Beck vorhatte, war eine Anstiftung der gesamten Generalität zur Meuterei!« Seine Denkschrift hätte er, von Brauchitsch, an Hitler weitergegeben, der sich daraufhin »ein für allemal« jede Einmischung in seine Politik von seiten der Generale verbeten und »bedingungslosen Gehorsam« verlangt hätte – auch vom Chef des Generalstabes. Daraufhin hat Beck um seine Entlassung gebeten. Auch dieser letzte demonstrative Schritt, der zugleich ein letzter Appell an die Generale und Offiziere der Wehrmacht sein sollte, blieb jedoch ohne Wirkung. Der Rücktritt des Generalstabschefs mußte übrigens auf Befehl von Hitler geheimgehalten werden.

Die Behauptung, Beck sei einer von den opportunistischen Generalen Hitlers gewesen, die sich erst dann gegen ihn gewendet haben, als der Krieg nicht mehr zu gewinnen war, muß an dieser Stelle als bösartig und falsch zurückgewiesen werden.

Hitler, der allmächtige Kriegsherr

Auf Hitlers Befehl waren die Operationspläne »Grün« für den Überfall auf die Tschechoslowakei Anfang des Sommers 1938 bereits fertiggestellt. Hitler – darauf warteten wir nervös – konnte jeden Tag den Befehl zur Auslösung dieser Operation geben. Es gab nur noch eine letzte Chance, die Welt vor dem Krieg und Deutschland vor der drohenden Katastrophe zu bewahren.

Der Plan für Hitlers Sturz stammte von Oberst Oster und Dohnanyi. Er beruhte auf der sicheren Erwartung, daß Hitler Anfang Herbst 1938 der Wehrmacht den Befehl zum Überfall auf die Tschechoslowakei geben würde. Sobald er auf diese Weise einen Krieg provoziert hatte, sollte er verhaftet, vor dem Volksgerichtshof angeklagt und von einem Psychiater-Kollegium unter Vorsitz von Professor Karl Bonhoeffer auf seinen Geisteszustand hin untersucht werden. Nach seiner Krankengeschichte, von der Dohnanyi eine Kopie besaß, war anzunehmen, daß Hitler für geisteskrank erklärt und in eine Irrenanstalt gesperrt werden konnte. Wenn dies durch das Gutachten der Psychiater nicht zu rechtfertigen war, sollte er wegen seiner unverantwortlichen Amtsführung »als Volksschädling« abgeurteilt und aller seiner Ämter für verlustig erklärt werden. General Erwin von Witzleben, der später als Generalfeldmarschall wegen seiner Mitwirkung bei der Erhebung gegen Hitler zum Tode verurteilt und gehängt wurde, hatte es übernommen, die Verhaftung von Hitler, Himmler und einiger anderer berüchtigter SS-Führer mit der ihm unterstellten Truppe durchzuführen.

Dieses Unternehmen ist nie über die Planung hinaus gediehen. Später ist daraus eine Widerstandslegende gemacht worden. General Franz Halder, Becks Nachfolger als Chef des Generalstabes, hat nach dem Krieg bei seinen Vernehmungen vor dem Internationalen

Militärgerichtshof in Nürnberg zu Protokoll gegeben, er hätte damals, als Hitler die Sudetenkrise auf die Spitze getrieben hatte, im Einvernehmen mit Brauchitsch das Stichwort zur Auslösung der Verhaftung Hitlers gegeben, wenn Chamberlain nicht durch das Münchner Abkommen Hitler das Sudetenland ausgeliefert hätte.

Darüber hat Brauchitsch sich nun sehr freimütig nach dem Krieg im Lager Bridgend mir gegenüber ausgelassen, als ich ihn im Interesse einer historischen Klarstellung darum gebeten hatte. Er versicherte mir, daß damals kein Mensch mit einem Plan zum Sturze Hitlers an ihn herangetreten sei. Es wäre für ihn auch nicht in Betracht gekommen, einen Befehl zu einem Aufstand gegen Hitler zu geben oder sich nachträglich zum Werkzeug einer Verschwörung gegen Hitler machen zu lassen. Mit unterdrückter, aber spürbarer Verärgerung und Erregung erklärte er mir: »Warum, um Gottes willen, Herr Doktor John, sollte ausgerechnet ich von allen Menschen etwas gegen Hitler unternehmen? Das deutsche Volk hat ihn gewählt und war sehr zufrieden mit seinen politischen Erfolgen. Die, die damals schon so klug waren und meinten, es sei notwendig, Hitler zu beseitigen, die hätten es selbst tun sollen!«

Brauchitsch wußte nichts davon, daß während der »Fritsch-Krise«, die seine Ernennung zum Oberbefehlshaber des Heeres herbeiführte, eine Auseinandersetzung zwischen Heer und SS durch eine Duellforderung von Fritsch an Himmler zum Sturze Hitlers hätte provoziert werden sollen. Es war ihm auch nicht klargeworden, daß Beck mit dem, was Brauchitsch eine »Aufforderung zur Meuterei« nannte, schon vor dem Krieg bei ihm auf einen Sturz Hitlers hingearbeitet hat. »Ich hätte«, sagte er, »auch nicht mitgemacht«. Er und kein anderer General hätte vor dem Krieg bei der Truppe eine Gefolgschaft gefunden, um Hitler zu stürzen. Was Gisevius über ihn geschrieben habe, sei »erlogen!« Entsprechend beurteile er das, was Gisevius auch über andere Generale geschrieben habe. Auf Vorschlag von Brauchitsch war Halder als Nachfolger von Beck zum Chef des Generalstabes ernannt worden. Vorher war er unter Beck Generalquartiermeister gewesen. Er hatte Beck versprochen, daß er das Amt des Generalstabschefs nur annehmen würde, um Hitler vom Krieg abzuhalten! Allerdings war eine seiner ersten Amtshandlungen ein recht sonderbarer Befehl. Als Hitler die »Sudetenfrage« zu einer Weltkrise aufgeputscht hatte, beauftragte er General Max von Viebahn, wie dieser mir nach dem Krieg erzählte, »die Akten mit den Vorschriften für einen Angriffskrieg auszugraben«, Akten, die seit 1923 im Archiv des Generalstabs verstaubten. Halder, der sich gegen Hitlers Kriegspolitik Beck gegenüber verschworen hatte, sagte zu Viebahn, als dieser sein Erstaunen über Halders Auftrag nicht verbarg: »Jedenfalls müssen wir uns doch auf den Krieg vorbereiten.« Bis zu seiner Entlassung durch Hitler im September 1942 hat Halder fortgesetzt geschwankt zwischen Pflichterfüllung als Generalstabschef und seiner selbstgewählten Aufgabe, das deutsche Volk durch einen Sturz Hitlers vor der Kriegskatastrophe zu bewahren.

Neben der militärischen Fronde gegen Hitler gab es vor dem Krieg auch eine politische Opposition: Die ursprünglichen Gegner des Regimes der politischen Linken; rechtsstaatlich gesinnte Bürgerliche und Aristokraten; Renegaten aus allen Schichten des Volkes, die die Wirklichkeit des verbrecherischen Regimes erkannt hatten; politisch, religiös oder rassisch Verfolgte, nicht zuletzt der geistige Widerstand der Kirchen. Aber diese Opposition war gegenüber der Machtfülle Hitlers mit seiner Befehlsgewalt über Wehrmacht, Polizei und Parteiorganisationen völlig wirkungslos. Effektiv konnte sie nur werden durch ein Zusammenwirken mit der militärischen Fronde. Diese war jedoch nicht organisiert, bestand vielmehr in einer konservativen Gesinnungsgemeinschaft der Offiziere der alten Schule, die sich auch nicht durch die politischen Erfolge Hitlers von den Grundsätzen des Rechts und der Moral abbringen ließen, in denen sie erzogen waren. Mit diesen fanden sich oppositionelle Zivilisten aus ganz verschiedenen beruflichen und politischen Kreisen zum geheimen Kampf gegen das Regime zusammen. So bildeten sich in Deutschland schon vor dem Krieg verschiedene oppositionelle Gruppen und Kreise, die erst nach dem Krieg bekannt geworden sind.

In Berlin hatte sich durch ganz verschiedenartige persönliche Verbindungen, private Freundschaften oder dienstliche Bekanntschaften schon vor dem Krieg eine oppositionelle zivile Gruppe zusammengefunden, die mit der militärischen Fronde in Verbindung stand und wie diese im Angesicht des drohenden Krieges dessen Abwendung als lebenswichtige politische Aufgabe erkannte. Es waren Männer vorwiegend konservativer Herkunft, in angesehenen Stellungen tätig oder tätig gewesen, aus Kreisen der Wirtschaft, der Verwaltung und Diplomatie, der Wissenschaften, der Kirchen und des grundbesitzenden Adels, manche von ihnen erst durch bittere Erfahrungen bekehrte Gegner des zuerst nicht als verbrecherisch erkannten Regimes. Als eine Art Katalysator und zur Tarnung dieser oppositionellen Spitzengruppe fungierte die »Mittwoch-Gesellschaft«, einst von Wilhelm von Humboldt für den geistigen Austausch von Männern gegründet, die sich durch hervorragende Leistungen auf ihren Fachgebieten ausgezeichnet hatten. Man traf sich jeden zweiten Mittwoch zum Gedankenaustausch durch Vorträge und Aussprachen in der »Universitas«.

In diesen Club war Beck von Professor Johannes Popitz eingeführt worden. Dieser war als angesehener Finanzwissenschaftler und Verwaltungsexperte preußischer Finanzminister geworden und verwaltete mit dem Rang eines Reichsministers die riesigen preußischen Staatsvermögen, bis er nach dem mißlungenen Aufstand gegen Hitler gehenkt wurde. Er hatte Beck mit Dr. Carl Goerdeler zusammengebracht, dem ehemaligen Oberbürgermeister von Leipzig, dem rührigsten Mahner zum Staatsstreich gegen Hitler. Beck hatte in diesem Kreis Dr. Erwin Planck kennengelernt, den Sohn des berühmten Physikers und ehemaligen Staatssekretärs des früheren Reichskanzlers Dr. Brüning, Rechtsanwalt Dr. Carl Langbehn, den Professor für Geographie Albrecht Haushofer, Sohn des mit Rudolf Heß befreundeten Geopolitikers General a. D. Karl Haushofer, Botschafter a. D. Ullrich von Hassell und noch eine ganze Reihe anderer namhafter Persönlichkeiten, die später ihren Widerstand gegen Hitler mit dem Leben büßen mußten. Sie waren »die Honoratioren« in der Opposition.

Durch ihre verzweigten Verbindungen zu anderen oppositionellen Zivilisten in ganz Deutschland war es ihnen möglich, eine Liste von integren und fähigen Männern zu erstellen, die im Falle einer militärischen Erhebung gegen Hitler das Regime ablösen sollten.

Aber darüber hinaus waren sie nicht in der Lage, etwas zu unternehmen, um Hitler zu entmachten. Das konnten sie nur von der militärischen Fronde erhoffen, die sie zu einer solchen Tat immer wieder leidenschaftlich drängten. Es gab in allen Schichten des Heeresoffizierskorps – besonders unter denen der älteren Schule, sehr viel weniger in der Luftwaffe und Kriegsmarine – Männer, die das Regime und die mit ihm emporgekommenen Parteifunktionäre verachteten und haßten, über die politischen Erfolge Hitlers nicht recht glücklich werden konnten, weil sie seine politischen Methoden verabscheuten. Die potentielle Stärke dieser Fronde einzuschätzen, war nicht möglich. Die Aktiven unter ihnen, neben Beck, waren dessen ehemaliger Chef, Generaloberst a. D. von Hammerstein-Equord, ehemaliger Oberbefehlshaber des Heeres, die Generale Karl Heinrich von Stülpnagel, Eduard Wagner, Erwin von Witzleben, Erich Hoepner, Friedrich Olbricht, Georg Thomas, Admiral Canaris, um hier einige zu nennen, mit denen ich nach Kriegsausbruch im Widerstand vertraut wurde.

Sie alle, die Führer der militärischen Fronde und die mit ihnen vertrauten Honoratioren der zivilen Opposition wußten im Sommer 1938, daß Hitler den Krieg provozieren wollte, um im Herbst die »tschechische Frage« mit Gewalt zu lösen. Sie waren überzeugt, daß dadurch ein Weltkrieg mit katastrophalen Folgen für Deutschland ausgelöst würde, weil sie seit dem Besuch von Lord Halifax bei Hitler auf dem Obersalzberg glaubten, daß die Engländer und Franzosen für den Bestand der Tschechoslowakei kämpfen würden. Trotzdem hielten sie es für geboten, geheime Vertrauensleute nach London zu schicken mit dem Auftrag, die britische Regierung nochmals ausdrücklich über die »unabänderlichen« Kriegsabsichten Hitlers in Kenntnis zu setzen und sie zu bedrängen, Hitlers Forderungen gegenüber hart zu bleiben. Die britische Regierung sollte durch Drohung mit kriegerischer Intervention Hitler vom Krieg abhalten!

Diese Ungereimtheit konnte ich mir lange nicht erklären, bis mir nach dem Krieg durch Gespräche mit Lord Vansittart die Augen aufgingen. Ribbentrop hatte nach seiner Ernennung zum Reichsaußenminister auf Grund seiner Erfahrungen als deutscher Botschaf-

ter in London, Hitler und dessen Umgebung, aber auch dem
Auswärtigen Amt, immer wieder seine persönliche Meinung aufge-
drängt, daß die Engländer nicht kämpfen würden. Dies wußte auch
Ribbentrops Staatssekretär von Weizsäcker, der mit der militärischen Fronde und einigen Männern der zivilen Opposition in
vertraulicher Verbindung stand. Es stand so zu befürchten, daß die
britische Regierung Hitler doch nachgeben könnte. Um davor zu
warnen, waren Dr. Goerdeler, der Rittergutsbesitzer Ewald von
Kleist-Schmenzin, der ehemalige Oberstleutnant Hans Böhm-Tet-
telbach und eine Reihe anderer Privatpersonen, die persönliche
Verbindungen in London hatten, nach England gereist.

Sie brachten ihre Warnungen bei Vansittart, damals als Sir Robert
Erster Diplomatischer Berater der britischen Regierung, auch bei
Churchill und durch diesen bei der britischen Regierung und deren
Opposition vor. Aber sie wurden von Chamberlain, Halifax und
Henderson überspielt, die längst entschlossen waren, eher die
Tschechoslowakei zu opfern, als einen Krieg mit Deutschland zu
riskieren. Über Goerdeler sagte mir Vansittart, er sei »ein sehr
anständiger Mann«. Er hätte sich ihm schon lange vor dem Krieg
anvertraut mit seinem Entschluß Hitler zu stürzen, um den Krieg
abzuwenden. Aber es sei eine Illusion von Dr. Goerdeler gewesen,
zu glauben, er könnte deutsche Generale zu einem Staatsstreich
gegen Hitler überreden. Zum Narren gehalten wurde von Lord
Halifax der deutsche Geschäftsträger in London, Theodor Kordt,
mit seinem Versuch, die britische Regierung zu drängen, Hitler
gegenüber in der Sudetenkrise nicht nachzugeben. Für Chamberlain, der nicht auf den Rat von Vansittart, sondern auf den von Sir
Horace Wilson hörte, der als »Erster Industrie-Berater« der Regierung sein engster Vertrauter war, war es längst beschlossene Sache,
die Sudetendeutschen »heim ins Reich« zu lassen. Das erfuhr Kordt
aber erst durch die Verhandlungen Chamberlains mit Hitler, die
zum Münchner Abkommen führten.

Die Welt atmete auf, als der Friede durch das Münchner Abkommen gerettet schien. Hitler aber war wütend, weil Chamberlain ihm
mit dem Münchner Abkommen »den Krieg aus der Hand geschlagen hatte«. Dies erfuhr ich später von Albrecht Haushofer. Vorerst

war ich froh, daß mir eine weitere Galgenfrist beschert war, um
noch vor Kriegsausbruch Deutschland verlassen zu können. Was
die Welt vom Regime Hitlers zu erwarten hatte, wurde ihr in der
Nacht zum 9. November 1938 demonstriert.

Auf Goebbels Befehl wurden in der sog. »Kristallnacht« viele
jüdische Männer, Frauen und Kinder aus ihren Betten geprügelt,
die Synagogen angezündet, Häuser, Wohnungen und Geschäfte
der Juden zerstört, verwüstet und geplündert. Jüdische Männer,
Frauen und Kinder wurden gequält und in Konzentrationslager
verschleppt. Die Polizei sah diesem brutalen Treiben überall taten-
los zu, weil ihr dies befohlen war. Am nächsten Tag standen die
Synagogen in Flammen, die jüdischen Geschäfte und Wohnungen
lagen in Trümmern, und unschuldige Menschen hatten zu leiden.
Das konnte keiner, der sehen wollte, übersehen!

Solange meine Einstellung gegen das Regime nicht entdeckt wurde,
hatte ich keinerlei Verfolgungen zu befürchten, aber langsam
wurde es mir immer unheimlicher in Deutschland. Klaus Bonhoeffers »Nachrichten aus erster Hand« versickerten, sein Schwager
Dohnanyi war schon vor der »Kristallnacht« als Reichsgerichtsrat
nach Leipzig befördert worden. Von Widerstand war nichts sichtbar, während die Rüstung für den Krieg auf vollen Touren lief.
Dafür wurden bereits eiserne Gartenzäune demontiert und einge-
schmolzen. Daneben ging eine phantastische Flüsterpropaganda
um, wir hätten sog. »Todesstrahlen« und andere Geheimwaffen,
wodurch wir allen Völkern militärisch überlegen seien, ja unbesieg-
bar! Das wurde nicht nur von begeisterten Hitlerjungen ernst
genommen.

Als Geschäftsführer der »Deutschen Verkehrsfliegerschule« erhielt
ich eine unentgeltliche Ausbildung als Verkehrspilot. Um das
Pilotenexamen drückte ich mich allerdings mit immer neuen Vor-
wänden wie Arbeitsüberlastung. Wäre ich doch als Verkehrspilot
automatisch der Reserve der Luftwaffe einverleibt worden. Das
hätte mir gerade noch gefehlt!

Anfang 1939 traf ich die ersten konstruktiven Anstalten, das Land
zu verlassen. Eine Tochtergesellschaft der Lufthansa in Ecuador,
die »Sedta«, war dabei, eine Luftlinie Quito-Guayaquil zu errich-

ten. Bei Besprechungen teilte mir Gablenz mit, es wäre bald soweit, »daß ich rübergehen müßte«. Er ordnete an, daß zunächst mein Freund Horst von Baumbach mit einer Ju-52 zur »Sedta« geschickt wurde. Dies war nicht ohne Einflußnahme und Hintergedanken von mir geschehen. Baumbach und ich hatten vor, uns zusammen als Refugium noch vor dem Krieg in Ecuador eine Finca zu kaufen. Wegen der Devisenzwangsbewirtschaftung hatte ich die Finanzierung des Kaufes mit Platin und Gold organisiert, das Baumbach in Form von Schmuck mit nach Ecuador nahm. Von einer der weltberühmten Großgärtnereien in Erfurt ließ ich außerdem Pflanzensamen für unsere Finca nach Ecuador schicken. Dort, dachte ich, könnten wir als Bauern überleben, wenn Deutschland von den Bomben der Westmächte zertrümmert würde . . .

Einer der wahnwitzigen Pläne Hitlers war der »Umbau der Reichshauptstadt«. Dieser »Bauwille des Führers« brachte mich in eine einzigartige Lage: Ich erfuhr von Hitlers Befehl für den Überfall auf die »Rest-Tschechei« *vor* den Generalen, die ihn auszuführen hatten. Das kam so:

Dem Bau eines neuen Berliner Universitätsviertels sollte das Haus weichen, das Flugkapitän Hannes Rathje sich am Rande von Charlottenburg von seinen Ersparnissen gebaut hatte. Um seine Kinder vor nationalsozialistischer Erziehung zu bewahren, war er nach China ausgewichen und flog dort bei der »Eurasia«, einer Tochtergesellschaft der Lufthansa. Weil ich mit ihm befreundet war, vertrat ich ihn als Anwalt wegen der Entschädigung für sein Haus gegenüber der Stadt Berlin. Um den Ansprüchen gehörigen Nachdruck zu verleihen, sollte ich mich mit seinem Crew-Kameraden Flugkapitän »Hansl« Baur, dem Flugzeugführer Hitlers, in Verbindung setzen.

Baur und den Chauffeuren Hitlers stand für ihren Aufenthalt in Berlin eine gemeinsame Wohnung nahe der Reichskanzlei in der Kanonierstraße zur Verfügung. Er nahm oft mit Hitlers engsten Vertrauten an den nächtlichen Gesprächen in der Reichskanzlei teil. In diesem »Mitternachts- und Kamin-Club« Hitlers seien die wichtigsten Entscheidungen über das Schicksal des deutschen Volkes getroffen worden, sagte General Röhricht nach dem Krieg im

Gefangenenlager Bridgend in einem Vortrag. In diesem »Club«
sei nie ein General gehört worden!
Eines Morgens gegen zehn Uhr suchte ich Baur nach vorheriger
telefonischer Verabredung in dieser Wohnung auf. Eine freundliche bayerische Haushälterin führte mich in ein großes Zimmer,
wo um eine lange, gut bestückte Tafel ungefähr ein Dutzend
Männer beim Frühstück saßen, teils in Zivil, teils in SS-Unifor-
men. Sie musterten mich mit durchdringenden Blicken. Durch
mein Lufthansa-Abzeichen im Knopfloch war ich jedoch in diesem Kreis ausreichend legitimiert, und Baur wurde herbeigeru-
fen. Er kam im Bademantel. »Entschuldigens, Doktor«, begrüßte
er mich. »Gestern abend ist's spät geworden. Ich war bis vier Uhr
früh beim Führer in der Reichskanzlei. Ich hab' mit ihm auch
wegen Rathje gesprochen. Jetzt geh' ich erst ins Bad. Da setzen's
sich her und frühstücken's derweil richtig!« So natürlich, wie er
sprach, war Baur auch als Vertrauter Hitler gegenüber gewesen.
Ich nahm abseits von der Frühstückstafel Platz und nahm eine
Zigarettenschachtel aus der Tasche. Sofort streckten sich mir
einige dienstbeflissene Hände mit brennendem Streichholz entgegen. Ich rauchte und folgte dem Gespräch der Frühstückstafel,
das, durch mein Erscheinen unterbrochen, nun munter fortgesetzt wurde. Einer sagte: »Der Chef hat's gesagt, jetzt wird die
Tschechei zerschlagen. Donnerstag früh nächste Woche geht's
los. Am Mittwoch fliegen wir nach Eiring runter!« Ich traute
meinen Ohren nicht. Die Männer der Tafelrunde nahmen, was
da gesagt wurde, zur Kenntnis, als ob es eine Einladung zur Jagd
sei. Der Wortführer sagte, indem er sich wohlig streckte:
»Jawohl, mei Liaber, es wird Frühling. Der Adler regt seine
Schwingen!«
Nachdem ich mit Baur gesprochen hatte, verabschiedete ich mich
schnell. Noch unter dem Eindruck dessen, was ich soeben erfahren hatte, fuhr ich in den Tiergarten, stellte meinen Wagen ab
und setzte mich auf eine Bank, um das zu überdenken, was ich
gerade eben erlebt hatte. Der Überfall auf die »Rest-Tschechei«,
der ja gar nicht unerwartet für mich kam, war nun von Hitler für
den Donnerstag der folgenden Woche befohlen. In Gedanken

sah ich schon deutsche Bomben auf Prag prasseln und die Vergel-
tungsangriffe englischer und französischer Bomber auf das Ruhrgebiet. Daß diesmal die Westmächte intervenieren würden, schien
mir sicher. In Prag lebte ein Freund von mir, der Pianist Coelestin
Rypl. Er war ein Freund von Jan Masaryk und hatte eine Masaryk-
Hymne komponiert. Sollte ich nach Prag fliegen, um die tschechische Regierung durch Coelestin Rypl warnen zu lassen? Es war
noch über eine Woche Zeit.

Ich besprach mich mit Klaus Bonhoeffer. Er bat mich, gar nichts zu
unternehmen, sondern abzuwarten und zu tun, was Dohnanyi raten
würde. Dieser kam oft und regelmäßig von Leipzig nach Berlin, um
sich zu informieren und seine politischen Verbindungen zu pflegen.
Nun ließ ihn Klaus Bonhoeffer nach Berlin rufen und informierte
ihn noch spät abends über das, was ich erlebt und berichtet hatte.
Dohnanyi informierte Oberst Oster, der ebenso wie sein Chef
Admiral Canaris noch keine Ahnung hatte, daß Hitler die Stunde
des Angriffs auf die Tschechoslowakei bereits bestimmt hatte.
Oster und Dohnanyi waren wie Klaus Bonhoeffer und ich selbst
überzeugt, daß ein neuer Weltkrieg unabwendbar geworden war.
Sie ließen mir sagen, ich sollte keinen Versuch machen, mit meinem
Freund Rypl in Prag in Verbindung zu treten. Prag würde ohnedies
gewarnt.

Am 15. März wurde der Welt verkündet, »Staatspräsident Dr. Hacha hat das Schicksal des tschechischen Volkes vertrauensvoll in die
Hände des Führers gelegt«, die Tschechoslowakei würde »zum
Schutze« von der Wehrmacht besetzt. Vom Leiter der tschechischen Luftfahrtbehörde Sirovadka erfuhr ich kurz darauf, warum
Dr. Hacha sich und sein Volk Hitler unterworfen hatte. Hacha war
dazu mit seinem Außenminister Dr. Chvalkowsky nach Berlin
geeilt, weil er durch einen gemeinsamen Freund von Sirovadka und
Chvalkowsky die unbezweifelbare Information bekommen hatte,
daß die Wehrmacht mit dem unwiderruflichen Befehl zum Überfall
auf die Tschechoslowakei angetreten war. Er wußte, daß Frankreich und England, selbst wenn sie gewollt hätten, nicht in der Lage
waren, die Zertrümmerung von Prag durch Stukas abzuwenden. Er
wollte seinem Volk einen völlig aussichts- und sinnlosen Wider-

stand gegen einen Blitzkrieg ersparen. Sirovadka wurde nicht lange danach von der SS umgebracht.

Ich war empört, als ich erleben mußte, wie die Tschechen von ihren Verbündeten, den Franzosen und den Engländern, im Stich gelassen wurden. Es schien, als ob Hitler weiterhin ein Stück »Lebensraum« nach dem anderen durch unblutige Siege an sich reißen könnte, ohne eine militärische Intervention der Westmächte befürchten zu müssen. Es lag auf der Hand, daß nun Danzig und der polnische Korridor an der Reihe waren, »heim ins Reich« geholt zu werden. Wer wollte oder konnte Hitler nun noch davon abhalten, die Polen genauso zu vergewaltigen wie die Tschechen oder, wenn sie sich ihm nicht fügten, Warschau mit Stukas in Trümmer zu legen? Der Krieg, den ich die Jahre hindurch für unabwendbar, aber auch als einzigen Weg, um Hitler zu beseitigen, erwartet bzw. erhofft hatte, schien, zumindest um eine sehr lange Galgenfrist verschoben. Ich wußte nicht, daß Hitler mit dem Einmarsch in die Tschechoslowakei allerdings nun alle Illusionen der englischen Appeasementpolitiker zerstört hatte, daß in England maßgebende Politiker und auch das Volk in Erregung und Bewegung geraten waren, um Hitlers Gewaltpolitik nun wirklich mit militärischer Gewalt ein Ende zu machen.

Zufälle machen Schicksal

Daß es mir im Leben nicht immer leicht ergangen ist, steht mir nicht auf die Stirn geschrieben. Klaus Bonhoeffer meinte einmal, er fürchte für mich, weil ich ihm als ein zu strahlender Baldur erschiene und mir alles zu leicht von der Hand ginge. Er war der Auffassung, jeder Mensch brauche zum vollen Ausreifen seine Prüfungen.

Am nächsten Morgen holte die Gestapo mich aus dem Büro. Ein treuer Freund aus meiner Schulzeit war wegen seiner Andersartigkeit denunziert worden, und nun wurde im Kreise seiner Freunde und Bekannten gefahndet. Ich wurde jedoch sehr schnell wieder auf freien Fuß gesetzt, weil es gegen mich nicht einmal Symptome eines Verdachtes gab. Ich hatte aber nun das Gefühl kennengelernt, was es bedeutet, von der Gestapo abgeholt zu werden.

Äußerlich sei mir überhaupt nichts anzumerken gewesen, sagte Klaus Bonhoeffer, der meine Verhaftung vom Schreibtisch weg miterlebt hatte. Er war schwer betroffen, da er befürchtete, ich könnte »ausgequetscht« werden. Für ihn waren es schwere Stunden, bis ich wieder zurück war. Danach erklärte er mir, daß ich durch mein bloßes Wissen bereits in die Pläne zum Sturz Hitlers verstrickt, deshalb gebunden und nicht mehr so frei sei, um mich einfach ins Ausland abzusetzen!

Zu diesem Zeitpunkt faßte ich den Entschluß, in Deutschland zu bleiben. Dazu trugen Erlebnisse bei, die ich als puren Zufall betrachtete, die sich aber als entscheidend für mein Leben erwiesen. Eines Abends kam ich sehr spät in die Bar des »Savarin«, einen Treffpunkt für Leute der Luftfahrt. Der Kellner machte bereits seine Abrechnung. Herr Martius, der Wirt, unterhielt sich mit dem einzigen noch übriggebliebenen Gast. Ich setzte mich an den

Nebentisch. Über einen Witz, den Herr Martius so laut erzählte, daß ich ihn nicht überhören konnte, mußte ich herzlich lachen. Wir lachten alle und der Gast bestellte eine Runde. Wir kamen ins Gespräch, tranken und wurden fröhlich.

Der Fremde ergriff eine Ziehharmonika, die neben dem Flügel stand, und probte das Instrument mit virtuosen Griffen, während Herr Martius den Ausgang verschloß. Der Musikant, der sichtlich spürte, wie gerne ich ihm zuhörte, versenkte sich in eine melodienreiche Improvisation. Er war ein Meister auf dem Instrument. Ich trank ihm zu. »Jetzt singen wir eins«, sagte er. Und wir sangen. Dann tranken wir noch einen. Als er gegangen war, fragte ich Herrn Martius, wer das war. Er war höchst erstaunt, daß ich es nicht wußte, und sagte leise: »Kannenberg«. Der Name bedeutete mir gar nichts. Darauf flüsterte Herr Martius noch um eine Idee leiser: »Hitlers Koch und Majordomus! Er kommt ab und zu her, nach Feierabend. Ich dachte, er kennt Sie, weil er so nett mit Ihnen war.« Worauf ich ihm nur sagen konnte, daß ich noch nicht die Ehre hatte, bei Hitler zu tafeln!

»Das ist kein Zufall mehr, was Ihnen alles begegnet«, sagte Klaus Bonhoeffer, als ich ihm und seinem Schwager Justus Delbrück mein Erlebnis mit Kannenberg erzählte. Ich sollte und müßte unbedingt etwas daraus machen!

»Was soll er denn daraus machen?« fragte Justus Delbrück. »John wird Kannenberg ganz bestimmt nicht dazu bringen, Hitler Gift ins Essen zu mischen.«

»John muß öfter mit Kannenberg trinken«, sagte Klaus Bonhoeffer, »die Verbindung ist wichtig für uns. Was man daraus machen kann, werden wir dann sehen.«

Ich ging öfter ins »Savarin«, ohne eine Absicht, Kannenberg dort wiederzutreffen. Doch eines Abends traf ich da zufällig mit Prinz Louis Ferdinand und seiner Frau, der Großfürstin Kira aus dem Hause Romanow, zusammen, die er ein Jahr vorher geheiratet hatte. Diese zufällige Begegnung sollte für uns von schicksalhafter Bedeutung werden. Der Prinz, jetzt Chef des Hauses Hohenzollern, war nach mehrjährigem Aufenthalt in Süd- und Nordamerika, wo er sich als Privatmann niederlassen wollte, vom Kaiser nach

Deutschland zurückbeordert worden, weil er durch die morganatische Ehe seines ältesten Bruders Wilhelm an dessen Stelle gerückt war. Danach war er bis zu seiner Heirat im Mai 1938 in der Verkehrspolitischen Abteilung der Lufthansa tätig gewesen. Beim Rundgang durch die Direktion, um mich vorzustellen, hatte ich auch beim Prinzen in einem kleinen Hinterhofzimmer angeklopft. Er hatte vor sich auf dem Schreibtisch gerade eine Tasse Kaffee stehen und bestrich ein Brötchen mit Gänseschmalz. Er lud mich ein, sein Frühstück mit ihm zu teilen.

Mein erster Eindruck von ihm war so ganz und gar verschieden von dem, was ich mir unter einem »Hohenzollern« vorgestellt hatte. Sogleich hatte ich das Gefühl, daß man mit ihm reden konnte. Auf seine Frage, wie es mir in Berlin gefiele, sagte ich frank und frei »gar nicht« und daß ich die Absicht hätte, möglichst bald ins Ausland zu gehen. »Was hier in Deutschland vorgeht, kann nicht richtig sein. Sonst ist alles falsch, was in der übrigen zivilisierten Welt für richtig und anständig gehalten wird«, sagte ich. Er reagierte mit Schweigen. »Übrigens, die Formulierung stammt nicht von mir«, sagte ich. »Das hat mir wörtlich der amerikanische Handelsminister Hopkins im vorigen Sommer in Frankfurt gesagt, als ich ihn bei der Besichtigung des Flughafens und des Luftschiffes begleitet habe.« Ich spürte, der Prinz wollte sich auf meine politischen Andeutungen nicht einlassen. Ich sagte noch irgend etwas Belangloses und verabschiedete mich.

Erst später hat der Prinz mir offenbart, daß er über meine Worte damals ziemlich betroffen war, es sogar für möglich gehalten hätte, daß ich ihn politisch provozieren wollte. Sicherlich wären wir uns trotz weiterer dienstlicher Begegnungen nicht nähergekommen, wenn es der Zufall nicht gewollt hätte, daß Thekla Hauschild, die Frau des Pianisten Rudolf Hauschild, mit dem der Prinz musizierte, Klavierlehrerin der Kinder Bonhoeffers und Dohnanyis war. Von Hauschild erfuhr der Prinz, daß er sich bedenkenlos mit mir aussprechen könnte.

Vor seinem Ausscheiden aus der Lufthansa im Mai 1938 kam es noch zu einem Gespräch, in dessen Verlauf ich dem Prinzen klipp und klar sagte, was ich über die Lage in Deutschland dachte, und auch andeutete, daß es um Beck eine Fronde gab, die zusammen mit Popitz, Goerdeler und anderen auf einen Umsturz hinarbeitete. Darüber gab ich so viel von meinem Wissen preis, wie Bonhoeffer vorher mit Dohnanyi abgesprochen hatte. Es kam darauf an, das Vertrauen des Prinzen für uns zu gewinnen. Darauf legte vor allem Oberst Oster Wert, der im Einvernehmen mit Beck von Anfang an geplant hatte, das Regime zu stürzen und danach früher oder später eine konstitutionelle Monarchie zu errichten. Dafür kam für ihn nur ein Hohenzoller in Betracht. Louis Ferdinand erschien besonders prädestiniert, weil er von Anfang an ein kompromißloser Gegner des Regimes, der legitime Nachfolger des letzten deutschen Kaisers und und ein persönlicher Freund des Präsidenten Roosevelt war. Letzteres könnte einen wesentlichen Faktor darstellen.

Dohnanyi und Oster waren hocherfreut, als sie Beck berichten konnten, der Prinz hätte mir erklärt, daß er der Sache zugetan und grundsätzlich auch bereit wäre, sich zur Verfügung zu stellen. Eine Aussprache zwischen ihm und Beck wurde geplant. Aber dazu kam es nicht, da der Prinz mit seiner jungen Frau gerade auf seine Hochzeitsreise um die Welt ging. Klaus Bonhoeffer war darüber höchst unwillig. Der Prinz hätte in Deutschland, zumindest erreichbar für uns in Europa bleiben müssen, meinte er und: »Er hätte hierbleiben sollen, hier sind seine Chancen! Wenn er zurückkommt, ist es vielleicht schon zu spät. Dann brauchen wir ihn nicht mehr!« Diese Worte galten auch mir, weil ich ja immer noch nach einer Gelegenheit suchte, Deutschland verlassen zu können. Ich überhörte es geflissentlich und sagte nur: »Könige und Bauern denken in Generationen. Sie müssen an Nachkommen denken!«

Als ich den Prinzen und die Prinzessin im »Savarin« nach einiger Zeit dann wiedertraf, war ihr kleiner Kronprinz schon ein paar Monate alt. Sie bewohnten im Grunewald eine wenig anspruchsvolle Villa und genossen ihr Familienglück. Der Prinz, mehr der Muse als der Politik zugetan, beschäftigte sich hauptsächlich mit Musik, wie sein bei Saalfeld im Kampf gegen Napoleon gefallener großer Vorfahre, wie dieser auch aus tiefer Menschlichkeit ein Gegner der Gewaltherrschaft. »Wie steht's? Was machen unsere Freunde?« fragte der Prinz. Als er merkte, daß ich vor den anderen

Gästen nicht reden wollte, sagte er spontan: »Prost! Ich denke, wir trinken aus und fahren nach Hause. Unser Schampus ist nicht schlechter, aber billiger als hier.«

Nach unserer Ankunft in der Grunewaldvilla machte uns Prinzessin Kira einen schönen Wurstsalat und begab sich dann hinauf zu ihrem Baby. Ohne Umschweife besprachen wir die Lage. Der Prinz war sich klar, daß der Krieg – die Katastrophe für Deutschland und die Welt – nur noch durch einen Sturz des Regimes abgewendet werden konnten. Seine letzten Bedenken hatte er auf der Hochzeitsreise durch die Welt überwunden. Er hatte Gelegenheit gehabt, sich in allen möglichen Ländern mit Staatsmännern, gekrönten Häuptern und Politikern auszusprechen, auch mit Roosevelt, der ihn und die Prinzessin ins Weiße Haus und auf seinen Privatbesitz eingeladen hatte. Auf der Rückreise zwischen Port Said und Genua war ihnen von Kapitän Prehn auf der »Potsdam« heimlich und voller Entsetzen über Judenverfolgungen berichtet worden. »Die ärgste Schande für Deutschland!«, fügte der Prinz hinzu.

Ich machte keinen Hehl aus meiner Auffassung, daß ein Sturz des Regimes nur noch durch eine Beseitigung Hitlers möglich sei und daß dies durch monarchisch gesinnte Offiziere bewerkstelligt werden sollte, die den Weisungen von Beck folgten. Dazu könnten wir beide nichts beitragen. Der Prinz erklärte mir dazu, er sei nicht mehr allein und sei für seine Familie verantwortlich. Und weiter: »Zwischen meiner Frau und mir gibt es kein Geheimnis. Ich habe ihr von Ihnen erzählt. Sie denkt wie wir beide und hat Vertrauen zu Ihnen. Alles, was Sie mir anvertrauen, bespreche ich mit meiner Frau – oder gar nicht. Ich möchte, daß Sie sich darüber klar sind.«

Ich war etwas verlegen. Es gab keine Frau, der ich die hochverräterischen Pläne anvertraut hätte. Aber ich war ja auch Junggeselle! Ich sagte: »Gewiß« oder »Ja, Königliche Hoheit«, worauf er meinte, zwischen uns beiden wäre dann wohl alles klar, und sagte: »Jetzt trinken wir erstmal Bruderschaft!« Das taten wir dann ganz ohne Formalitäten. Dabei kam mir in den Sinn, daß dieser Prinz vielleicht eines Tages an der Spitze unseres Staates stehen könnte, und ich sagte: »Ich betrachte unsere Freundschaft vor allem auch als Pflicht und Recht, Dir immer das zu sagen, was ich denke.« – »Gut«, gab er spontan zur Antwort, »mir und Kira!«

Louis Ferdinand vertraute mir nun an, daß Roosevelt mit ihm einen letzten Versuch unternommen hätte, um Hitler durch eine Aussprache zur Vernunft zu bringen. Beim Besuch im Weißen Haus hätte Roosevelt den Prinzen gebeten, bei Ribbentrop zu sondieren, ob Hitler bereit sei, mit ihm, Chamberlain und Mussolini auf den Azoren zusammenzukommen. Dies hätte Louis Ferdinand Ribbentrop in einem Brief unterbreitet. Dieser hätte nicht einmal den Empfang des Briefes bestätigt!

Wegen seiner Freundschaft mit Roosevelt war Louis Ferdinand auch schon von Göring bedroht worden, da er und Kira der Familie Roosevelt ein Telegramm mit Weihnachtsgrüßen geschickt hatten. Darauf ließ Göring durch einen Offizier anfragen, wie er eigentlich dazu käme, »dem größten Feind des Führers« ein Glückwunschtelegramm zu schicken! Er sollte sich erklären oder er würde aus der Luftwaffe ausgestoßen. Außerdem könnte ihm noch Schlimmeres passieren! Louis Ferdinand erklärte dazu nur, daß er allen Regierungschefs, bei denen er auf der Hochzeitsreise mit seiner Frau zu Gast war, Weihnachtstelegramme geschickt hatte. »Seitdem«, sagte Louis Ferdinand, »habe ich von Göring nichts mehr gehört.«

Über mein Gespräch mit Louis Ferdinand wurde Beck durch Dohnanyi unterrichtet. Er ließ mir sagen, daß ich im Verkehr mit dem Prinzen größte Zurückhaltung üben, aber die Verbindung aufrechterhalten sollte, damit er jederzeit durch mich für Beck erreichbar sei. Damit war mir eine geheime Funktion übertragen worden, die schwerlich auf einen anderen zu übertragen war. »Schon deshalb müssen Sie hier in Berlin bleiben«, drängte Klaus Bonhoeffer. Sollte ich hierbleiben? Ich war in einer Zwickmühle. Andere, nicht weniger kompromißlose Gegner des Regimes, die allerdings nicht ahnten, daß ich mit geheimen Umsturzplänen vertraut war, waren anderer Ansicht. So auch Ottohans Winterer, Hauptmann der Luftwaffe, ein begeisterter Flieger, der aber kein Verlangen hatte, für Hitler zu kämpfen. Er wollte in Südamerika als Pilot fliegen und bat mich um Fürsprache bei Gablenz. Als dieser wissen wollte, was ich von Winterer halte, erklärte ich ihm: »Erstens kann er die Nazis nicht leiden; zweitens hat er die Papiere seiner nichtarischen Frau gefälscht, um sie heiraten zu können; drittens hat er Göring, als er bei Besichtigung eines Flughafens zufällig in Winterers Zimmer zur Inspektion kam, auf die Frage, warum er kein Führerbild an der Wand habe, geantwortet, er trage das Bild des Führers immer bei sich im Herzen!« Das gefiel Gablenz, und er versprach, ihn für Südamerika vorzumerken. Winterer brauchte sich nicht mal bei ihm vorzustellen. Aber Winterer blieb dann schließlich, wie ich selbst, in Deutschland und wurde einer unserer Mitverschworenen.

Durch Winterer lernte ich die Brüder Fritz und Walter Hummelsheim und Adam von Trott zu Solz kennen. Trott war nicht lange vorher aus China zurückgekehrt, wo er sinologische Studien getrieben hatte. Er war gekommen, um »in Deutschland dabeizusein, wenn es losgeht«, wie er mir sagte. Walter Hummelsheim ging nach Paris. Als wir uns am Zug verabschiedeten, versprach er, mich bei sich aufzunehmen, wenn es mir noch gelingen würde, vor Kriegsausbruch mit dem letzten Flugzeug der Air France nach Paris zu kommen. Nach der Besetzung von Paris wurde er von der Gestapo verhaftet. Das Ende des Krieges überlebte er im KZ Buchenwald.

Adam von Trott zu Solz war nach Vorbildung und Neigung für den Auswärtigen Dienst prädestiniert. Aber er hatte Hemmungen unter Ribbentrop ins Auswärtige Amt einzutreten, und bat mich zu sondieren, ob er in der Lufthansa eine Aufgabe übernehmen könnte. Doch die Verkehrspolitische Abteilung unter Hans Karl von Winterfeld, dem ehemaligen Chef Louis Ferdinands, unserem gemeinsamen Freund, war besetzt. Gablenz meinte, Trott gehöre ins Auswärtige Amt, weil es dort viel zu wenig vernünftige und anständige Menschen gäbe. Ribbentrop würde ja nicht ewig Außenminister bleiben. Trott ging dann tatsächlich ins Auswärtige Amt und hat dort seine stärkste Wirksamkeit für den Widerstand entfalten können. Nach dem Attentat ist er gehenkt worden. Sein Name ist nach dem Krieg von vielen seiner Kollegen reichlich

mißbraucht worden, die sich darauf beriefen, daß sie mit ihm
zusammen im Widerstand aktiv gewesen seien!

In den letzten Monaten vor Kriegsausbruch traf ich im wesentlichen
nur noch mit Männern zusammen, die den Umsturz planten. Sie
hatten sich schon im Frühjahr 1939 darauf eingestellt, Hitler den
Krieg vom Zaun brechen zu lassen, eine militärische Niederlage in
Kauf zu nehmen und mit diesem psychologischen Schock Hitler und
das Regime stürzen zu können. Bereits zu diesem Zeitpunkt wurde
nun schon auf meine Mitwirkung gerechnet, besonders auch von
Oberst Oster. Nicht zuletzt die Tatsache, daß ich vor dem Chef der
Abwehr Hitlers Befehl für den Überfall auf die Rest-Tschechei per
Zufall erfahren hatte, hat dabei eine Rolle gespielt.
Die Entscheidung rückte näher. Gablenz machte im Sommer einen
Flug um die Welt und plante nach seiner Rückkehr die Auslands-
vertretungen der Lufthansa zu reorganisieren. Dabei hatte er mich
für Südamerika eingeplant. Im Mobilisierungsplan der Lufthansa
war, da ich keinerlei militärische Ausbildung hatte, meine Einberu-
fung zu einem Transportgeschwader vorgesehen. Andererseits
fühlte ich mich dem Kreis der Männer verpflichtet, die mich in ihr
Vertrauen gezogen hatten, und ich kam mir bei dem Gedanken,
mich davonzumachen, ziemlich erbärmlich vor.
Ich besprach mich mit meinem Bruder Hans, damals wissenschaftlicher Assistent an der Universität Leipzig, von wo er oft nach Berlin
kam, um sich bei mir zu informieren. Er war politisch viel leiden-
schaftlicher als ich, hatte als Student einen Kreis von Linksintellek-
tuellen um sich gebildet und zum Entsetzen meiner Eltern sich auch
nicht gescheut, mit den verschiedensten Linksorganisationen öffentlich gegen die Nazis zu demonstrieren. Als die sog. Linke
keinen effektiven Widerstand gegen das Regime zustande gebracht
hatte, enthielt er sich jeder politischen Aktivität und widmete sich
ausschließlich seinen wissenschaftlichen Studien. Nachdem wir uns
über Für und Wider meines Verbleibens in Berlin besprochen
hatten, entschloß ich mich, zu bleiben.
Gablenz kehrte vom Flug um die Welt zurück und hielt vor dem
leitenden Personal der Lufthansa einen Vortrag über die auf seiner

Reise gesammelten Erfahrungen im Luftverkehr. Dabei sagte er, indem er mich ansah: »In Südamerika gibt es viele und interessante Aufgaben für uns. Das ist ein Arbeitsgebiet für junge Leute, die aufgeschlossen sind und den richtigen Unternehmungsgeist für echte Pionierarbeit haben.« Die Tatsache, daß Gablenz mich bei diesen Worten angeschaut hatte, war auch dem Leiter »Betriebsstoff«, Hans Hickmann, einem Gesinnungsfreund von Klaus Bonhoeffer und mir, aufgefallen. Spontan gratulierte er mir zu dieser Chance, die ich nun nicht mehr zu nutzen gewillt war. Daß ich mich entschlossen hatte, in Berlin zu bleiben, konnte ich ihm nicht sagen. Allerdings war es nun an der Zeit, Gablenz offen zu bekennen, daß ich meine Absicht, ins Ausland zu gehen, geändert hatte. Er hörte mich, was bei seinem Temperament sonst gar nicht seine Art war, bedächtig an. Zum Schluß sagte er: »Macht um Gottes willen keinen Kapp-Putsch! Sonst wird es noch schlimmer hier!«

Mitte Juli war Dietrich Bonhoeffer, der um fünf Jahre jüngere Bruder von Klaus, von einer Reise aus Amerika über London zurückgekehrt. Ihn und seinen Freund, Pfarrer Eberhard Betghe, hatte ich nur einmal flüchtig im Hause der Eltern Bonhoeffers kennengelernt. Dietrich Bonhoeffer hätte in Amerika bleiben können. Das war ihm dort von Freunden auch geraten worden. Aber er hatte darauf bestanden, »das, was unserem Volk mit dem unabwendbar gewordenen Krieg bevorstand, selbst mit zu erleiden«. Als er vor Kriegsausbruch aus Amerika zurückkam, fühlte ich mich auf eine besondere Art darin gestärkt, daß ich dieselbe innere Entscheidung wie er getroffen hatte. Als Märtyrer ist er für seinen Kampf gegen Hitler im Konzentrationslager Flossenbürg kurz vor Kriegsende gehenkt worden. Sein Vorbild ist für mich in schwerer Zeit oft eine Ermutigung gewesen.

Seit dem Frühjahr 1939 wußten wir, daß Hitler der Wehrmachtsführung die Befehle zum Überfall auf Polen gegeben hatte. »Unser Volk wird bis zum letzten Mann kämpfen«, sagte Thekla Hauschild, eine geborene Polin. Für mich war klar, daß Polen nicht mehr gerettet werden konnte, da die Luftwaffe, insbesondere die Stukas den Krieg entscheiden würden. Klaus Bonhoeffer und andere, die keine richtigen Vorstellungen von der Schlagkraft der Luftwaffe hatten und noch in Kategorien des Landkrieges dachten, waren überzeugt, daß die Polen aushalten könnten, bis Engländer und Franzosen ihnen zu Hilfe kämen. Diese Hoffnung war für mich illusionär. Eine mögliche Rettung Polens vor dem Überfall der Wehrmacht sah ich erst, als Verhandlungen zwischen London und Moskau zur Einkreisung Hitlers in Gang kamen.

Der Abschluß eines Bündnisses zwischen den Westmächten und Stalin würde Hitler ganz sicherlich nicht vom Überfall auf Polen aufhalten, weil er den Krieg wollte. Aber wir konnten wenigstens mit einer baldigen militärischen Niederlage rechnen, die uns die psychologische Voraussetzung geben würde, um eine militärische Erhebung gegen Hitler in Szene zu setzen. Wir ahnten noch nicht, daß Hitler es fertig bringen sollte, einen Nichtangriffspakt ausgerechnet mit Stalin abzuschließen.

Die englische und französische Verhandlungsdelegation in Moskau wurde von Stalin genauso an der Nase herumgeführt wie der deutsche Geschäftsträger Theodor Kordt vom britischen Außenminister Lord Halifax während der »Sudetenkrise«. Unterdessen machten Kordt und sein Bruder Erich, Leiter von Ribbentrops Ministerbüro, einen kuriosen zweiten Versuch, als Ratgeber der britischen Regierung den Frieden zu retten. Ihr Freund Conwell Evans hatte sich als Lektor für Englisch an der Universität Königsberg dem Nationalsozialismus genähert und spielte nach seiner Rückkehr nach England als Informant im Kreis um Chamberlain eine nicht unbedeutende Rolle. »This silly little man« wollte, wie mir sein Mentor vom britischen Geheimdienst nach dem Kriege anvertraute, den Frieden und die Freundschaft mit dem von ihm angebeteten NS-Deutschland erhalten. Deshalb hatte er schon während der »Sudetenkrise« für Theodor Kordt geheime Aussprachen mit Sir Robert Vansittart und Lord Halifax vermittelt. Auf ihren Wunsch hin brachte·Conwell Evans während der polnischen Krise die Brüder Kordt in seiner Privatwohnung zu einer letzten geheimen Aussprache mit Vansittart zusammen. Die Diplomatenbrüder Kordt drängten Vansittart, die britische Regierung solle mit Moskau »eine heterogene Koalition« abschließen, um den Krieg in letzter Minute zu verhindern. Wieder, wie während der »Sudeten-krise«, sollte die britische Regierung durch Kriegsdrohung an die Adresse Hitlers mit einer britisch-sowjetischen Allianz den Krieg abwenden. Vansittart erklärte damals, die Brüder Kordt machten sich ganz unnötige Sorgen, denn das Abkommen mit der Sowjet-union würde die englische Regierung ganz bestimmt abschließen. Vansittart sollte sich täuschen. Er hatte zwar damals den vielsagen-den Titel »Erster Diplomatischer Ratgeber seiner Britischen Maje-stät Regierung«, aber, wie er mir nach dem Krieg sagte, war er mit der Beförderung in diese Stellung von Chamberlain, weil er dessen Appeasementpolitik von Anfang an bekämpft hatte, kaltgestellt worden. Wichtige Depeschen wurden ihm vorenthalten, sein Rat nicht gehört. Chamberlain wollte keinen Pakt mit den Russen. Er glaubte sich mit Hitler gegen die Bolschewiken verständigen zu können. Deshalb ignorierte er den Rat der Brüder Kordt. Ihre geheimen Gespräche außerhalb ihrer diplomatischen Legalität sind mir erst nach dem Krieg bekannt geworden.

Den tieferen Sinn dieser Geheimdiplomatie, die nach den Krieg als außergewöhnliche Widerstandsaktivität gepriesen wurde, habe ich nie begriffen, wohl, weil es mir an der Weisheit einer diplomati-schen Schulung gebricht. Es gab keine Chance, Hitler durch eine britisch-sowjetische Allianz vom Kriege abzuhalten, weil weder Chamberlain noch Stalin eine Allianz wollten.

Mit dem Abschluß des Hitler-Stalin-Paktes war der Krieg nur noch eine Frage von Tagen. Generalstabschef Halder, der bei Antritt seines Amtes versprochen hatte, alles zu tun, um den Krieg zu verhindern, wich Oberst Oster aus, der einen letzten Versuch unternahm, ihn auf ein Treuebekenntnis zum Umsturzplan zu verpflichten. »Die militärische Lage Deutschlands war nach Ab-schluß des Nichtangriffspaktes mit Rußland so, daß sie einen Bruch meines Eides nicht mehr rechtfertigen konnte«, erklärte Halder nach dem Krieg, gab sich aber gleichzeitig als »führender Wider-standskämpfer der Generalität« aus und wies dem deutschen Volk in einer Broschüre nach, daß der Krieg gegen Rußland gewonnen worden wäre, wenn Hitler nur seinen militärischen Rat befolgt hätte![9]

Den »Widerstandskampf« von seiten der Generale habe ich dann
bis zum Scheitern aus allernächster Nähe miterlebt. Oft war ich so
verzweifelt, daß ich beschloß, alles liegen und stehen zu lassen,
mich in eine Lufthansamaschine zu setzen und nach London zu
flüchten. Von dort aus wollte ich alles in meinen Kräften Stehende
tun, um der Schreckensherrschaft Hitlers ein schnelleres Ende zu
machen. Ich tat es nicht, auch nicht im Frühjahr 1944, als die
Gestapo mir in den letzten Monaten vor unserer Erhebung gegen
Hitler sehr nahe auf den Fersen war. Zu tief war ich in die
Verschwörung gegen Hitler verstrickt.

Die geheime politische Front gegen Hitler

Am Tage nach dem Überfall auf Polen war ich von Gablenz mit einigen anderen seiner engsten Mitarbeiter zu einem Abschiedsfrühstück ins Hotel »Kaiserhof« eingeladen. Er hatte als »Lufttransportführer« das Kommando über ein von der Lufthansa zusammengestelltes Transportgeschwader übernommen, blieb aber in Berlin stationiert und weiterhin Chef des zivilen Lufthansabetriebes. Er fragte den Personalchef Hans Lyncke, für welchen Kriegseinsatz ich vorgesehen sei. Vorerst gehörte ich der Ersatzreserve 2 an, könnte aber, wie Lyncke sagte, sofort einberufen werden, um »möglichst bald Offizier zu werden«. Gablenz wußte, was mich innerlich bewegte, und entgegnete, er hätte eine wichtigere Aufgabe für mich – als Jurist: Die Betreuung unserer ausländischen Tochtergesellschaften, damit diese uns nicht während des Krieges durch »Advokatenkniffe abgeknöpft« werden könnten. Er ordnete an, daß ich dafür UK gestellt würde. Dadurch hat er es mir ermöglicht, bis zu unserer Erhebung gegen Hitler als Syndikus der Lufthansa in einer gut getarnten Stellung für den Umsturz mitzuwirken.

Für den Kriegsfall hatten Oster und Dohnanyi im Einvernehmen mit Admiral Canaris das Zusammenwirken der militärischen Fronde und der zivilen Opposition zu einer Verschwörung vorbereitet. Schon einige Tage vor Kriegsausbruch wurde Reichsgerichtsrat Dr. von Dohnanyi als Sonderführer im Rang eines Majors in das OKW Amt Ausland/Abwehr einberufen und in der »Zentralen Leitung« mit dem Referat »Politik« betraut. In dieser Stellung wurde er wegen seiner außergewöhnlichen Fähigkeiten, aufgrund derer er bereits als Jurist eine ungewöhnliche Karriere hinter sich gebracht hatte, zum engsten Vertrauten und Berater von Canaris. Dieser ließ ihm und seinem Stabschef Oberst Oster völlig freie

Hand für die Organisation eines Umsturzes. Oster koordinierte im Einvernehmen mit Beck die militärische Fronde, Dohnanyi die politischen Planungen der zivilen Oppositionsgruppen. Dafür stand ihm eine von ihm selbst seit 1933 für den Reichsjustizminister Dr. Gürtner angelegte geheime Chronik zur Verfügung, in der Verbrechen aller Art von hohen und höchsten Staats- und Parteifunktionären, die abgelöst werden sollten, aufgezeichnet waren. Sie wurde nach dem 20. Juli von der Gestapo gefunden. Über ihren Verbleib ist bis jetzt nichts bekannt geworden.

Oster hatte seine Vertrauten und Gehilfen in verschiedenen militärischen Stäben, in Berlin vor allem im Kriegsministerium, das unter dem Kommando des Befehlshabers des Ersatzheeres Generaloberst Fromm stand. Dessen Stellvertreter General Friedrich Olbricht, Chef des Allgemeinen Heeresamtes, war ein enragierter Gegner des Regimes, der im Einvernehmen mit Beck die generalstabsmäßige Planung für eine militärische Erhebung dirigierte. Dohnanyi holte sich als seinen persönlichen Vertrauten und engsten Mitarbeiter Justus Delbrück, mit dem er von Jugend auf eng befreundet war, und Karl Ludwig Freiherrn von Guttenberg, Herausgeber der »Weißen Blätter«, in sein Referat. Diese beiden schlossen sich unter den Offizieren in der Abwehr sehr eng an Hauptmann Ludwig Gehre an, der durch Justus Delbrück mein engster persönlicher Freund unter den Offizieren der Fronde wurde.

So hatten Oster und Dohnanyi mit Ausbruch des Krieges schon einen Kern geschaffen, aus dem heraus dann die verzweigte Verschwörung zum Sturz des Regimes keimte, die trotz des Mißlingens mehrerer Attentatsversuche erst nach dem 20. Juli 1944 entdeckt wurde. Aber immer noch nicht war es uns gelungen, einen General, der bei Wehrmacht und Volk in hohem Ansehen stand, für eine patriotische Erhebung gegen Hitler und sein Gewaltregime zu gewinnen. Reale Hoffnungen darauf erfüllten uns in den ersten Tagen des Krieges, während Stukas über Warschau herfielen und die Panzer nach Polen hineinrollten.

Generaloberst von Hammerstein-Equord, ehemaliger Oberbefehlshaber des Heeres, hatte den Befehl über eine der Armeen

übernommen, die die »Wacht am Rhein« hielten. Er war entschlossen, »Hitler unschädlich zu machen wie einen Wolf, der in
eine Schafherde eingebrochen ist«. Dazu fühlte er sich nicht
zuletzt deshalb verpflichtet, weil er sich schon als Oberbefehlshaber des Heeres vor seiner Demissionierung im Januar 1934 zu
dem Entschluß durchgerungen hatte, Hitler und der Willkürherrschaft seiner SA ein Ende zu machen. Nun, nach Ausbruch des
Krieges, ließ er Hitler nahelegen, seinen Frontabschnitt zu inspizieren. Bei dieser Gelegenheit wollte er, wie er mir später sagte,
»Hitler ein für allemal unschädlich machen – ganz ohne Gerichtsverfahren.« Aber Hitler erschien – wie so oft – nicht. Im Gegenteil: Er ließ Hammerstein, den er als resoluten Gegner seit der
Machtübernahme fürchtete, sogar seines Kommandos entheben.
Nach dem Abschiedsessen meinte Hammerstein, den ich durch
Jakob Kaiser erst nach Ausbruch des Krieges kennenlernte, zu
seinen Offizieren: »Ich bin ein Opfer der Inflation unter den
hohen Truppenführern geworden.« Das klang wie Resignation,
war es aber nicht, denn Hammerstein blieb der Fronde aktiv
verbunden, allerdings als pensionierter General ohne Truppe
machtlos.
Unsere Hoffnungen, die sich auf Hammerstein gründeten, waren
keine eingebildeten Wunschvorstellungen. Alle anderen aktiven
hohen Truppenführer, die nach seiner Enthebung durch abfällige,
oft auch staatsfeindliche Kritik am Regime und Hitler so taten, als
ob sie bereit seien, etwas gegen Hitler zu unternehmen, haben sich
als Versager erwiesen. Trotz markiger Sprüche über den unfähi-
gen »Gefreiten Hitler« haben sie auf dessen Befehl immer mehr
Soldaten in den Tod geschickt!
Ein besonderer Fall war Generalfeldmarschall Günther von
Kluge. Er ließ sich auf konspirative Gespräche und Pläne zum
Sturze Hitlers ein, erklärte sich bereit, nach gelungenem Staatsstreich an Stelle Hitlers den Oberbefehl über die Wehrmacht zu
übernehmen, wollte aber selbst den Aufstand gegen Hitler nicht
anführen. Nach Mißlingen des Attentats auf Hitler am 20. Juli
1944 unternahm er nichts. Weil seine jahrelange Verstrickung in
die Verschwörung auf die Dauer nicht verborgen bleiben konnte,

beging er schließlich Selbstmord, schrieb zuvor aber noch einen Abschiedsbrief an Hitler.

»Mein Führer, ich habe immer Ihre Größe bewundert ... und Ihren eisernen Willen, sich selbst und den Nationalsozialismus zu behaupten ... Sie haben einen ehrenhaften und großen Kampf gekämpft ... Zeigen Sie sich jetzt auch so groß, dem hoffnungslosen Kampf, falls es notwendig ist, ein Ende zu setzen ... Ich scheide von Ihnen, mein Führer, als einer, der Ihnen in dem Bewußtsein, seine Pflicht bis zum Äußersten getan zu haben, näher stand, als Sie das vielleicht erkannt haben«.

»Dem hoffnungslosen Kampf, falls es notwendig ist, ein Ende zu setzen«, sollte dann einem Mann vorbehalten sein, der aus eigener Initiative zur Tat schritt: Oberst Graf Stauffenberg.

Der Blitzsieg über Polen hatte, wie Beck es formulierte, »keinerlei kriegsentscheidende Bedeutung«. Die Entscheidung könnte nur an der Westfront fallen! Dem sahen Generale, Offiziere und oppositionelle Zivilisten, die den Ersten Weltkrieg mitgemacht hatten, deshalb auch die Honoratioren der Opposition, mit allergrößter Besorgnis entgegen. Sie alle waren noch nicht frei vom Trauma der Niederlage von 1918. Überdies war man im Generalstab des Heeres, wie Gehre mir sagte, überzeugt, daß ein Angriff auf die Maginot-Linie ungeheuerliche Blutopfer kosten würde, mindestens zwei Millionen Tote! Von diesem Pessimismus war, wie mir Hauptmann Winterer bestätigte, in der Luftwaffe nichts zu spüren, zumal sich die französische Luftwaffe überhaupt nicht am Himmel zeigte und die wenigen nächtlichen Störangriffe der Royal Air Force keinerlei Eindruck machen konnten.

In den defätistischen Befürchtungen der Frontoffiziere des Ersten Weltkrieges, die nun in die führenden Stellungen des Heeres aufgerückt waren, erblickten Beck, seine frondierenden Kameraden und die mit ihnen konspirierenden Honoratioren die Chance, über Halder – einen Helden der konspirativen Gespräche, aber nicht der Tat – Brauchitsch für einen Staatsstreich gegen Hitler zu gewinnen. Der Angriffsplan an der Westfront sah vor, die gefürchtete Maginot-Linie durch einen Überfall auf die neutralen Länder Holland und Belgien zu umgehen und so dem alten Schlieffen-Plan entsprechend Paris zu erobern. Dem Befehl Hitlers zum Angriff auf die neutralen Länder sollte sich Brauchitsch unter Berufung auf das Völkerrecht widersetzen und dadurch einen Staatsstreich gegen Hitler in Gang bringen.

Unterdessen hatten die Honoratioren, vor allem der unermüdliche Dr. Goerdeler, auch Dr. Schacht, Professor Popitz und der frühere Botschafter von Hassell eine illegale Aktivität entfaltet, um durch ihre weitreichenden, verzweigten Verbindungen Männer ins Vertrauen zu ziehen, denen nach dem Umsturz die Regierungsgeschäfte anvertraut werden sollten. Während wir uns mit Klaus Bonhoeffer darüber unterhielten, regte Ernst von Harnack an, die illegalen Führer der zerschlagenen Arbeiterorganisationen einzuweihen und hinzuzuziehen. Der Kapp-Putsch, sagte er, sei seinerzeit am Generalstreik gescheitert. Wenn die Generale sich mit den Führern der Arbeiterschaft gegen Hitler verständigen und zusammentun würden, müßte der Staatsstreich gelingen. Harnack war nach dem Zusammenbruch 1918 der SPD beigetreten und stand mit illegalen Parteifreunden in Verbindung. Er brachte Klaus Bonhoeffer und mich mit einem früheren SPD-Reichstagsabgeordneten zusammen. Er war meiner Ansicht nach der bedeutendste politische Kopf in der Verschwörung gegen Hitler: Julius Leber.

Ernst von Harnack hatte sich als Tarnung seiner illegalen Aktivität in einem Hinterhaus der Mohrenstraße im Zentrum von Berlin eine »Vertretung der Sommerfelder Tuchfabrik« eingerichtet, die seinem Vetter Justus Delbrück gehörte. Als Alibi für den Zugang zu amtlichen Stellen hatte er es übernommen, beim Umbau von Berlin nach historisch besonders bedeutsamen Gräbern zu fahnden, die auf einen »historischen Friedhof« umgebettet werden sollten. Seine Amtsbezeichnung dafür war »Gräberkommissar beim Reichskommissar für den Umbau der Reichshauptstadt«. Sein Sachverständiger· für historische Soldatengräber war der Generaloberst a. D. Ludwig Beck, mit dem er auf diese Weise unter harmlosem Vorwand zusammenkommen konnte, um konspirative Besprechungen zu führen. Im Hinterhaus der Mohrenstraße bei Harnack trafen Klaus Bonhoeffer und ich auch zum erstenmal mit Dr. Goerdeler zusammen. Er war gerade auf der Durchreise und wollte zu geheimen Besprechungen aufs Land. Er hatte sich als Wanderer verkleidet und trug einen Rucksack.

Durch Adam von Trott lernte ich Dr. Curt Bley kennen, der aus seiner Studentenzeit vor der Machtübernahme mit einer ganzen Reihe ehemaliger sozialistischer Studenten bekannt war. Ich konnte ihnen für ihre illegalen Aktivitäten finanzielle Unterstützung durch Dr. Walter Bauer vermitteln, der als Industrieller ein Krösus in der Verschwörung war und oft Geld zur Verfügung stellte. Auf diese und ähnliche Art schufen wir uns vielfältige neue Verbindungen. Generaloberst von Hammerstein, »der rote General« genannt, weil er schon vor der Machtübernahme mit Sozialisten und Gewerkschaftlern Gespräche wegen Hitler geführt hatte und sehr wenig von den Deutschnationalen hielt, stand mit Jakob Kaiser, dem Kopf der ehemaligen Christlichen Gewerkschaften, in Verbindung und durch ihn auch mit Wilhelm Leuschner, dem Führer der illegalen sozialistischen Gewerkschaften, den Klaus Bonhoeffer und ich wiederum öfter bei Ernst von Harnack trafen. In der Wohnung von Frau Dr. Elfriede Nebgen, der späteren Frau von Jakob Kaiser, traf ich mit Bernhard Letterhaus, dem Verbandssekretär der katholischen Arbeitervereine, zusammen und mit Dr. Joseph Wirmer, der Klaus Bonhoeffer schon aus der gemeinsamen Referendarzeit bekannt war. Dadurch kamen wir mit einem über Berlin weit hinaus ins Reich verzweigten Kreis von katholischen Oppositionellen ins Gespräch. Aus Köln kam Pater Laurentius Siemer OP nach Berlin, um sich für Gesinnungsfreunde in Westdeutschland über den Stand des Staatsstreiches zu unterrichten. Beim Gespräch darüber im Haus von Klaus Bonhoeffer zogen wir eigentlich zum erstenmal im Herbst 1939 eine Bilanz unserer illegalen Aktivität. Sie stimmte uns durchaus zuversichtlich, zeigte aber auch klar auf, wo es noch fehlte. Dabei blieb die militärische Vorbereitung des Staatsstreiches außer Betracht. Sie war nicht unsere Aufgabe, wir konnten auch nichts tun, sie zu fördern. Wir verließen uns darauf, daß Halder in der Lage sein würde, die schweren Bedenken Brauchitschs gegen die Offensive im Westen umzufunktionieren in einen Entschluß gegen Hitler.

Innerhalb der zivilen Opposition waren die weltanschaulichen und

politischen Gegensätze der einzelnen Widerstandsgruppen beige-
legt worden. Zwischen Widerstandsgruppen der verschiedensten
früheren politischen Schattierungen bestand Einmütigkeit darüber,
daß es nur noch die Chance gab, in Zusammenarbeit mit der militärischen Fronde das Regime zu stürzen. So hatten sich in Berlin die
konservativen Honoratioren und die christlichen Widerständler
beider Kirchen mit Sozialisten und Gewerkschaftlern zu einer
Spitzengruppe des Widerstandes zusammengefunden, um eine gemeinsame Grundlage für den politischen Wiederaufbau nach gelungenem Staatsstreich zu schaffen. Das Bündnis zwischen den Politikern dieser Gruppen, die vor der Machtübernahme wegen ihrer
Zwistigkeiten keine Einheitsfront gegen Hitler zustande gebracht
hatten, wurde durch eine Aussprache zwischen Beck und Leuschner besiegelt, die ich vermittelt hatte.

Es lag auf der Hand, daß das Regime im Falle eines gelungenen
Staatsstreiches nicht von einem Tag zum anderen in eine parlamen-
tarische Republik nach dem Vorbild der Weimarer Verfassung
umgeformt werden konnte. Außerdem war klar, daß der Kriegszu-
stand nicht über Nacht zu beenden war. Deshalb hatte man sich
innerhalb der Spitzengruppe des zivilen Widerstandes darauf geei-
nigt, daß nach dem Sturz Hitlers das Regime durch einen militärischen Ausnahmezustand unter dem obersten Befehl von Generaloberst Beck abgelöst, der Ausnahmezustand möglichst schnell ab-
gebaut und durch eine von Beck zu ernennende provisorische zivile
Regierung ersetzt werden sollte, bis Neuwahlen zum Reichstag
möglich seien. Für die Einsetzung einer provisorischen Reichsregierung hielt Goerdeler eine Ministerliste sowie Denkschriften mit
Anregungen und Vorschlägen für Friedensverhandlungen bereit.
Weil sie in diese keinen Einblick bekamen, wurden Leuschner und
einige seiner Freunde skeptisch und befürchteten, von den konservativen Honoratioren überspielt zu werden. Sie ließen Beck durch
Harnack sagen, daß sie sich·in ihrer Handlungsfreiheit wieder völlig
ungebunden fühlten, wenn sie nicht in alle Planungen für die
politische Neuordnung nach dem Umsturz und in die letzten staats-
politischen Absichten und Ziele eingeweiht würden.

Ernst von Harnack stand durch sein mutiges Eintreten bei der

Gestapo für politisch und religiös Verfolgte bei Sozialisten und Gewerkschaften in hohem Ansehen. Deshalb bat Beck ihn, Leuschner und seine durch Goerdeler verärgerten Freunde zu versöhnen. Das gelang seinem bewundernswerten Verhandlungsgeschick durch einen von ihm selbst erdachten Plan, den Beck billigte. Danach sollte Leuschner mit Errichtung des Ausnahmezustandes als Reichskommissar die Deutsche Arbeitsfront mit sämtlichen Unterorganisationen und ihrem sehr beträchtlichen Vermögen unterstellt werden, bis durch Wiederherstellung der Koalitionsfreiheit und freie Wahlen wieder freie Gewerkschaften gebildet werden konnten. Damit wurde Leuschner von Beck eine politische Vollmacht zugesichert, mit der er das verwirklichen hätte können, was er selbst so leidenschaftlich erstrebte: Die Wiedererrichtung eines »Allgemeinen Deutschen Gewerkschaftsbundes« als eigenständige politische Organisation im Staat, um die wirtschaftlichen und kulturellen Interessen der Arbeiterschaft durchzusetzen. Neu war dabei, daß Leuschner auf Anregung seines brillanten politischen Freundes Carlo Mierendorff den kulturellen Bedürfnissen der Arbeiterschaft besondere Geltung verschaffen wollte. Weil ihm von Beck eine maximale Wirkungsmöglichkeit für die Arbeiterschaft eingeräumt wurde, ließ Leuschner sich von Harnack auch um so leichter überzeugen, daß die von Beck und den Honoratioren der Verschwörung als endgültige Staatsform erstrebte konstitutionelle Monarchie dem deutschen Volk durchaus gemäß sei, d. h. die bestmögliche Sicherung der politischen Grundrechte für alle. Dem stimmte Leuschner zu, nachdem Beck sich mit seinem Wort dafür verbürgt hatte, daß eine endgültige Entscheidung über die zukünftige Staatsform einer Volksabstimmung vorbehalten bleibe.

Bis zum Frühjahr 1942 hatte ich mich innerhalb der Verschwörung hauptsächlich mit innenpolitischen Problemen der Neuordnung nach dem Umsturz beschäftigt und mich in der Beurteilung der außenpolitischen Fragen im wesentlichen darauf beschränkt, zur Kenntnis zu nehmen, was augenfällig war oder was ich durch den Gedankenaustausch innerhalb der Verschwörung zu hören bekam. Doch von Anfang an war ich skeptisch gegenüber den Vorstellungen, die sich die »Sachverständigen« von Friedensmöglichkeiten machten, nachdem der Krieg ausgebrochen war. Anfang Oktober 1939 machte Hitler nur allzu durchsichtige Versuche, durch Reden vor dem Reichstag und im Sportpalast, den Westmächten einen Frieden mit der Anerkennung seiner Eroberungen in der Tschechoslowakei und Polen anzutragen. Die Absagen von Chamberlain und Daladier waren eindeutig. Trotzdem glaubten einige Honoratioren, ohne die Vorleistung eines Umsturzes in Deutschland einen Frieden aushandeln zu können.

Es wurde die phantastische Idee diskutiert, Göring ins Vertrauen zu ziehen. Weil er genußsüchtig war und einmal in Karinhall geäußert hatte, »wie schrecklich ihm der Gedanke sei, daß dies alles mal zerstört werden könnte«, glaubte man, ihn von Hitler trennen zu können! Dr. Goerdeler, Dr. Schacht, von Hassell und auch Adam von Trott mobilisierten ihre persönlichen Beziehungen in der Schweiz und in den USA, um Friedensbedingungen zu sondieren, ja möglichst Roosevelt als Friedensvermittler zu gewinnen. Eine besondere Groteske auf illegalem Diplomatenterrain leisteten sich unsere Berufsaußenpolitiker. Ribbentrops Staatssekretär, von Weizsäcker, hatte den letzten Geschäftsträger in London, seinen Vertrauten Theodor Kordt, nach Bern versetzt, wo er Verbindung zu seinem Vertrauensmann Philip Conwell-Evans in London halten sollte. Dieser war aber mit Kriegsausbruch, wie mir sein Mentor nach dem Krieg anvertraute, vom englischen Geheimdienst verpflichtet worden. Er kam einige Male nach Bern, um Kordt – was dieser aber nicht durchschaute – durch vertrauliche Gespräche auszuhorchen. So überbrachte er ihm Ende Oktober als »Spielmaterial« die Bedingungen, zu denen Chamberlain angeblich bereit sei, wenn das NS-Regime durch eine vertrauenswürdige deutsche Regierung abgelöst sei! Diese »Geheimen Friedensbedingungen« waren aber nichts anderes als das, was Chamberlain bereits öffentlich in einer Rede gesagt hatte. Von Erich Kordt wurden sie über Oster der Fronde als eine Art Geheimschlüssel für den Frieden zugespielt!

Seit dem Ersten Weltkrieg war es eine abschreckende Vorstellung, daß sich eine Offensive der Wehrmacht an der Westfront wieder

in einem Stellungskrieg festrennen würde. Brauchitsch, Halder und
die Generale erfüllte dies mit ernster Sorge. Dazu kamen schwerwiegende Bedenken, daß das deutsche Kriegspotential einem Stellungskrieg im Westen auf längere Dauer nicht gewachsen sei, weil
die unmißverständliche Haltung Roosevelts gegen »die Aggresso-
ren« keinen Zweifel ließ, daß er England und Frankreich mit dem
unerschöpflichen amerikanischen Arsenal zu Hilfe kommen würde.
Dies war der deutschen Generalität vom Chef des Wehrwirtschafts-
und Rüstungsamtes, General Thomas, eingeschärft worden, wie
ABC-Schülern das Einmaleins. Überdies hatten Brauchitsch, Halder und die Armeeführer an der Westfront auch ihre politisch-
moralischen Bedenken gegen die von Hitler geplante Offensive,
weil ihnen vom Ersten Weltkrieg her noch klar war, daß ein
Überfall auf die neutralen Länder Belgien und Holland im Falle der
Niederlage ihnen persönlich als Verbrechen gegen Völker- und
Kriegsrecht zur Last gelegt werden würde.
Aber alle diese Bedenken reichten nicht aus, um Brauchitsch auf
unsere Seite zu bringen. Er hielt Halder und General Thomas
entgegen, daß nach dem Sieg über Polen die Mehrheit der Soldaten
und des Volkes mehr denn je für Hitler sei, so daß ein Gewaltakt
gegen Hitler kein Verständnis fände und nur zu einem innerpoliti-
schen Chaos führen würde. Um diese Argumentation zu widerlegen, verfaßten Ernst von Harnack und ich im Oktober ein Memorandum, das die Generalität über die wirkliche Stimmung im Volk
aufklären sollte.
Dieses Memorandum von nicht ganz vier Seiten war ein Manifest
der Einigung der vor 1933 maßgebenden parteipolitischen Organi-
sationen zu einer Oppositionsfront gegen das Regime. Darin
erklärten Professor Popitz und Dr. Goerdeler für die konservative
Rechte, Josef Wirmer und Jakob Kaiser für das katholische Bürger-
tum, Bernhard Letterhaus für die katholische Arbeiterschaft, Ernst
von Harnack und Julius Leber für die illegale SPD und Wilhelm
Leuschner für die Arbeitergewerkschaften, daß sie zusammen
rückhaltlos hinter Generaloberst Beck stünden. Durch einen Sturz
des Regimes würde das deutsche Volk vor der Katastrophe bewahrt
werden, unter der gerade die arbeitende Bevölkerung wie im

Ersten Weltkrieg am schwersten zu leiden hätte. Dieser letzte Gesichtspunkt wurde besonders hervorgehoben, um Brauchitschs Argument der Einstellung der Arbeiterschaft Hitler gegenüber zu widerlegen. Außerdem wurde in dem Memorandum der verbrecherische Charakter des Regimes und der Mißbrauch des deutschen Soldaten dargestellt. Auf Anregung von Oster und Dohnanyi übergab ich Beck einen Brief des Prinzen Louis Ferdinand, in dem sich dieser ihm mit den Worten »Wenn ich gerufen werde, bin ich bereit« zur Verfügung stellte.

Brauchitsch legte die Argumente des Memorandums auf seine Art aus, indem er sehr geschickt den Spieß umdrehte. Wenn das Volk und die Arbeiterschaft wirklich so gegen Hitler seien, sagte er zu General Thomas, dann könnten sie ihn doch ganz einfach durch einen Generalstreik stürzen. Beim Kapp-Putsch hätten sie ja ihre Stärke bewiesen! Er würde sich mit der Armee hinter die Arbeiterschaft stellen, wenn sie einen Generalstreik in Gang brächte! Dies berichtete Dohnanyi Leuschner nicht ohne Hintergedanken. Er wollte die Einstellung der Arbeiterschaft, die Harnack so herausgestellt hatte, auf die Probe stellen. Er war oft anderer Ansicht als Harnack, mit dem er trotz familiärer Freundschaft nie so ganz zurecht kam. Leuschner wurde bitterböse auf Brauchitsch. Seine Äußerung beweise ihm, sagte er zu Dohnanyi, daß die Herren Offiziere immer noch nicht begriffen hätten, um was es eigentlich gehe. Die Arbeiterschaft sei nicht dazu da, für sie die Kastanien aus dem Feuer zu holen! Er sei sicher, daß die Offiziere auf die Arbeiter schießen lassen würden, weil sie immer gegen links und nie gegen rechts geschossen hätten!

Ebenso unglücklich versandeten die Bemühungen der Fronde, Brauchitsch und Halder mit Zugeständnissen der englischen Regierung zum Staatsstreich zu überreden. Der Münchner Rechtsanwalt Dr. Josef Müller – weit über Bayern hinaus als »Ochsensepp« bekannt – war seit 1933 im Widerstand der Katholiken ein Vertrauter des Kardinals Frings und seines politischen Referenten, des Domkapitulars Johannes Neuhäusler. Als Berater katholischer Bischöfe und Orden hatte er enge Beziehungen zum Vatikan. Oberst Oster hatte ihn für die Fronde gewonnen und konnte ihn leicht, weil er im Ersten Weltkrieg Leutnant gewesen war, zur »Abwehrstelle München« einberufen lassen. Von dort aus sollte er über seine Verbindungen zum Vatikan sondieren, welche Friedensbedingungen einer vom Nationalsozialismus gereinigten Reichsregierung gewährt würden. Dr. Müller war Pius XII. schon bekannt, als dieser noch Nuntius war, sein politischer Sekretär, Pater Leiber, stellte sich als Mittelsmann zur Verfügung. Lord Halifax ließ ihn durch den den englischen Gesandten beim Vatikan, D'Arcy Osborne, wissen, daß die englische Regierung grundsätzlich bereit sei, Deutschland einen ehrenvollen Frieden auf der Grundlage des Münchener Abkommens zu gewähren, wenn das Regime in Deutschland durch eine Regierung ersetzt würde, deren Worte man vertrauen könnte und die zu ihren Verträgen stünde.

Auch dazu hatten Brauchitsch, Halder und verschiedene andere Generale, die informiert wurden, neue Ausreden parat. Wenn sie einen Putsch inszenieren würden, könnte die Westfront nicht gegen einen plötzlichen Angriff der Westmächte verteidigt werden. Deutschland bekäme wieder ein Friedensdiktat wie in Versailles, diesmal aber mit einer Dolchstoßlegende gegen die Generalität. Überhaupt habe der »Soldat im Krieg blind zu gehorchen« und »im Rennen könne man das Pferd nicht wechseln«. Neben diesen gab es auch Generale, denen das Regime verhaßt war, die aber meinten, »erst müsse der Krieg gewonnen werden, dann könnte der Saustall ausgeräumt werden«.

Um allen diesen Argumenten das Wasser abzugraben, setzte der unermüdliche, energiegeladene Josef Müller seine Sondierung fort, um den Herren Generalen eine Garantie zu verschaffen, daß die Friedensbedingungen des Vatikans weder leere Worte noch eine heimtückische Irreführung seien.

Dabei geriet »Ochsensepp« in eine bedrohliche Lage. Ein Benediktiner, Pater Keller, der von der NS-Ideologie begeistert war, war Spitzel des Sicherheitsdienstes. Einem Berliner Anwalt gegenüber, der Dohnanyi von Halder als vertrauenswürdig für gelegentliche Übermittlung von Informationen und Nachrichten empfohlen war, hatte er einige Andeutungen über Josef Müllers hochpolitische Mission am Vatikan gemacht. Wie sich schnell herausstellte, hatte der Pater nichts in Erfahrung gebracht. So war es Canaris leicht möglich, Himmler und Heydrich einzureden, daß Müller in Rom nur einen ganz gewöhnlichen Abwehrauftrag für die Sammlung von Informationen erfülle. Auf der anderen Seite geriet Müller bei Halifax in Verdacht, ein agent provocateur zu sein, nachdem an der holländischen Grenze die englischen Geheimagenten, Captain Stevens und Mr. Payne Best, dem Geheimdienst Himmlers in eine Falle gegangen waren. Müller hätte seine Bemühungen in Rom abbrechen müssen, wenn der Papst ihn nicht gegenüber Lord Halifax als unbedingt vertrauenswürdig legitimiert hätte.

Hitler hatte als Termin für die Offensive an der Westfront den 12. November 1939 bestimmt. Dagegen hatten Brauchitsch, Halder, die Armeeführer an der Westfront und die Generale der Luftwaffe, ja Göring selbst eingewandt, daß bei der Unsicherheit der Wetterverhältnisse mit beginnendem Winter ein Angriff zu riskant sei. Die Panzer würden auf verschlammtem Boden nicht zügig vorankommen, vielleicht sogar steckenbleiben, und ein gemeinsames Operieren von Heer und Luftwaffe wäre kaum möglich, der Einsatz von Stukas schon gar nicht, fügte Göring hinzu. Aber derlei militärtechnische Einwendungen ließ Hitler nicht gelten. Trotzdem trug Brauchitsch sie ihm am 5. November nochmals vor. Hitler verhöhnte ihn mit der Bemerkung, »die französische Armee sei auch nicht mit Regenschirmen für schlechtes Wetter ausgerüstet!«

Dies und was sich danach zwischen ihm und Hitler unter vier Augen abgespielt habe, erzählte mir Brauchitsch nach dem Krieg, als ich ihn im Sommer 1947 im Kriegsgefangenenlager bei Bridgend in Wales traf, wo ich das »screening« für die Repatriierung der dort gefangenen Feldmarschälle und Generale des Heeres und der Luftwaffe durchführte. Um Hitler die Offensive an der Westfront auszureden, habe er ihm gesagt, die Truppe sei nicht in der Verfassung, daß er einen Sieg garantieren könne. Der Angriff auf die Maginot-Linie erfordere einen Angriffsgeist, den die Truppe nicht habe. Es hätten sich schon Disziplinlosigkeiten bei der Truppe ereignet. Während dieser Argumentation verlor Hitler jede Beherrschung. Er kanzelte Brauchitsch und »die Generale« ab, »wie man es mit dem dümmsten Rekrut nicht tut«, sagte Brauchitsch. Daraufhin hätte er seinen Rücktritt angeboten. Aber Hitler hätte ihm dies, immer lauter schreiend, verweigert, mit unflätigen Worten über die Feigheit »seiner« Generale geschimpft, bis ihm der Atem ausging. Dann hätte er Brauchitsch stehengelassen und sei wütend aus dem Zimmer gegangen.

»Ich habe«, sagte Brauchitsch, »vor allem auch aus politischen Gründen versucht, Hitler die Offensive auszureden. Ich war überzeugt, daß der Krieg bis zum bitteren Ende ausgefochten werden müßte, wenn er erst einmal mit einer Offensive gegen Frankreich richtig in Gang gekommen war – wie der Weltkrieg! Und gerade das war es, was ich verhindern wollte: Die Katastrophe! Ich habe gehofft, Zeit zu gewinnen und daß die Politiker sich inzwischen zusammensetzen und verhandeln würden, um zu einer Verständigung zu kommen. Allerdings war ich mir damals nicht darüber klar, daß Chamberlain mit Hitler nie wieder verhandeln wollte!« Überdies hätte Brauchitsch bei seiner Auseinandersetzung mit Hitler Anfang November auch keine Ahnung davon gehabt, daß Dr. Müllers Verbindungen über den Vatikan Chancen für eine Anti-NS-Regierung eröffnet hatten, die Verhandlungen mit England in Aussicht stellten. Über solche Möglichkeiten sei er erst im Frühjahr 1940 informiert worden.

So erfuhr ich erst durch meine Gespräche mit Brauchitsch nach dem Krieg, daß es vor der Offensive gegen Frankreich nie eine Chance gegeben hat, ihn zu einem Staatsstreich zu bewegen, obwohl ich wie alle meine politischen Freunde zuversichtlich daran glaubte. Goerdeler, der fast unwiderstehlich zum Staatsstreich trieb, Popitz, der mit der Autorität seiner Person Brauchitsch ins Gewissen redete, und Beck, der erwog, in Uniform im Hauptquartier zu erscheinen, um zur Auslösung des Staatsstreiches die Befehlsgewalt Brauchitschs an sich zu reißen, waren aufrichtige uneigennützige Patrioten, aber leider Utopisten. Sie lebten alle in der Illusion, Brauchitsch und Halder würden sich weigern, den Angriff gegen den Westen zu befehlen, und dadurch den Staatsstreich auslösen.

Während wir nervös auf diesen Tag warteten, wurde ich wie alle Welt am Morgen des 9. November durch die Rundfunkmeldung überrascht, daß am Abend vorher im Münchner Bürgerbräukeller während der Gedenkfeier des im Jahre 1923 mißlungenen Hitler-Putsches ein Attentat auf Hitler versucht worden war. Es scheiterte. Bis heute ist nicht geklärt, wer hinter dem Attentäter, dem Tischler Georg Elser, stand, oder ob er es tatsächlich im Alleingang gewagt hat, die Welt von Hitler zu erlösen. Wir hatten von Anfang an die Vermutung, dieses Attentat sei von Heydrich mit Wissen Himmlers und Hitlers inszeniert worden. Hitler hatte seine Rede übereilt beendet und verließ den Raum, bevor die Höllenmaschine explodierte, die in eine Säule eingebaut war. Der Psychiater Professor de Crinis brachte seinen Freund, den SS-Führer Walter Schellenberg, sogar auf die Idee, das Attentat den kurz vorher nach Berlin verschleppten englischen Geheimagenten Stevens und Payne Best in die Schuhe zu schieben.

Nach seiner »wunderbaren Errettung durch die Vorsehung« widerrief Hitler den Befehl zum Angriff an der Westfront. Danach vertagte er die Offensive wiederholt, weil er sich den Argumenten der Generale wegen der immer ungünstigeren Wetterlage beugen mußte. Anfang Januar 1940 verschob er den Angriff auf unbestimmte Zeit, weil die Generalstabspläne für die Offensive an der Westfront durch die Notlandung eines Kurierflugzeuges der Luftwaffe bei Mechelen in Belgien in die Hände der Westmächte geraten waren. Unterdessen hatte Dr. Müller in Rom mehr erreicht, als wir uns für die Wiederherstellung und Sicherung des Friedens in Europa nach einem Zusammenbruch des Nationalsozialismus erträumt hatten.

Das Ergebnis seiner Sondierungen am Vatikan wurde in eingehenden Erörterungen zwischen Beck, Oster, Dohnanyi und Müller geprüft und schließlich von Dohnanyi in einem Bericht unter der Tarnbezeichnung »X-Bericht« zusammengefaßt. Ich habe seinen Bericht selbst nicht gelesen, aber darüber mit ihm wiederholt gesprochen. Auch noch nach seiner Verhaftung, als er im Winter 1943 in der Klinik von Professor Sauerbruch Zuflucht gefunden hatte und mich in heimlichen Zusammenkünften für eine Reise nach Rom instruierte, wo ich mit Pater Leiber die Vernichtung aller Unterlagen des »X-Berichtes« besprechen sollte. Der Bericht sagte aus, daß die britische Regierung nach Ablösung des NS-Regimes durch eine vertrauenswürdige neue Reichsregierung, solange noch keine kriegerischen Verwicklungen an der Westfront eingetreten seien, bereit sei, über die Frage der Ostgrenzen im Sinne der deutschen Interessen zu verhandeln. Der Papst hatte sich, wie zuvor bei Halifax, für Dr. Josef Müller sowie die Aufrichtigkeit des englischen Verhandlungsangebots verbürgt. In den Jahren nach dem Krieg sind über den »X-Bericht« allerlei Spekulationen in die Welt gesetzt worden, so z. B. von General Halder, der behauptete, in dem Bericht sei sogar von »Wiederherstellung der Westgrenzen von 1914 die Rede gewesen«, wie Gerhard Ritter in seinem Buch über Carl Goerdeler schreibt, oder an der Aufhebung der Verdunklung in Deutschland sollte England erkennen, daß das Regime beseitigt sei und sofort ein Waffenstillstand eingeleitet werden könnte! Derlei Gedanken und Anregungen habe ich des öfteren von Goerdeler gehört, auch in Berichten und Denkschriften von ihm gelesen, die er mir zwischen März 1942 und November 1943 zum Lesen gab, damit ich sie an Schlabrendorff und Prinz Louis Ferdinand weiterleitete. Der »X-Bericht« hat dergleichen jedoch nicht enthalten!

Der Bericht wurde lange zurückgehalten, weil die Fronde und die Honoratioren das ständige Aufschieben der Offensive gegen den Westen so auslegten, daß Brauchitsch immer mehr der Erkenntnis zuneige, daß er etwas unternehmen müsse, um die Ausweitung des Krieges zum Weltkrieg zu verhindern. Erst als im März nach dem ungewöhnlich harten und schneereichen Winter Hitler wieder auf die Offensive im Westen zu drängen begann, wurde der »X-Bericht« von General Thomas an Halder und von diesem an Brauchitsch weitergegeben. Am nächsten Tag fragte Brauchitsch Halder, von wem der Bericht stamme. Er würde den Betreffenden sofort verhaften lassen! Was in dem Bericht stehe, sei Landesverrat! »Wenn Sie einen verhaften lassen wollen, dann verhaften Sie mich«, soll Halder gesagt haben, was mir Brauchitsch im Gefangenenlager bestätigte.

An dieser Stelle sei erwähnt, was mir Brauchitsch bei unserer Aussprache über den »X-Bericht« im Lager Bridgend nach dem

Krieg erklärte: »Die ganze Sache, das müssen Sie mir als Jurist doch zugeben, war Landesverrat. Trotzdem habe ich damals nichts gegen Ihre Freunde unternommen. Selbstverständlich habe ich den Bericht gelesen, sehr genau! Aber ich konnte doch damit gar nichts anfangen. Natürlich hätte ich Hitler verhaften lassen und auch gefangensetzen können. Leicht! Ich hatte genug Offiziere, die mir treu ergeben waren und einen solchen Befehl von mir auch ausgeführt hätten. Aber das war gar nicht das Problem! Warum, sagen Sie mir doch, warum sollte ich etwas gegen Hitler unternehmen? Es wäre gegen das deutsche Volk gewesen. Seien wir doch ehrlich! Ich war damals über die Stimmung im Volk genau unterrichtet. Und ich war gut unterrichtet, durch meinen Sohn und andere. Das deutsche Volk war für Hitler . . .«

Weltweiter Krieg

Bis zum Abgang von Brauchitsch hatten wir die Illusion, daß der Oberbefehlshaber des Heeres für einen Staatsstreich gegen Hitler gewonnen werden könnte. Nachdem Hitler selbst den Oberbefehl über das Heer übernommen hatte, kam ein Staatsstreich »von oben« nicht mehr in Betracht. Dr. Goerdeler wollte nun die Führer der Heeresgruppen in Rußland – wie Beck es schon während der Sudetenkrise vorhatte – zum Aufstand überreden, wodurch Hitler zum Rücktritt gezwungen werden sollte. Dies schien möglich zu sein, da die Heeresgruppenführer nach den ersten schweren Rückschlägen vor Moskau die Strategie des Gefreiten Hitler als verhängnisvoll erkannten und heftig Kritik übten.

Mit dem ehemaligen Generalobersten von Hammerstein-Equord, unterhielt ich mich darüber im Januar 1942. Er hielt gar nichts von einem solchen Vorgehen und meinte, »daß der Marsch in die Katastrophe ganz einfach, nur durch einen Pistolenschuß auf ›ihn‹ aufgehalten werden könnte«. Er führte weiter aus, daß die Armeeführer in Rußland kein Bild der Gesamtlage wie im Ersten Weltkrieg hätten. Sie wüßten nicht, was links und rechts vor ihren Frontabschnitten vorginge, und würden von oben nach Strich und Faden belogen bzw. falsch informiert. Um ihr Gewissen zu beruhigen, glaubten sie dies. Sie hätten zwar die Möglichkeit, sich besser zu informieren, aber aus Überheblichkeit und Eifersucht würden sie sich voneinander absperren. Und wenn sie dann mal im Hauptquartier, bei einer Heeresgruppe oder sonst irgendwo zusammenträfen, kämen sie mit einem Gefolge von Stabsoffizieren, in deren Beisein eine vertrauliche Aussprache überhaupt nicht möglich wäre. Es gäbe keinen Korpsgeist mehr unter den hohen Truppenführern wie früher, wo man sich verstanden hätte, ohne viele Worte zu machen! Deshalb würde es Goerdeler auch nicht möglich sein, eine gemeinsame Aktion der Armeeführer gegen Hitler zustandezubringen.

Einer unter den Feldmarschällen wäre allerdings fähig gewesen, das zu tun, was Hammerstein schon im Herbst 1939 vorhatte, als er ein Kommando an der Westfront innehatte, nämlich »Hitler ein für allemal unschädlich machen – ohne Gerichtsverfahren!«: Feldmarschall Erwin von Witzleben. Seit der Sudetenkrise an der Seite Becks war er entschlossen, »zu handeln«.

Im Winter 1941/42 war er Oberbefehlshaber der deutschen Truppen in Frankreich. Aber Hitler war nicht zu bewegen, einen »Ausflug« nach Paris zu machen. Witzleben hatte keine moralischen Bedenken, »einen Mord« an Hitler gutzuheißen. »Ich verstehe nicht«, sagte er zu Hammerstein, »warum ausgewachsene Feldmarschälle, die jeden Tag in Rußland Tausende von Soldaten auf Hitlers Befehl sinnlos in den Tod schicken, moralische Bedenken haben, ›ihn‹ umzulegen, wenn dadurch das ganze Volk gerettet werden kann!«

Aber das Schlimme daran sei, bemerkte Hammerstein mir gegenüber, daß dies keine Heuchelei von den Herren sei. »Wenn es das wäre, kämen wir sehr schnell weiter.« Es sei etwas weit Schlimmeres. Die Herren könnten sich innerlich nicht von Hitler frei machen, nachdem sie alle von ihm fasziniert gewesen seien. Sie könnten nicht mehr den Absprung von Hitler finden, höchstens einer, Fromm, der Befehlshaber des Ersatzheeres. »Ich kenne ihn wirklich gut«, erzählte Hammerstein weiter, »er ist falsch abmarschiert. Das wird er eines Tages einsehen, wenn es zu spät ist.« Die bessere Einsicht bei Fromm setzte sich tatsächlich erst im Frühjahr 1944 durch, als er Graf Stauffenberg fragte, ob er Chef seines Stabes werden wollte. Es war zu spät! Und Fromm trug bis zur letzten Minute die Last auf beiden Schultern.

Dieses Gespräch mit Hammerstein veranlaßte mich, eine Aussprache zwischen ihm und Louis Ferdinand zu arrangieren. Es sollte dazu dienen, festzustellen, ob und wie das traditionelle Ansehen des Hauses Hohenzollern in die Waagschale geworfen werden sollte, um die hohen Truppenführer in Rußland eventuell zu einer Aktion bewegen zu können.

Wir besuchten Hammerstein an einem kalten Wintertag im Januar 1942 nach Einbruch der Dunkelheit in seinem Haus. Der General wirkte immer noch sehr rüstig und energisch, litt aber schon an einem krebsartigen Geschwür, an dem er ein Jahr später sterben sollte. Sein Haus mit Jagdtrophäen und alten Möbeln aus Familienbesitz hätte auch das Heim eines hohen Forstbeamten sein können. Es hob sich wohltuend ab von den pompösen Villen, die Hitler seinen Feldmarschällen von Speer hatte einrichten lassen.

War es nicht leichtsinnig, daß ich den Prinzen zu dem General führte, der einmal Hitlers mächtigster Gegner war? Hammerstein sagte, sein Haus würde »noch« nicht überwacht, aber sicherlich sein Telefon. Da er nie telefonieren würde, könnten diejenigen, die ihn abhörten, nur mitanhören, was seine Tochter mit ihren Freundinnen über ihre Schulaufgaben zu besprechen hatte!

Im Gegensatz zu Goerdeler, der bei Gesprächen gerne ins Dozieren verfiel, konnte Hammerstein zuhören. Was der Prinz über »die Lage«, in die das deutsche Volk von Hitler und seinen Feldmarschällen gebracht worden war, zu sagen hatte, hatte Hand und Fuß, war eine sehr realistische Darstellung und Einschätzung der globalen Kriegslage. »Man muß sich ja wirklich schämen, Deutscher zu sein«, sagte Louis Ferdinand. »Es darf nicht so weitergehen! Es muß Schluß gemacht werden! Ich möchte mir bei Ihnen Gewißheit verschaffen, ob ich als legitimer Anwärter auf den Thron irgend etwas tun kann, um, wie Sie sagen, dem Marsch in die Katastrophe ein Ende zu machen!« Hammerstein erklärte darauf, daß es keine andere Möglichkeit gäbe, »den Marsch in die Katastrophe« aufzuhalten, als sofort militärisch einzugreifen. Goerdelers Plan, »die Herren draußen« zu einer Aktion zu bringen, würde einfach an deren Mangel an Zivilcourage scheitern! »Ich nenne es Feigheit«, sagte Hammerstein zu Louis Ferdinand. »Gegen ›ihn‹ kann man nur mit der Pistole in der Hand vorgehen. Aber das ist nicht Ihre Aufgabe!«

Es war eine Aussprache von menschlichem Rang und ein Beweis dafür, daß es im preußischen Denken immer noch ethische und geistige Regungen gab, verkörpert in dem ehemaligen Oberbefehlshaber des Heeres und dem Hohenzollernprinzen, die sich in der Sorge zusammengefunden hatten, das noch abzuwenden, was später über uns hereinbrechen sollte.

Nach fast zwei Stunden machten wir uns deprimiert über unsere Ohnmacht durch die Winternacht auf den Heimweg.

Kurz darauf ließ mich Dr. Goerdeler durch Jakob Kaiser ins »Hospiz am Askanischen Platz« gegenüber dem Anhalter Bahnhof bitten. Er wohnte immer dort, wenn er in Berlin war. Wie ich erfuhr, sollte ich von Madrid aus Verbindungen nach London und Washington knüpfen, vor allem aber – durch Vermittlung des Prinzen – zu Roosevelt.

Vorstellungen, Pläne und Illusionen

Eines Tages, es war Anfang des Sommers 1942, erklärte mir Gehre, daß ich unbedingt einen »wichtigen Mann« kennenlernen müßte. Er stellte mir Fabian von Schlabrendorff, Leutnant der Reserve im Stab der Heeresgruppe Mitte, vor. Er ließ durchblicken, daß er sich von Dohnanyi, mit dem er durch Oberst Oster bekannt geworden war, ungehörig behandelt fühlte und Dohnanyi mit ihm umspringe »wie ein Staatsanwalt mit einem Referendar«. Dohnanyi war sich seines überragenden geistigen Ranges wohl bewußt und konnte in der Tat sehr kühl und abweisend sein, besonders gegenüber Generalen und ihren Stabsoffizieren, wenn diese Politik machen wollten. Das hatte Schlabrendorff zu spüren bekommen, als er Dohnanyi darum ersucht hatte, ihn mit Dr. Goerdeler bekannt zu machen. Nun bat Schlabrendorff mich, ihn mit Dr. Goerdeler zusammenzubringen.

Mit allergrößter Bereitwilligkeit ging Goerdeler sofort darauf ein, versprach er sich doch von einer direkten persönlichen Verbindung über Schlabrendorff zu Feldmarschall von Kluge, dem Oberbefehlshaber der Heeresgruppe Mitte, den Feldmarschall für sich und seine Umsturzpläne gewinnen zu können. In Schlabrendorffs Wohnung machte ich beide miteinander bekannt. Als wir uns wieder verabschiedet hatten, sagte Goerdeler zu uns, er möchte nun möglichst bald Prinz Louis Ferdinand sprechen. Danach wolle er die Feldmarschälle von Kluge und Küchler, die Befehlshaber der Heeresgruppe Mitte und Nord an der Ostfront, aufsuchen.

Zur Tarnung des Treffens mit Louis Ferdinand besuchte Dr. Goerdeler zunächst seinen Bruder Fritz, den Stadtkämmerer in Königsberg. Von dort kam er nach Braunberg, wo Louis Ferdinand und ich ihn erwarteten, um zusammen mit ihm in der Haffufer-Bimmel-

bahn nach Cadinen zu fahren. Goerdeler fand sehr schnell guten
Kontakt mit dem Prinzenpaar. Nach Tisch schilderte er ihnen in
einem wohlbedachten und breit angelegten Vortrag die katastrophale Lage Deutschlands. Er prangerte die dafür verantwortliche
Staatsführung, ihre Mißwirtschaft und politische Korruption an und
legte Motive und Ziele dar, von denen er sich moralisch getrieben
fühlte, das Regime zu stürzen, »um Recht und Anstand in Deutschland wiederherzustellen«. Kein Unterton von Schmeichelei klang
mit, als er sich zu den »Tugenden der rechtlichen, einfachen und
sauberen Staatsführung« bekannte, »durch die Preußen unter seinen Königen groß geworden ist«. Eine solche Regierungsform
müßte in Deutschland wiederhergestellt werden!
»Aber wie«, fragte Louis Ferdinand, »soll das geschehen?« Er war
sich, ebenso wie ich und die meisten meiner persönlichen Freunde
in der Verschwörung darüber klar, daß ein Tyrannenmord die
unabdingbare Voraussetzung für den Sturz Hitlers war. Auch Beck
hatte sich zu diesem Zeitpunkt schon dazu durchgerungen. Dagegen hatte aber Goerdeler noch schwerste Bedenken. Mit einem
Blick auf mich sagte er, er sei nicht der Ansicht, daß Hitler unbedingt umgebracht werden müßte. Ein Christ dürfe nur in äußerster
Notwehr töten! Eine neue deutsche Regierung dürfe sich nicht von
vornherein mit einem Mord belasten. Vielleicht würde die Notwehr
des Volkes dies eines Tages erforderlich machen und auch rechtfertigen. Aber zu diesem Mittel dürfe man erst greifen, wenn alle
Mittel sich als untauglich erwiesen hätten. »Ich bin durchaus bereit«, sagte Goerdeler, »wenn die Führer der Armee sich einmütig
hinter mich stellen, vor Hitler hinzutreten und von ihm zur Rettung
unseres Volkes und Landes den Rücktritt zu fordern. Wenn er sich
weigert, bleibt immer noch die Möglichkeit, ihn gewaltsam zu
beseitigen.«
Eine solche Meuterei gegen Hitler in Szene zu setzen, hatte Beck
schon während der Sudetenkrise im Sommer 1938 vergeblich versucht. Dies wußte Goerdeler natürlich. Aber er glaubte trotzdem
vollbringen zu können, was Beck mißlungen war, weil die katastrophale Lage der Wehrmacht inzwischen tatsächlich eingetreten war.
Die höchsten Truppenführer zu überzeugen, daß sofort gehandelt

werden müßte, sei eine Aufgabe, die jeden persönlichen Einsatz und jedes persönliche Risiko rechtfertige, sagte Goerdeler. Er sei entschlossen, die Herren in ihren Hauptquartieren aufzusuchen, um ihnen ins Gewissen zu reden. Sie könnten ihre Mitwirkung nicht versagen, wenn ihnen klargemacht würde, daß die totale Katastrophe nur noch durch einen Sturz des Regimes abgewendet werden könnte.

Louis Ferdinand erinnerte sich der Äußerung Hammersteins über die Armeeführer. Unter Hinweis darauf sagte er zu Goerdeler, daß nur wenig Hoffnung bestünde, die höchsten Truppenführer an der Front zu einer Erhebung gegen Hitler bewegen zu können. »Aber wenn wir uns nicht selbst von Hitler befreien«, sagte Louis Ferdinand, »werden die Alliierten den Krieg erbarmungslos fortsetzen, bis Deutschland total zerstört ist.« Da er selbst Flieger sei und außerdem das amerikanische Rüstungspotential kenne, könne er sich eine ziemlich genaue Vorstellung davon machen, was die amerikanischen Bomber in Deutschland anrichten könnten, wenn sie erst einmal in Großproduktion vom Fließband rollten und eingesetzt würden. »Deshalb«, gab Goerdeler spontan zur Antwort, »schlage ich vor, daß jede Stadt und jedes Dorf, die sich nach dem Umsturz zu uns bekennen wollen, als allererste Maßnahme die Verdunklung aufhebt! Die neue Regierung wird dafür sorgen, daß solche Orte überhaupt nicht mehr bombardiert werden. Das Volk wird aufatmen, wenn die Lichter wieder aufflammen!« Bei diesen Worten leuchteten Goerdelers Augen. Abends, nachdem wir ihn mit einem Kutschwagen zum Bahnhof gebracht hatten, meinte Louis Ferdinand: »Ich glaube, Goerdeler schafft es. Er ist der Mann, dem man das Schicksal des deutschen Volkes anvertrauen kann.«

Goerdelers Optimismus erwies sich als Illusion. Zunächst errang die Wehrmacht im Sommer 1942 noch einmal spektakuläre Siege. Rommel eroberte mit seinem Afrika-Korps Tobruk und drang in die Stellung von El Alamain vor. Er würde, wie Goebbels' Flüsterpropaganda verbreitete, mit der nächsten Offensive durch Ägypten und Persien weiter nach Osten vordringen, um sich irgendwo in Asien mit den Japanern zu vereinigen und die Engländer aus Asien zu vertreiben. Das wurde gern geglaubt. Im Aero-Club hörte ich, wie junge Luftwaffenoffiziere die Welt bereits neu verteilten: Ägypten für die Italiener, Indien für uns! Die Heeresgruppe Süd an der Ostfront eroberte Sewastopol, »die stärkste Festung der Welt«, drang in den Kaukasus und gegen Stalingrad vor. Aber den Einsichtigeren unter den Feldmarschällen und Generalstäblern war klar, daß dies keine kriegsentscheidenden Erfolge waren, daß man sich im zweiten Kriegswinter auf schwerste Rückschläge gefaßt machen mußte. Deshalb fand Goerdeler auch Gehör bei Feldmarschall v. Kluge, den er tatsächlich in seinem Hauptquartier in Smolensk, von Oster mit falschen Ausweisen als Kriegswirtschaftssachverständiger der Firma Bosch getarnt, aufsuchte. Er war tief beeindruckt, auch v. Tresckow, sein Stabschef, den Goerdeler bei dieser Gelegenheit erstmals persönlich kennenlernte. Goerdeler glaubte, beide für sich gewonnen zu haben, aber nur Tresckow sollte ein aufrichtiger Bundesgenosse Goerdelers bleiben. Kluge hatte, wie sich später erwies, seine Entschlossenheit zur Tat gegen Hitler nur vorgetäuscht. Feldmarschall Küchler dagegen zwar aufrichtig Goerdeler gegenüber, versagte sich ihm aber.

Um diese Zeit drängte mich Goerdeler auch auf eine Aussprache mit Gablenz, der nun als Generalluftzeugmeister eine Schlüsselstellung innehatte, die weit in die Spitze der Rüstungsindustrie hineinreichte. Er war bereit, sich zu einer Aussprache mit Goerdeler abends bei mir zu treffen, mußte aber in letzter Minute absagen, weil er an diesem Abend in einer Besprechung mit Feldmarschall Milch im Luftfahrtministerium festgehalten wurde. Für folgenden Montag lud er mich mit zwei seiner Nichten bei »Horcher« zum Abendessen ein, um bei dieser Gelegenheit eine neue Verabredung mit Goerdeler zu treffen. An diesem Tag hatte gerade ein englisches Kommando an der Atlantikküste bei Dieppe einen Stoßtrupp-Überfall gewagt und war mit einem geheimen Ortungsgerät der Luftwaffe entkommen. Hitler hatte getobt, und Gablenz wurde deshalb wiederum im Luftfahrtministerium aufgehalten. Als er endlich kam, bemerkte er: »Hoffentlich verderben mir die Engländer nicht noch mein Wochenende durch eine Invasion!« Er wollte am bevorstehenden Sonnabend im Anschluß an eine Konferenz in München auf seinen Bauernhof im Allgäu.

Auf dem Flug nach München stürzte Gablenz, der die Maschine selbst steuerte, mit seinen Begleitern tödlich ab. Die Ursache des Unfalles ist nie aufgeklärt worden. Aber es wurde geflüstert, Gablenz sei durch einen Sabotageakt an seinem Flugzeug »abgestürzt worden«. Göring ordnete eine Untersuchung an. Den Bericht der Sachverständigen und Kriminalisten bekam ich zur Einsicht, weil ich Gablenz' Nachlaß zu regeln hatte. In dem Bericht wurde festgestellt, »daß die Möglichkeit eines Sabotageaktes nicht ausgeschlossen werden könnte«. Verzweifelt sagte Goerdeler zu mir: »Dieser Mann ist für uns wirklich nicht zu ersetzen.«

Im September 1942 wurde Generalstabschef Halder von Hitler seines Postens enthoben und durch General Zeitzler ersetzt. Dieser, genannt »der Kugelblitz«, war in Hitlers Vorstellung ein General, wie er ihn sich wünschte: Als an seinem Abschnitt bei einem russischen Gegenangriff die Front ins Wanken geraten war, ging Zeitzler höchstpersönlich in die rückwärtigen Stellungen und trieb jeden, der sich da herumdrückte, an die Front. Erst im Frühjahr 1944 begriff dieser General – wie er mir im Januar 1948 in Nürnberg sagte –, »daß alles umsonst gewesen, der Krieg nicht mehr zu gewinnen war«. Als ihm diese Erkenntnis zu dämmern begann, traf er im April 1944 mit Stauffenberg zusammen und vertraute ihm – wie mir Stauffenberg kurz darauf erzählte – seine Zweifel am Sieg an. Er fing an zu trinken und wollte sich erschießen. Stauffenberg riet ihm, erst Hitler zu erschießen! Aber dazu hatte Zeitzler keine Courage. »Hätte ich es doch bloß getan«, meinte er dann später zu mir im Nürnberger »Court House« . . .

Ohnmächtig gegen Hitlers Vorsehung

Am 18. Februar 1943 verkündete Goebbels über Lautsprecher im Berliner Sportpalast den »totalen Krieg«. Am gleichen Tag verteilten die Geschwister Hans und Sophie Scholl, die der Widerstandsgruppe »Weiße Rose« angehörten, in der Münchener Universität Flugblätter gegen die sinnlose Fortsetzung des Krieges und die Herrschaft der deutschen Untermenschen! Sie wurden vom Hausmeister denunziert und vier Tage nach der Verhaftung mit ihrem Lehrer Professor Huber hingerichtet. In dem Glauben, daß ihr Tod am Galgen eine Erhebung im Volk gegen das Regime auslösen werde, sagte Sophie Scholl kurz vor ihrem Tod noch zu ihrer Mutter: »Das wird Wellen schlagen!« Aber nichts dergleichen passierte. Das Opfer der Geschwister Scholl wurde mehr oder minder gleichgültig zur Kenntnis genommen. Was mußte überhaupt geschehen, um Volk und Wehrmacht zu einer Erhebung gegen Hitler aufzurütteln?

Tatsächlich war aber die Stimmung im Volk durch die Niederlagen der Wehrmacht in Afrika und bei Stalingrad auf einen solchen Tiefstand gesunken, daß die Zeit für einen Staatsstreich gegen Hitler reif war. Aber den höchsten Truppenführern an den Fronten war weder mit militärischen noch mit politischen oder gar moralischen Argumenten beizukommen. Feldmarschall von Kluge versagte sich nach wie vor dem Drängen Tresckows, sich an die Spitze einer Erhebung gegen Hitler zu stellen. Angeblich fürchtete er, daß er bei den Soldaten und im Volk nicht verstanden werde. So entschloß sich Tresckow auf eigene Faust zu handeln. Zusammen mit Fabian von Schlabrendorff bastelte er im Hauptquartier der Heeresgruppe Mitte eine Bombe für ein Attentat auf Hitler. Unterdessen bereitete General Olbricht mit seinen Vertrauten im Allgemeinen Heeresamt unsere »Machtübernahme« durch Proklamierung eines militärischen Ausnahmezustandes im gesamten Reichsgebiet vor.

Am 13. März war Hitler auf Anregung Tresckows tatsächlich zu einem »Frontbesuch« ins Hauptquartier der Heeresgruppe Mitte nach Smolensk geflogen. Unter seinen Begleitern befand sich Oberst Brandt aus dem Führerhauptquartier. Ihm drückte Schlabrendorff vor dem Start zum Rückflug ein Päckchen in die Hand. Angeblich enthielt es zwei Flaschen Cointreau als Geschenk von Tresckow für seinen Freund General Stieff im Führerhauptquartier. Tatsächlich enthielt das Päckchen eine scharfgemachte Bombe. Aber ihre Zündung versagte, und Hitler kehrte unversehrt mit seiner Begleitung ins Führerhauptquartier zurück. (Über diesen mißglückten Attentatsversuch hat Schlabrendorff in seinem Buch »Offiziere gegen Hitler« eingehend berichtet.)

Am »Heldengedenktag« wollte Hitler im »Berliner Zeughaus« eine Ausstellung von erbeutetem Kriegsgerät und Kriegsbildern eröffnen, die von der Abteilung Ic im Stab der Heeresgruppe Mitte zusammengestellt worden war. Der Abteilungsleiter, Oberst von Gersdorff, sollte daran als »Ehrengast des Führers« teilnehmen. Tresckow appellierte an ihn, die Gelegenheit für ein Attentat zu nützen. Gersdorff war bereit, sich selbst mit Hitler in die Luft zu sprengen. Er ließ sich von Schlabrendorff den Sprengstoff geben, studierte die Details des Eröffnungsprogrammes und gesellte sich nach der Parade vor dem Zeughaus zum Gefolge Hitlers. Ein paar Schritte hinter ihm betrat er die Ausstellung. In jeder seiner Manteltaschen trug er eine scharfgemachte Bombe, deren Zeitzünder auf zehn Minuten gestellt waren. Hitlers Rundgang durch die Ausstellung sollte dreißig Minuten dauern. Aus unerfindlichen Gründen brach er diesen jedoch bereits nach acht Minuten plötzlich ab. Gersdorff hatte gerade noch Zeit, um in einer Toilette die Zünder von den Bomben zu reißen. (Über diesen Attentatsversuch hat Gersdorff in seinem Buch »Soldat im Untergang« sehr eingehend berichtet.)

Allmählich wurde es immer schwieriger, diejenigen zu beschwichtigen, die nun bereits zum zweitenmal vorgewarnt worden waren, sich für den Staatsstreich bereitzuhalten. Sie erwarteten eine Erklärung, warum nichts geschehen war. Daß aber tatsächlich Attentate versucht worden waren, konnte ihnen aber wegen der unbedingten Geheimhaltung nicht offenbart werden. Dohnanyi fiel es zu, ihnen halbwegs plausible Gründe zu geben. Wie er das bei jedem einzelnen fertigbrachte, weiß ich nicht. Leuschner sagte später empört zu Harnack, er hätte es gründlich satt, sich weiter von den Generalen an der Nase herumführen zu lassen.

Die Folgen eines eventuell gelungenen Attentats sind heute nicht abzusehen. Sicherlich war der Zeitpunkt nach den katastrophalen Niederlagen bei Stalingrad und in Tunis psychologisch richtig gewählt. Die militärische Lage Deutschlands war so, daß eine neue Reichsregierung immer noch Angebote für Waffenstillstands- und Friedensverhandlungen hätte machen könne. Diese Voraussetzungen fehlten beim Attentatsversuch am 20. Juli des folgenden Jahres. Während wir immer noch den Gedanken nachhingen, wie zwei so sorgfältig vorbereitete Attentate scheitern konnten, wurden plötzlich Dohnanyi, Dietrich Bonhoeffer und Dr. Josef Müller am 5. April verhaftet und Oberst Oster vom Dienst suspendiert.

Die Verhaftungen hatten uns in ungeheuere Erregung versetzt. Wir versuchten uns damit zu beruhigen, daß unsere Freunde in den Gefängnissen der Wehrmacht wenigstens vor Verfolgung der Gestapo sicher waren! Soweit es möglich war, kümmerte ich mich um die Verhafteten und deren Angehörige. Durch meine Tätigkeit in der Lufthansa stand ich in persönlichem, aber für die Gestapo nicht verdächtigen Kontakt mit Klaus Bonhoeffer. Es fiel mir zu, die Honoratioren und führenden Männer in den anderen zivilen Widerstandsgruppen, vor allem Jakob Kaiser, Ernst von Harnack, Josef Wirmer und Wilhelm Leuschner, laufend über den jeweiligen Stand der Ermittlungen gegen Dohnanyi zu informieren.

Allmählich mußten wir uns alle der bitteren Erkenntnis fügen, daß der Verschwörung durch die Verhaftung von Oster und Dohnanyi bereits das Kreuz gebrochen war.

Ein neuer Abschnitt eigener Aktivität in der Verschwörung sollte für mich erst wieder beginnen, als Stauffenberg im Oktober 1943 nach Berlin kam ...

Teil III
Politischer Flüchtling

Eine erschütternde Konfrontation

Als ich Madrid erreicht und mit Juan Terrasa in Lissabon telefoniert hatte, rief ich sofort Oberst Valdivia an. Er war sehr erregt über die Ereignisse in Berlin und wollte mich unbedingt noch am selben Abend sprechen. Er bat mich – wie an heißen Sommertagen in Madrid üblich – zu später Stunde in »sein« andalusisches Restaurant.

Don Luis Ruiz de Valdivia, ein Nachkomme des Entdeckers von Chile, zu dieser Zeit schon über 80 Jahre alt, war eine ganz außergewöhnliche Persönlichkeit. Von 1913 bis Ende 1929 war er Militärattaché der spanischen Botschaft in Berlin und als Repräsentant des spanischen Königs persönlich bei der kaiserlichen Familie akkreditiert. Verwitwet und kinderlos hatte er Prinz Loùis Ferdinand, der ein Patensohn Alfons XIII. war, in sein Herz geschlossen, als der Kaiserenkel sich bei der ersten Begegnung – Valdivia mußte ihm im Auftrag des spanischen Königs eine spanische Bibliothek überreichen – spanisch radebrechend als Spanien-Enthusiast geoffenbart hatte.

Durch seine Erlebnisse im Ersten Weltkrieg, den er im kaiserlichen Hauptquartier von Anfang bis Ende mitgemacht hatte, war Valdivia engagierter Pazifist geworden, was er gern und laut bekannte. Gleichwohl wurde ihm dies aber von seinen hohen und höchsten Kriegskameraden, z. B. Hindenburg, freundschaftlich nachgesehen. Von seiner Jugend an hatte Musik Valdivia mehr bedeutet als das Waffenhandwerk. In den 20er Jahren war er in Berliner Künstlerkreisen, in denen er auch durch Erich Kleiber meine spätere Frau Lucie Manén als junge Sängerin kennengelernt hatte, als der »Musikattaché« bekannt und beliebt. Als Louis Ferdinand vierzehn Jahre alt wurde, nahm Valdivia ihn mit in die Oper und machte ihn mit dem Dirigenten Leo Blech, dem letzten Königlich-Preußischen

Generalmusikdirektor und mit dem Milieu hinter der Bühne, mit dem er vertraut war, bekannt. Seitdem hatte Valdivia sich um die Weiterbildung der intellektuellen und musischen Gaben des Prinzen bemüht, ihn aus seiner rigorosen höfischen Erziehung befreit und war sein Mentor geworden.

Valdivia hatte ich kennengelernt, als Louis Ferdinand ihn mir für meine erste Dienstreise nach Madrid im März 1942 sehr ans Herz gelegt hatte. Seitdem war er mir wie einem Ziehbruder des Prinzen zugetan. Nach dem Krieg hat er meine Frau und mich noch einige Male in London besucht, einmal auf dem Weg in die USA zu einem Jubiläumskonzert des Dirigenten Szell, seines Freundes aus Berliner Tagen, der damals das berühmte Cleveland Orchester dirigierte. Bei jedem Besuch bei uns in London kam Valdivia immer wieder auf den 20. Juli 1944 zu sprechen – wehmütig über das zerschlagene Deutschland.

An jenem Abend nach meiner Flucht aus Berlin war ich etwas verspätet zu Valdivia in sein andalusisches Restaurant gekommen. Er hatte ungeduldig auf mich gewartet, war nervös und erregt. Aber wie ich gleich merken sollte, weniger wegen meiner Verspätung. Er war entsetzt und zutiefst bekümmert über das, was sich in Berlin abgespielt hatte. Von seinen Freunden im spanischen Generalstab hatte er bereits davon in allen Einzelheiten gehört, eigentlich mehr als ich selbst erlebt hatte. Was er nicht wußte, war, daß ich nach Berlin geflogen und selbst dabei gewesen war. Als ich ihm dies offenbarte, ergriff er meinen Arm: »Du lebst? – Wie hast du das gemacht?« Ich erzählte. Er hörte gespannt zu, stellte wenige Zwischenfragen, ließ zwischendurch das Essen servieren. Der alte Ober, der uns beide kannte, spitzte seine Ohren, erfaßte offenbar, über was wir sprachen. Der mißglückte Staatsstreich gegen Hitler war in diesen Tagen in Madrid in aller Munde.

Als ich geendet hatte, blickte Valdivia mit aufeinandergepreßten Lippen sekundenlang nachdenklich vor sich hin. Dann brach es jedoch geradezu mit Empörung aus ihm heraus: »Was ihr gemacht habt, war falsch und zu spät! Einen Mann wie Hitler bringt man mit dem Dolch um. Wenn einer von Euch den Mut dazu gehabt hätte, wäre das Attentat und der Staatsstreich gelungen!«

Valdivia war böse, sehr böse! Er hatte sich trotz seines hohen Alters ein fast jugendliches spanisches Temperament bewahrt. Aus diesem heraus steigerte sich nun sein Zorn. Dabei funkelte er mich durch seine dicken Brillengläser strafend an. Dann schnauzte er abermals laut und barsch: »Falsch und zu spät! – Hast du das verstanden?«

Dieser Vorwurf traf mich wie ein Faustschlag. Ich war erschöpft von den Erlebnissen der letzten Tage. Ich brachte kein Wort heraus. Valdivia ließ Portwein servieren und bot mir eine Zigarette an. Er rauchte nicht. Mit den Fingern seiner linken Hand trommelte er nervös auf dem Tisch.

Valdivia hatte die Problematik unseres gescheiterten Aufstandes gegen Hitler auf eine Formel gebracht, die mir seitdem nicht mehr aus dem Kopf gegangen ist. An jenem Abend ließ er mir auch gar keine Zeit darüber nachzudenken. Als ich aufsah, bemerkte ich, wie der Zorn aus seinen Augen wich und diese sich mit Tränen füllten. Valdivia, Träger eines der berühmtesten spanischen Namen, weinte, erschüttert über das unabwendbar gewordene Schicksal von Deutschland. Er liebte Deutschland!

Ich nahm alle meine Kraft zusammen. »Don Luis«, sagte ich, indem ich versuchte, meine Argumente anzubringen, »Stauffenberg hatte nur noch die linke Hand und an der nur noch drei heile Finger. Einen Dolch hätte er gar nicht halten können! Einen Revolver erst recht nicht! Außerdem hatte er nur noch ein Auge. Er mußte es mit der Bombe versuchen. Das war die einzige Möglichkeit für ihn!«

»Stauffenberg war ein Krüppel?« fragte Valdivia überrascht.

Die Frage tat mir weh. Es wäre mir nie, auch keinem unserer Freunde, je eingefallen zu sagen, Stauffenberg sei ein Krüppel. Er war trotz seiner gar nicht übersehbaren schweren Verwundungen, mit nur einem Auge, mit nur einer halben linken Hand, ein ungebrochener, ganzer Mann. ». . . ein Krüppel?«, hatte Valdivia gefragt. Ich mußte eingestehen, daß es so war. Aber ich konnte es nicht aussprechen. Stumm nickte ich mit dem Kopf.

»Es gab keinen anderen Offizier mit gesunden Augen und Händen? Einem Krüppel habt ihr erlaubt, das Attentat mit einer Bombe zu versuchen? – Schämt euch!«

Ich wollte Valdivia erklären, wie schwer es gewesen war, überhaupt an Hitler heranzukommen und daß es uns nicht an Männern gefehlt hatte, die bereit gewesen waren, ihr Leben zu opfern, um Hitler unschädlich zu machen. Aber Valdivia ließ mich gar nicht zu Wort kommen.

»Ich habe Generaloberst Beck«, fuhr er dazwischen, »als Du noch ein Schulbub warst, schon im Ersten Weltkrieg sehr gut kennengelernt. Das letzte Mal habe ich mit ihm im Jahre 1936 gesprochen, als unser Bürgerkrieg ausbrach. Ich war zu den Festspielen in Bayreuth. Franco beauftragte mich durch unseren Botschafter, mit Beck über unsere militärische Lage zu sprechen. Ich fuhr sofort nach Berlin und hatte eine sehr lange Unterredung mit Beck. Er war damals Euer Generalstabschef, einer, wie man ihn sich für Deutschland nur wünschen konnte: Klug, sehr gebildet, ein feiner Mensch! Aber ich verstehe nicht, daß er Stauffenberg erlaubt hat, das Attentat auszuführen. Das werde ich nie begreifen! Ich sage Dir noch einmal: Falsch und zu spät!«

Und nach einer längeren Pause: »Was willst du nun tun?« Ich antwortete, daß ich auf Juan Terrasa warte, den er als gemeinsamen Freund von Louis Ferdinand und mir schon lange Zeit sehr gut kannte. Er würde mich in Sicherheit bringen. »Bueno«, sagte Valdivia, »wenn du mich brauchst, soll er mich anrufen.« Er gab mir wieder eine Zigarette. Er liebte es, daß ich ihm still zuhörte und dabei rauchte.

»Sieh hier«, fuhr Valdivia fort und zeigte auf seinen linken Jackenaufschlag. »Hier habe ich immer das kleine Eiserne Kreuz getragen. Ich war stolz darauf. Ich trage es nicht mehr. Ich war der erste nichtdeutsche Offizier, dem es vom Kaiser damals verliehen worden ist. Es war kein Frühstücksorden. Heute tragen es viele in Madrid. Manche stecken es sich einfach an und sagen, sie hätten es von Hitler im Kampf mit der Blauen Division in Rußland bekommen. Im ersten Krieg war ich der einzige spanische Offizier, der sich das Eiserne Kreuz an der deutschen Front im Schützengraben verdient hat. Ich habe es jetzt abgelegt. Das habe ich 1918 nicht getan – trotz des schmählichen Zusammenbruchs! Aber jetzt will ich ›das‹ nicht mehr tragen. Ich habe nichts mehr gemein mit Euren militärischen

Führern. Sie bringen Deutschland zum zweiten Mal ins Unglück. Ich habe 1918 den deutschen Zusammenbruch erlebt. Was Deutschland jetzt bevorsteht, das will ich nicht mehr erleben. Es ist das Ende: Finis Germaniae! Die deutsche Armee ist die beste der Welt. Aber Eure Generale haben keine Seele. Handwerker sind sie, aber keine Menschen! So sagte Hölderlin.«

Valdivia machte nachdenklich eine Pause. Als ob er nicht sähe, daß ich rauchte, schob er mir wieder die Zigaretten hin und sagte: »Hier, rauche!« Ich spürte, wie er sich sammelte für das, was er mir noch sagen wollte. Er sprach weiter:

»Amerika hat im April 1917 Deutschland den Krieg erklärt. Darüber wurde im Großen Hauptquartier mittags bei Tisch gesprochen. Ich war still. Ich machte mir große Sorgen um Deutschland. Ludendorff forderte mich, als wir schon beim Kaffee saßen, auf, zu sagen, was ich dachte. Das tat ich dann auch und erklärte: ›Meiner Ansicht nach ist der Krieg für Deutschland nicht mehr zu gewinnen.‹ – Das schlug wie eine Bombe ein! Alle starrten mich sprachlos an. Ludendorff sagte, ich sollte meine Ansicht begründen. Ich habe den Herren dann dargelegt, daß den Ententemächten mit dem amerikanischen Kriegspotential eine riesige neue Macht von Menschen und Material zur Verfügung stünde, mit dem sie die letzte Entscheidungsschlacht gegen Deutschland ungestört gründlich vorbereiten könnten und dann auch gewinnen müßten. Keiner sagte ein Wort. Ludendorff hob die Tafel auf.«

»Am nächsten Tag«, fuhr Valdivia fort, »wurde ich vom Kaiser in sein Arbeitszimmer beordert. Als ich eintrat und mich meldete, drehte sich der Kaiser, der allein im Zimmer war und mit dem Rücken zur Tür saß, nicht, wie er es sonst stets zu meiner Begrüßung getan hatte, nach mir um. Er sagte: ›Valdivia, du hast gesagt, Deutschland verliert den Krieg?‹ – Der Kaiser duzte mich, weil er mich gerne hatte. Aber diesmal ließ er mich ungnädig wie einen Lakai an der Türe stehen. Ich sagte: ›Jawohl, Majestät!‹ – Daraufhin drehte der Kaiser sich nach mir um und sprach: ›Valdivia, ich dachte, du wärst ein Freund von Deutschland? Kann der unser Freund sein, der sagt, Deutschland verliert den

Krieg?‹ – ›Jawohl, Majestät, das sage ich, weil ich ein Freund
von Deutschland bin.‹
Der Kaiser stand auf, trat ans Fenster und blickte nachdenklich hinaus. Dann wendete er sich mir wieder zu: ›Valdivia, sage mir, wie
können die Ententemächte uns besiegen?‹ – ›Mit einer neuen starken amerikanischen Armee, Majestät‹, gab ich zur Antwort. ›Aber
wie wollen die Amerikaner eine bessere Armee als wir auf die Beine
bringen, Valdivia?‹ – ›Mit Menschen und Waffen, Majestät.‹ –
›Zugegeben, Valdivia, Menschen gibt es genug in Amerika. Ge-
wehre und Kanonen können sie dort auch machen. Aber sie haben
keinen Generalstab! Deshalb sind wir ihnen immer überlegen. Das
hast du nicht bedacht! Aber nun geh und verdirb meinen Offizieren
die Stimmung nicht wieder!‹ – Das letzte sagte der Kaiser zu meiner
Verabschiedung schon wieder etwas freundlicher und indem er mir
dabei mit einer gutgelaunten Geste drohte. Der Kaiser fühlte sich
mit seinem Generalstab tatsächlich den Amerikanern überlegen.
Diese Illusion war gefährlich für Deutschland. Deshalb mußte ich
sie zerstören. Nach der Etikette war die Audienz beendet. Ich hätte
gehen müssen. Aber ich blieb. Ich sah dem Kaiser, der keine Antwort mehr von mir erwartete, fest in die Augen und sagte: ›Majestät, den Generalstab für die neue amerikanische Armee stellen die
Franzosen!‹ – Der Kaiser war verblüfft. Er winkte mit einer leicht
unwilligen Geste ab. Ich meldete mich ab, ging hinaus, aber mit
dem sicheren Gefühl, daß der Kaiser über meine Argumente nach-
denken würde. Er war viel klüger als seine Generale.«
Ich dachte, Valdivia sei mit seiner Erzählung am Ende. Er schob
mir aber noch einmal die Zigaretten hin und sagte: »Rauche und
höre zu!«
»Weil ich gesagt hatte, Deutschland kann den Krieg nicht mehr gewinnen, bin ich von dem Tag an im Großen Hauptquartier von
Euren Generalen nur noch von der Seite angesehen worden. Sie
sind mir aus dem Weg gegangen, weil sie nicht mehr mit mir sprechen wollten. Hinter meinem Rücken haben sie wie die Waschwei-
ber über mich geflüstert. Wahrscheinlich haben sie mich zum Teufel
gewünscht. Sicher hätten sie mich gerne aus dem Großen Hauptquartier verbannt. Aber das hätte der Kaiser nicht geduldet. Ich

hatte keine schöne Zeit mehr, weil ich das böse Ende vorausgesagt hatte. Aber man wollte nicht auf mich hören.«

»Im September 1918«, erzählte Valdivia weiter, »mußte Ludendorff[10] eingestehen, daß ich recht behalten hatte, daß der Krieg für Deutschland verloren war. Ludendorff und Hindenburg überlegten, wer das dem Kaiser sagen sollte. Beide beschlossen, mich damit zu beauftragen. Ludendorff drängte mich: ›Valdivia, Sie dürfen uns in diesen schweren Stunden Ihren Freundschaftsdienst nicht versagen. Generalfeldmarschall von Hindenburg läßt Sie durch mich ausdrücklich darum bitten.‹ – Das war eine Provokation. Nun konnte ich mich nicht mehr beherrschen. Ich sagte zu Ludendorff: ›Herr Generaloberst, ich habe gewarnt, als ich die Gefahr für Deutschland erkannte. Das war im vorigen Jahr, als Amerika Deutschland den Krieg erklärt hat. Dafür bin ich damals von Ihnen, Herr Generaloberst, bei Seiner Majestät als Feigling denunziert worden! Sie haben kein Recht mehr, einen Freundschaftsdienst von mir zu fordern! Ich bin ein spanischer Offizier. Es ist Ihre eigne verdammte Pflicht und Schuldigkeit, dem Kaiser selbst die Wahrheit zu sagen! Heute und sofort!«

Valdivia erregte sich immer mehr bei der Erinnerung an diese Auseinandersetzung mit Ludendorff. Er wurde sich dessen bewußt, hielt einen Augenblick inne und sprach dann mit gedämpfter Stimme weiter, indem er seinen Zorn unterdrückte:

»Das waren die Führer Eurer Armee im ersten Krieg! Und heute sind sie nicht besser. Selbst bringen sie den Mut nicht auf, den sie jeden Tag von jedem ihrer Soldaten an der Front verlangen. Selbst wollen sie ihr Leben nicht einsetzen. Immer wollen sie zuerst ihre Haut und ihre Uniform dazu retten. Beim Zusammenbruch 1918 ist es ihnen geglückt. Damals haben sie Euren Kaiser, wie die feindliche Propaganda es wollte, zum Sündenbock gemacht. Er hat das auf sich genommen und ist nach Holland ins Exil gegangen – um seinem Volk einen letzten Dienst zu erweisen. Das war ein Opfer! Das habt ihr in Deutschland nie begriffen. Tucholsky hat das ganz richtig gesagt: ›Der Kaiser ging, die Generale blieben!‹ – Ihnen hat das Schicksal damals eine Chance gegeben, aber sie haben es nicht begriffen. Jetzt haben sie wieder nicht die Zivilcourage aufgebracht, dem verrückten Gefreiten zu widersprechen, als Deutschland, noch zu retten war. Jetzt, in der höchsten Gefahr für Deutschland denken sie alle doch nur wieder an sich. Ich habe ihre Huldigungstelegramme an Hitler und ihre Aufrufe an die Wehrmacht gelesen. – Ich verachte sie! Sie kennen euren Schiller nicht: ›Und setzt ihr nicht das Leben ein, nie wird Euch das Leben gewonnen sein!‹ – Und das gilt, das muß ich dir sagen – auch für deinen Freund Stauffenberg!«

Valdivias Worte trafen mich wie ein Schlag. Im Moment war ich wie benommen und brachte kein Wort mehr hervor. Ich war zutiefst erschüttert und traurig, daß die Tat Stauffenbergs gerade von einer so hehren, von mir verehrten Persönlichkeit wie Valdivia ohne Nachsicht auf eine beinahe unbarmherzige Art herabgesetzt werden konnte. Diese Empfindungen versanken zunächst bei mir im tiefsten Unterbewußtsein, verdrängt durch das, was mir noch bevorstand. Jahrelang habe ich mich, auch noch nach dem Krieg damit gequält, immer wieder herausgefordert durch Kritik und Schmähungen über den 20. Juli, mit denen ich konfrontiert wurde. Darüber äußere ich mich im Kapitel »Epilog«.

Der Gestapo entkommen

Juan Terrasa kam aus Lissabon mit einem Plan zurück, den er dort mit englischen Freunden in der britischen Botschaft vorbereitet hatte. Ich sollte auf geheimen Wegen nach London in Sicherheit gebracht werden. Mit meiner Zustimmung zu diesem Plan hatte ich mich arglos dem Secret Service anvertraut, konnte aber nicht ahnen, daß ich mich damit Kim Philby, dem Superagenten Stalins, ausgeliefert hatte. Er war an höchster Stelle in London für alle Geheimdienstoperationen des Secret Service auf der Iberischen Halbinsel und in Afrika zuständig. Er war es, der von seinem Schreibtisch aus bestimmte, wie ich auf der Flucht von seinen Agenten in Spanien und Portugal zu »betreuen« war.

Zur Vorbereitung meiner Flucht aus Madrid und um die spanische Geheimpolizei, die der Gestapo gefügig war, auf eine falsche Spur zu lenken, bestellte ich beim Hotelportier eine Fahrkarte 1. Klasse für den Schlafwagenzug nach Paris. »Um Gottes willen«, sagte der mir vertraute deutsche Portier. »Sie kommen durch Kriegsgebiet! Wollen Sie das? Sie kommen doch da gar nicht mehr durch! Die Alliierten stehen vor Paris!« Ich zeigte ihm meinen Sonderausweis des OKW, der mich berechtigte, mich in Frankreich, auch in militärischen Sperrgebieten, frei zu bewegen. Wie sich später herausstellen sollte, war es mir in der Tat auf diese Weise gelungen, die Gestapo auf eine falsche Fährte zu lenken. Sie suchte mich zunächst in Paris.

Am nächsten Abend fuhr ich mit dem Hoteltaxi zum Schnellzug nach Paris. Am Bahnhof nahm mir ein von Juan Terrasa bestellter Vertrauensmann als Gepäckträger meine Koffer ab, trug sie durch den Schnellzug und auf der anderen Seite wieder hinaus. Vor einem Nebenausgang wartete Juan im Wagen und brachte mich in die

Privatwohnung eines Engländers, der in Madrid für den englischen Geheimdienst arbeitete. Dieser teilte mir mit, daß ich abends bei einer zuverlässigen spanischen Familie in Sicherheit gebracht, von dort aus mit einem Auto der Botschaft nach Gibraltar gefahren und dann nach London geflogen würde.

Gerade das mußte Kim Philby, wie mir natürlich erst später klar werden sollte, verhindern. Wäre ich damals sofort nach London gebracht worden, wäre er in Gefahr geraten, als KGB-Agent entlarvt zu werden. Wenn ich in London aufgekreuzt wäre, hätte er wohl schwerlich erklären können, warum und wieso er meinen ersten Versuch, schon im März 1942 für Dr. Goerdeler über die britische Botschaft in Lissabon eine Verbindung zu Churchill herzustellen, unterdrückt hatte.

Damals war der Krieg noch keineswegs entschieden. Churchill hatte zum Überfall der Wehrmacht auf Rußland in einer Rundfunkansprache gesagt: »Ich nehme kein Wort zurück von dem, was ich gegen das kommunistische Regime gesagt habe. Aber nun steht England in einer Schicksalsgemeinschaft mit dem russischen Volk gegen die Nazis. Seiner Majestät Regierung hat nur ein Ziel: ›Die Vernichtung Hitlers und die Ausrottung des Naziregimes bis in alle seine Wurzeln.‹« Bei der Vorbereitung dieser Rede war Churchill von seinem Privatsekretär Colville gefragt worden, ob es ihm als Erz-Antikommunist nicht doch sehr schwer falle, sich nun für die Sowjets einzusetzen. »Gar nicht«, sagte Churchill. »Ich habe jetzt nur noch ein Ziel, Hitler zu vernichten. Das macht mir das Leben einfacher. Wenn Hitler in die Hölle einfallen wollte, würde ich zumindest im House of Commons ihm meine Ehrerbietung erweisen.«[11]

Im Frühjahr 1942 gab es noch keine Forderung der bedingungslosen Kapitulation. Es bleibt eine offene Frage, ob Churchill zu der Zeit nicht doch noch einer Verständigung mit dem damals von Dr. Goerdeler angeführten innerdeutschen Widerstand zugänglich gewesen wäre, wenn nach der ersten katastrophalen Niederlage der Wehrmacht 1942 in Rußland »Hitler vernichtet und das Naziregime bis in seine Wurzeln ausgerottet worden wäre«. Zu dieser Zeit war die Lage für Deutschland nach dem zweiten Kriegswinter bereits hoffnungslos. »Seit Frühjahr 1942 wußte ich, daß wir den Krieg nicht mehr gewinnen konnten.« Dies hat Generaloberst Jodl, seit 1938 als Chef des Wehrmachtführungsstabes engster militärischer Berater Hitlers, als Angeklagter vor dem Gerichtshof in Nürnberg erklärt. Dennoch hätte er »weitergearbeitet und geschwiegen, obwohl er manchmal völlig anderer Meinung gewesen und ihm der Unsinn, der ihm befohlen wurde, oft unmöglich erschienen sei.«[12] Wider besseres Wissen hat Jodl Millionen und Abermillionen deutscher Soldaten und Zivilisten in den Tod getrieben. Allein für diese Verbrechen am deutschen Volk ist er – meines Erachtens – zu Recht in Nürnberg zum Tode verurteilt und hingerichtet worden!

Von einer jungen Französin wurde ich zu der besagten »zuverlässigen spanischen Familie« gebracht. Sie bestand aus einer alleinstehenden Witwe, deren Mann, ein harmloser Republikaner, von spanischen Faschisten umgebracht worden war. Ich bekam englische und amerikanische Zeitungen, aus denen ich erfuhr, auf welche Art und Weise vor dem Volksgerichtshof in Berlin Schauprozesse veranstaltet und meine persönlichen und politischen Freunde zum Tode verurteilt wurden. In Gedanken war ich bei meinem Bruder und unseren Freunden in den Kerkern der Gestapo. Daß ich für sie keinen Finger rühren, keinerlei Hilfe der Westmächte für sie mobilisieren konnte, brachte mich schier zur Verzweiflung. Meine Ungeduld wuchs ständig, da ich nicht wußte, wann ich nach Gibraltar gebracht werden würde. Die Französin vertröstete mich von einem Besuch zum anderen, betreute mich aber mit professioneller Perfektion.
Eines Tages allerdings geriet ich in Verwirrung, als sie erschien und erklärte, »man« habe beschlossen, mein auffällig blondes Haar schwarz zu färben. Die Utensilien dafür habe sie mitgebracht. Sie mischte Tinkturen und ging zu Werke. »Deshabillez vous«, sagte sie, worauf ich ziemlich verwirrt nur noch meinen Oberkörper entblößen konnte und mir von ihr meinen blonden Haarschopf in eine schwarze Brühe tauchen ließ.
Nachdem ich so für die weitere Flucht präpariert war, wartete ich ungeduldig eine Zeitlang vergeblich auf ihren nächsten Besuch. In

der letzten Augustwoche spät abends erschien sie plötzlich wieder,
genau an dem Tag, an dem Paris befreit wurde. Vor der Tür wartete
ein Taxi, mit dem sie mich in eine elegante Madrider Wohnung
brachte. Dort sagten wir uns Adieu, um uns nie wiederzusehen.
Mein neuer Gastgeber war Franzose und erstaunlich gut über mich
informiert. Er brachte mich in seinem Gästezimmer unter und
versorgte mich persönlich mit Essen und Trinken. Früh am nächsten Morgen übergab er mich einem Angehörigen der britischen
Botschaft, der mich mit seinem Privatwagen nach Asturien und
nicht nach Gibraltar fuhr. Er setzte mich bei einem englischen
Agenten im Hafen von Vigo ab und wünschte mir »Gute Reise«
nach London, wo ich mit Spannung erwartet würde!
Ein Baske brachte mich in der Dunkelheit in ein Dörfchen am
Minho, der Grenze zwischen Spanien und Portugal. Die Nacht
schlief ich bei einem Schmied, der sein Einkommen aus dem alten
Handwerk des Schmuggels aufzubessern verstand und mir aus
meinem kleinen Handköfferchen ein Hemd stahl. Er war mit den
Grenzposten am Fluß und ihren Kontrollgängen vertraut und versprach, mich ohne Risiko über den Minho zu bringen.
Ehe es taghell wurde, hatte der Schmied mich über den Fluß
gerudert. Auf der anderen Seite erwarteten mich einige freundliche
Bauern, brachten mich in ihre Hütte, nicht weit vom Ufer, wo sie
ausgiebig mit mir frühstückten, bis eine große Limousine mit einem
Union Jack auf dem Kühler und einem CD-Schild am Heck erschien. Ein älterer portugiesischer Herr stieg aus und fragte mich
nach meiner »Legitimation«. Ich wies ihm, wie es in Madrid verabredet worden war, eine Streichholzschachtel vor, in der ein Hundert-Peseten-Schein verborgen war. Ohne weitere Umstände
wurde ich nach Lissabon in die britische Botschaft gefahren.
Dort nahm mich ein Gehilfe des Marineattachés in Empfang.
Nachdem ich mich auch bei ihm durch die Streichholzschachtel mit
dem Hundert-Peseten-Schein ausgewiesen hatte, ließ er Tee und
Kekse kommen, plauderte ein bißchen über Vorkriegserlebnisse in
Deutschland und eröffnete mir dann, daß »man« beschlossen hätte,
mich zunächst in einer einfachen Herberge außerhalb Lissabons
unterzubringen. Auf meine Frage, wann ich nach London geflogen

würde, sagte er, das würde nicht von ihm, sondern von London bestimmt. Ich hätte noch zu warten. Er rief aus dem Nebenzimmer Pedro Romero, einen etwa dreißigjährigen portugiesischen Vertrauensmann, herein und stellte mich als John Collinson vor.

Pedro war von Beruf Lehrer und, wie ich später erfuhr, ein intellektueller Kommunist, der sich im Kampf gegen den Faschismus auf der Seite der Westmächte engagiert hätte. Pedro fuhr mit mir in einem Taxi durch die Vororte aus Lissabon hinaus. Zu meiner Verwunderung ließ er auf offener Landstraße halten und bat mich, auszusteigen. Daß er den Taxifahrer, ohne zu zahlen, zurückschickte, zeigte mir, daß dieser mit im Bunde war. Ich war erfahren genug, um keine Fragen zu stellen. Stumm wanderte ich neben Pedro, der spanisch mit mir sprach, weiter über die staubige Landstraße. Er – ziemlich abgerissen – trug meinen kleinen eleganten Lederkoffer und ich – mit einem hellen Tropenanzug! Wir waren ein recht auffälliges Paar, eine wandelnde Provokation für jeden Gendarm, dachte ich. Gott sei Dank ließ sich keiner blicken!

Nach einer halben Stunde Wanderung tauchte hinter einem Rebenhügel eine kleine Ansiedlung auf. Dort in einer Herberge, einer portugiesischen »Povoa«, waren wir am Ziel. Der dicke, schmuddelige Wirt setzte uns ein Essen vor, das in Qualität und Quantität keinem der besten Lissaboner Restaurants nachstand. Pedro verabschiedete sich mit der Beteuerung, daß dies die sicherste, wenn auch nicht gerade die komfortabelste Unterkunft für mich sei. Seine kühne Behauptung – was den Komfort betraf – erwies sich als richtig. Der Wirt führte mich auf die Bitte, mir mein Zimmer zu zeigen, in seine Scheune, wo er in einer Ecke zwischen Stroh und Getreidesäcken mit Decken eine provisorische Schlafstelle für mich hergerichtet hatte. Die Vorstellungen von dem, was meine Freunde in den Kerkern der Gestapo auszustehen hatten, machten es mir leicht, mich ohne Murren auf dieses Nachtlager zu legen.

Am nächsten Tag gegen Mittag erschien Pedro und brachte mir englische Zeitungen. Außerdem waren in seiner Begleitung einige spanische Freunde. Sie hatten im Spanischen Bürgerkrieg auf republikanischer Seite gekämpft und waren nach dem Sieg Francos nach Mexiko geflohen. Von dort wurden sie mit Hilfe einer geheimen

amerikanischen Organisation nach Portugal geschleust, wo sie auf
den Sieg der Alliierten über Hitler warteten, mit dem sie sich auch
das Ende des Franco-Regimes in Spanien erhofften. Danach sollten
sie mit amerikanischer Hilfe in Spanien »eine Demokratie« errichten. Es waren meist ehemalige Offiziere von der sehr verschieden-
artigen »kommunistischen« Prägung, die der Spanische Bürgerkrieg hervorgebracht hatte. Pedro stellt mich vor als einen über
Deutschland abgeschossenen englischen Piloten – auf der Flucht
nach England. Sie bewunderten mich.
Diese Spanier verfügten, da sie mit amerikanischen Dollars finan-
ziert wurden, über sehr viel Geld. Sie feierten alle Siege der
Alliierten als ihre eigenen zur Vertreibung Francos. Mein Erscheinen war für sie ein willkommener Anlaß, mich zu feiern. Für den
Abend bestellten sie beim Wirt ein üppiges Mahl mit hervorragen-
den Weinen und ließen dafür einen großen Tisch in der Scheune
herrichten. Diesem Festessen – mir zu Ehren – konnte ich mich
natürlich nicht entziehen. Ich mußte von meinen Feindflügen gegen
Deutschland, besonders von den schweren Angriffen auf Berlin
erzählen. Den Stoff beherrschte ich. Aber ich hatte kein gutes
Gefühl dabei, mich als Münchhausen des Luftkrieges über Europa
aufzuspielen. Ich war froh, als diese acht oder zehn Spanier sich auf
den Weg machten, um irgendwo anders weiterzuzechen. Ich ahnte
nicht, daß diese Spanier mir gefährlich werden sollten.
Am nächsten Vormittag saß ich in der Scheune zwischen Getreidesäcken, die ich als Sessel zusammengestellt hatte. Ich las gerade in
einem englischen Buch, das Pedro aus der britischen Botschaft
mitgebracht hatte, als ich plötzlich Stimmen aus dem Garten durch
eine offene Scheunenluke vernahm. Tische und Stühle wurden gerückt und – es wurde deutsch gesprochen! Und das in einer Art, die
keinen Zweifel aufkommen ließ, daß es zwei Deutsche waren, die
immer noch zuversichtlich auf den Endsieg ihres Führers hofften.
Während ich angestrengt hinhörte, stand der eine auf, und seine
Schritte näherten sich der Türe im Scheunentor. Vorsichtig stand
ich auf. Ich war entschlossen, den Mann beim Eintreten niederzuschlagen. Aber er öffnete die Tür nur ein wenig und zog sie sofort
wieder hinter sich zu – dies war nicht der Ort, den er suchte.

Nachdem die beiden wieder aufgebrochen waren, erzählte mir der Wirt ganz unbekümmert, daß sie zur deutschen Gestapo gehörten, die sich in der Nachbarschaft in einer Villa eingerichtet habe und weniger politische Geschäfte als lebhaften Schmuggel aller Art von und nach Deutschland betreibe. Aber »als Engländer«, meinte der Wirt, brauchte ich mir wegen der Gestapo ja keine Sorgen zu machen! In der folgenden Nacht nahm mich Pedro mit einem Taxi zu sich nach Hause. Er bewohnte am Rande von Lissabon mit seiner Frau und den Kindern ein Häuschen.

Meine Bewegungsfreiheit war auf den Innenhof des Häuschens beschränkt. Ein Tag nach dem anderen verging, ohne daß mir Pedro aus der britischen Botschaft eine klare Antwort auf meine stete Frage bringen konnte, wann ich nun endlich nach London geflogen würde? »Man« ließ mir sagen, ich sollte die Geduld nicht verlieren und mich durch Pedro gut, besonders auch mit Zeitungslektüre versorgen lassen. Allmählich wurde mir erschreckend klar, daß niemand ein Interesse daran hatte, mich nach England zu bringen. Daß Kim Philby dahintersteckte, davon konnte ich keine Ahnung haben.

Als ich eines Abends gerade über meinen Aufzeichnungen saß, wurde plötzlich laut an die Haustür geschlagen. Ich hörte, wie Pedro öffnete und zwei Männer eindrangen. Das war für mich unverkennbar die Art, wie Geheimpolizei in Aktion tritt. Ich versteckte schnell meine Notizen zwischen Büchern und kroch – unter die Bettdecke. Ich kam mir richtig lächerlich vor! An Flucht war nicht mehr zu denken. Schon traten die beiden Geheimpolizisten zu mir ins Zimmer und forderten einen Ausweis von mir. Wie es vereinbart war, erzählte ich, daß ich RAF-Offizier sei, über Deutschland abgeschossen worden wäre und mich auf der Flucht nach England befände. Das müßte überprüft werden, sagte einer der Herren auf englisch und in freundlichem Ton. Dann bat er mich, ihm zu folgen. Vor der Haustür stand ein roter Wagen, in dem ich in ein Gefängnis gebracht wurde. Es handelte sich aber nicht einmal um eine standesgemäße Verbrecherzelle, sondern um einen Bretterverschlag zwischen mächtigen dicken Mauern! Ich war in der mittelalterlichen Festung Aljube.

Als ich auf der Holzpritsche lag und meine Lage überdachte, beruhigte ich mich langsam, vor allem, als ich mir überlegte, daß mir von den portugiesischen Behörden – wie Juan Terrassa mir versichert hatte – schlimmstenfalls eine Internierung, aber keine Auslieferung an Deutschland drohte. Nachdem ich dem Galgen Hitlers entkommen war, konnte mich der Gedanke, in Portugal interniert zu werden, nicht schrecken.

Erst nach dem Krieg habe ich in allen Einzelheiten erfahren, wie es zu meiner Verhaftung gekommen war und wie ich davor bewahrt wurde, von einem Sonderkommando der Gestapo tot oder lebendig nach Berlin geholt zu werden.

Bei der Vernehmung bestand ich auf der Legende, ich sei ein über Deutschland abgeschossener Royal-Air-Force Offizier auf der Flucht nach England. Wie es mit der britischen Botschaft für diesen Zwischenfall abgesprochen war, verlangte ich den britischen Konsul zu sprechen. Der vernehmende Geheimdienstoffizier, Captain Almeida – in Zivil – gab seinem Assistenten einen Wink. Er zog unter einem Tisch einen Koffer hervor. Es war mein Koffer. Darin befanden sich Anzüge und Wäsche, die ich in Madrid sichergestellt hatte für den Fall, daß ich in Berlin ausgebombt würde. Der Koffer war mir, ohne daß ich darum gebeten hatte, nach Lissabon nachgeschickt und bei der Durchsuchung von Pedros Haus gefunden worden. Captain Almeida ließ sich aus dem Koffer meinen Smoking reichen, wies auf das Etikett meines Wiesbadener Schneiders hin und fragte ironisch lächelnd, seit wann es bei der Royal Air Force üblich sei, mit solcher Ausrüstung Luftangriffe gegen Deutschland zu fliegen?

Ich hielt es für angebracht, nun gute Miene zu meinem entlarvten Spiel zu machen, und lachte. Der Captain hatte Sinn für Humor. Er lachte auch. Dann bat er mich ebenso höflich wie dringlich, ihm die ganze Wahrheit zu sagen. Ich offenbarte ihm meine Identität, aber nicht die ganze Wahrheit: Ich sei während des Militärputsches gegen Hitler zufällig für die Lufthansa dienstlich in Madrid gewesen, wie schon öfter vorher. Durch einen Anruf in Berlin hätte ich erfahren, daß mein Bruder und Freunde von uns, die in den Putsch verwickelt waren, verhaftet worden seien. Ich sei auch mit Graf

Stauffenberg und anderen befreundet, die nach Mißlingen des Putsches erschossen worden waren. In Spanien sei ich vor einer Auslieferung an die Gestapo nicht sicher gewesen und deshalb nach Portugal geflüchtet. Schließlich bat ich, mir politisches Asyl zu gewähren.

Captain Almeida verhielt sich sehr diskret. Er fragte mich nicht einmal, wie ich nach Portugal gekommen wäre oder wer mich bei Pedro versteckt hätte. Höflich bat er mich, das, was ich ihm erzählt hatte, wenn möglich französisch, aufzuschreiben. Er ließ mich allein in seinem Dienstzimmer und legte mir überdies Zigaretten auf den Tisch. Ich verfaßte den gewünschten Bericht und schrieb außerdem einen Brief an Präsident Salazar, von dem ich wußte, daß er als Professor der Finanzwissenschaften sehr gut mit Professor Johannes Popitz bekannt war und daß beide sich sehr schätzten. So berief ich mich auf meine politische Freundschaft zu Popitz, dessen Verhaftung Salazar inzwischen ganz sicher erfahren haben mußte, und bat den Präsidenten, meinen Antrag auf Asyl zu befürworten. Almeida las meinen Bericht, besonders sorgfältig den Brief an Salazar. Dann sah er mich prüfend an und fragte: »Sie sind doch kein Kommunist?« Meine Antwort bedürfte keiner besonderen Beteuerung, als ich antwortete, es sei reiner Zufall gewesen, daß ich bei einem Kommunisten Unterschlupf gefunden hätte. Dann aber wollte ich doch gerne wissen, wie der portugiesische Geheimdienst mir auf die Spur gekommen war. »Zufall«, sagte Almeida schmunzelnd und erzählte: Die Spanier, die mir zu Ehren in der Scheune das Essen gegeben hatten, waren übermütig geworden, hatten zuviel getrunken und sich in dem Dorf an Mädchen herangemacht. Darüber waren sie mit portugiesischen Burschen in Streit geraten, und es war zu einer Messerstecherei gekommen. Die portugiesische Fremdenpolizei hatte bis dahin beide Augen zugedrückt und die illegale Anwesenheit der Rotspanier übersehen, nicht zuletzt, weil sie unter amerikanischem Schutz standen. Aber die Messerstecherei hatte eine Untersuchung ausgelöst, durch die man Pedro Romero auf die Spur gekommen war. Bei seiner Verhaftung war ich dann tatsächlich ganz zufällig gefunden worden.

Als Almeida sich von mir verabschiedete, versicherte er mir, daß er mich nicht gerne wieder zurück ins Gefängnis schicken würde, aber ich müßte verstehen, daß dies so zu sein hätte. Es wären eben noch »einige Formalitäten« zu erledigen, bevor mir Asyl gewährt werden könnte. Aber ich sollte die Geduld nicht verlieren! Dies und die Art, wie er es sagte, gab mir die Gewißheit, daß ich bald aus dem Gefängnis entlassen und von einer Internierung verschont bleiben würde. Voller Hoffnung ging ich wieder in meinen dunklen Bretterverschlag zurück, der sich im obersten Stockwerk der alten Festung am Rande der Stadt befand. Beim Einschließen erklärte mir der Aufsichtsbeamte sein persönliches Bedauern über die Art der Unterbringung. Aber dies sei nun mal die Abteilung für politische Gefangene, allerdings eigentlich für Kommunisten bestimmt! Da ich mit Kommunisten gefangen worden wäre, würde ich bis zum Beweis des Gegenteils so behandelt werden. Als ich ihn um Streichhölzer bat, gab er sie mir – entgegen seiner Dienstvorschrift – bereitwillig und tröstete mich mit dem Hinweis, daß ich ja bald entlassen würde.

Die »Zelle« war menschenunwürdig. Kein Wasser, kein Kübel – kein Licht! Eine Pritsche, ein Strohsack voller Flöhe und Wanzen und dazu eine stinkige Decke. Zum Rasieren und Reinigen wurde ich zu ganz verschiedenen Zeiten in einen primitiven Waschraum geführt. Zweimal am Tag gab es Fischbrühe und Brot.

Nun hatte ich – nolens volens – Zeit, um Erinnerungen und Erlebnisse in der Dunkelhaft zu überdenken. Aber dann verging ein Tag nach dem anderen, ohne daß etwas geschah. Der Aufsichtsbeamte sah ab und zu nach mir, war weiterhin freundlich, aber nicht in der Lage, mir zu sagen, ob und wann ich entlassen würde. Da, fünf Tage nach meiner Vernehmung durch Captain Almeida, erschien ein anderer Gefängnisbeamter, offenbar eine höhere Charge. An der offenen Türe des Bretterverschlages, in die ich bereits zur Kontrolle der Zeit für jeden Tag mit dem Eßlöffel einen Strich eingeritzt hatte, fragte er mich nach meinem Woher und Wohin. Ich war nicht argwöhnisch, erzählte, was ich Captain Almeida gesagt hatte, und fragte, wann ich entlassen würde? Ich sollte mir keine Illusionen machen, antwortete er nur. Wahrscheinlicher wäre, daß ich nach Berlin gebracht würde, was mich, wie er mit einer dramatischen Geste demonstrierte, den Kopf kosten würde!

Wer dieser Beamte war, habe ich nie erfahren. Entweder war er ein Agent der Gestapo oder von ihr geschickt, um mich ausfindig zu machen. Denn die Gestapo wollte mich, was ich selbst erst vier Tage später in der britischen Botschaft erfuhr, nach Berlin verschleppen. Durch Agenten war bekanntgeworden, daß ich in Lissabon im Gefängnis saß. Kaltenbrunner hatte befohlen, mich tot oder lebend nach Berlin zu bringen, nachdem die portugiesische Regierung ein Auslieferungsersuchen der Reichsregierung abgelehnt hatte. Himmler und der Chef seines geheimen Auslandsnachrichtendienstes, SS-Brigadeführer Walter Schellenberg, interessierten sich für die Verbindungen, die Graf Stauffenberg zu Eisenhower angeknüpft hatte. Sie trugen sich, wie Schellenberg mir nach dem Krieg im amerikanischen Gefängnislazarett in Nürnberg sagte, schon damals mit heimlichen Gedanken und der Absicht, hinter dem Rücken von Hitler über mich Verbindungen zu den westlichen Feindmächten aufzunehmen. Natürlich wollten sie mich lieber lebend als tot in Berlin haben.

Mit meiner Verschleppung wurden ein SD-Führer, Dr. Schröder, und ein ihm zu dieser Zeit unterstellter ehemaliger Agent der Abwehr, Herr Cramer, beauftragt. Dafür standen ihnen, wie mir Herr Cramer nach dem Krieg erzählte, hunderttausend Escudos zur Verfügung. Ein korrupter Beamter im portugiesischen Innenministerium sollte meine Verlegung vom Gefängnis Aljube in ein anderes anordnen. Auf dem Weg dorthin wäre ich dann nach Berlin entführt oder umgelegt worden.

»Wir haben erstmal eine Bowle angesetzt«, erzählte mir dieser Herr Cramer in allen Einzelheiten. »Dann haben wir überlegt, wie wir uns die Sache vom Leib halten könnten. Denn wir wollten nicht mitmachen, weil wir dachten, der Krieg ginge noch vor Weihnachten zu Ende.« Deshalb seien sie ins portugiesische Innenministerium gegangen, hätten dort die hunderttausend Escudos auf den Tisch gelegt, ihren geheimen Auftrag offenbart und erklärt, daß sie ihn nicht ausführen wollten. Außerdem hätten sie gewarnt, daß ganz bestimmt eine andere Gestapogruppe versuchen würde, mich nach Berlin zu holen, sobald man bemerkte, daß er und Dr. Schröder »versagt« hätten!

Unterdessen hatte man auch in der britischen Botschaft erfahren, was die Gestapo mit mir vorhatte, und dem portugiesischen Innenminister zu verstehen gegeben, daß man dem nicht gleichgültig zusehen könne. Der Innenminister ließ die Botschaft wissen, daß er angesichts der geheimen Umtriebe gegen mich auf Dauer meine Sicherheit in Portugal nicht garantieren könne. Man sollte mich doch nach England in Sicherheit bringen! Daß mir schließlich das Leben tatsächlich gerettet wurde, verdanke ich Miß Rita Winsor. Sie kannte mich durch geheime Zusammenkünfte mit ihr und ihrem Chef. Sie vor allem hatte sich für meine Rettung vor der Gestapo eingesetzt.

Die Tage und Nächte vor meiner Befreiung aus dem Gefängnis Aljube empfand ich als die quälendsten meines Lebens. Die Art, wie der Unbekannte mir meine Auslieferung nach Berlin in Aussicht gestellt hatte, war nicht nur drastisch, sondern auch durchaus überzeugend. Ich wußte, daß die Gestapo schon einmal eine Leiche per Flugzeug von Lissabon nach Berlin geschafft hatte. In den Jahren vor dem Krieg war ich immer darauf gefaßt gewesen, wegen meiner »staatsfeindlichen Einstellung« von der Gestapo geholt und in ein KZ gesperrt zu werden. Seit ich in die Verschwörung gegen Hitler eingebunden war, war mir ganz klar, daß ich mit meiner konspirativen Aktivität meinen Kopf aufs Spiel setzte. Das hatte mich jedoch nie schrecken können. Aber nun, nachdem ich das westliche Ende Europas auf meiner Flucht erreicht hatte, wurde es mir sehr schwer, mich mit Vorstellungen vom Volksgerichtshof in Berlin vertraut zu machen.

Mir fiel ein Satz von Albert Schweitzer ein: »Sinnlosen Ereignissen ist unsere Existenz ausgeliefert und kann von ihnen in jedem Augenblick vernichtet werden.« Dies hatte für mich immer unvereinbar im Widerspruch gestanden zur Verheißung der Bibel, daß kein Sperling vom Dach fällt ohne Gottes Wille. Seit meiner Studienzeit hatte ich oft darüber nachgedacht und mir schließlich eine optimistische Synthese nach dem Vorbild Albert Schweitzers aufgebaut: Beten heißt nicht bitten und betteln um das, was im

Augenblick erstrebenswert erscheint. Für mich bedeutet es, mich Gott anzuvertrauen, mit der Hingebung »dein Wille geschehe!«
Dabei war ich keineswegs vom Glauben an eine Erlösung durch Christus durchdrungen. Seit einem frühen Jugenderlebnis, dem ersten Anblick eines Abbildes von Gott in Gestalt eines alten Mannes, fühlte ich mich dem Gott des Alten Testamentes verpflichtet und verantwortlich, nicht nur aus tiefer Ehrfurcht, sondern auch aus Furcht vor seiner Strafe. Über die Unzulänglichkeit dieses christlichen Glaubens klärte Dietrich Bonhoeffer seinen Bruder Klaus und mich einmal auf, als er sagte, daß es nicht genüge, die christliche Moral zu postulieren und zu versuchen, danach zu leben, vielmehr sollte jeder bereit sein, im Glauben an die Erlösung zu sterben.
So hatte ich auch am Morgen des letzten Tages im Gefängnis von Aljube gebetet. Da geschah plötzlich das, was ich als ein Wunder empfand. Die Türe zu meinem Bretterverschlag wurde aufgeschlossen. Neben dem Aufseher stand ein Herr, der mir erklärte, er sei gekommen, um mich in die britische Botschaft zu holen! Mein Gott, war das knapp . . .
Dort angekommen erhielt ich sogleich einen britischen Emergency Passport. Für die Nacht wurde ich bei einem englischen Ehepaar untergebracht. Am nächsten Morgen bestieg ich ein englisches Verkehrsflugzeug nach Gibraltar.
Neben mir nahm eine Freundin von Rita Winsor, Alice, die amerikanische Frau des ehemaligen britischen Botschafters Henry Hopkinson, Platz. Sie sollte mich bei der Ankunft in Gibraltar legitimieren. Aber die Landung dort wurde von der Flugsicherung wegen eines sturmartigen Windes über dem Felsen nicht erlaubt, war doch bei solch stürmischem Wetter bereits der polnische General Sikorski, Befehlshaber der polnischen Armee in England, auf der Piste von Gibraltar tödlich verunglückt. Wir flogen nach Lissabon zurück. Mein Wiedererscheinen trug mir in der britischen Botschaft den Spitznamen »Bumerang« ein. In der folgenden Nacht brachte mich Rita Winsor zum Wasserflughafen am Tejo, wo ein Clipper-Flugboot lag. Es startete noch mitten in der Nacht. Ich war auf dem Flug nach England!

Das Flugboot ging am späten Vormittag im Hafen von Pool nieder, wo mich sogleich ein Geheimdienstbeamter in Empfang nahm. Alles, was ich in den Taschen hatte, wurde in ein Kuvert getan und versiegelt. Ich bekam ein Mittagessen und mußte warten. Schließlich wurde ich einem anderen Geheimdienstbeamten übergeben, der mich per Bahn nach London brachte. Spät abends kamen wir in London am Bahnhof Waterloo an, wo mich mein Begleiter allein mit meinem Koffer im verdunkelten Bahnhof stehen ließ. Er suchte nach dem Chauffeur, der uns abholen sollte. Als er ihn nicht finden konnte, organisierte er einen Dienstwagen, mit dem wir durch das verdunkelte London zu einer außerhalb gelegenen »Repatriation School« fuhren. Wie sich herausstellte, wurden dort Angehörige der mit England verbündeten und nicht kriegführenden Staaten aus aller Welt für den Kampf gegen die Achsenmächte geschult.

Der Kommandant, ein Colonel, fragte mich freundlich, wer ich sei? Ich beharrte darauf, daß ich ihm das nicht sagen könnte, denn in der Britischen Botschaft in Lissabon war mir eingeschärft worden, niemanden, der nicht schon über mich informiert sei, meine Identität zu offenbaren. Daraufhin schickte mich der Colonel einfach wieder nach London zurück.

Eine ganze Weile fuhren wir kreuz und quer durch verdunkelte Straßen. Plötzlich hielt der Wagen vor einer dunklen Hausfront. Mein Begleiter führte mich eilig in die spärlich beleuchtete Empfangshalle des Hauses. Hinter einem abgenutzten Büroschreibtisch vor einer holzgetäfelten Wand saß lesend mit einer Zigarette im Mund ein Uniformierter. In aller Eile übergab mich mein Begleiter mitsamt meinem Koffer und dem versiegelten Kuvert, in dem sich meine Papiere befanden, diesem Soldaten und – verschwand.

Der Tommy war verblüfft, als ich auf seine Frage, wer ich sei, erklärte, das könnte ich ihm nicht sagen. Er drückte auf einen Knopf unter dem Schreibtisch. Durch eine Tür kam ein Sergeant-Major, gefolgt von einem athletisch wirkenden Corporal. Auch ihnen verweigerte ich meine Identifikation. Der Adjutant des Kommandanten wurde geholt, ein schmächtiger älterer Herr in Majorsuniform mit sehr gepflegtem Schnurrbart. Ihm gab ich ebensowenig eine Auskunft. Er öffnete das versiegelte Kuvert, besah sich den Inhalt,

stutzte beim Anblick meines deutschen Reisepasses mit Hakenkreuz, verglich dazu meinen britischen Emergency-Passport und
sagte schließlich zum Sergeant-Major: »Bringen Sie den Herrn in
das Zimmer von Captain ...« Er nannte einen Namen, den ich nicht
verstehen konnte.

Ich wurde über einen dunklen Hof geführt. Plötzlich war die Nacht
grellweiß erleuchtet wie von einer riesigen Magnesiumfackel. Darauf folgte eine Detonation, gewaltiger als alles, was ich bei Luftangriffen erlebt hatte. »Das war eine V 2«, sagte der Sergeant-Major,
»nicht weit von hier. Wir haben Glück gehabt!« Wieder im Dunkel,
gelangten wir über den Hof und eine Treppe hinunter durch eine
Kellertüre in einen Wachraum mit Soldaten. Einer von ihnen riß
eine Türe auf. Sie führte zu einem weißgekalkten, hellerleuchteten
Korridor mit einer Reihe schwerer brauner Holztüren. Ein Gefängnis!

»Wo bin ich hier?« fragte ich. »Hier werden keine Fragen beant-
wortet«, sagte trocken der Sergeant-Major und überließ mich
einem Wärter mit Schlüsseln. Die Zelle, in die er mich einschloß,
war ordentlich, peinlich sauber, das Feldbett bequem. In einer
Ecke stand ein Stuhl mit Armlehnen, aber es war ein Gefängnis!

Spät am Vormittag des nächsten Tages erschien ein Major vom
Intelligence Service, der mir mitteilte, ich wäre »leider« wegen
eines Mißverständnisses in das Gefängnis gesperrt worden. Die
telegraphische Information über mich aus Lissabon sei falsch gelau-
fen. Ich hätte in ein Internierungslager gebracht werden sollen. Als
er mich darauf dorthin führte, brauchte ich dazu nur eine Treppe
mit ihm hochzusteigen. Das Internierungslager bestand aus den
Räumen des Hauses über dem Gefängniskeller. Ich war in der
»Oratory School« von Chelsea, die als Camp 001 zur Überprüfung
von feindlichen und zweifelhaften Ausländern diente, hauptsächlich für Deutsche und Italiener.

Ich wurde in einem Gemeinschaftssaal mit einem Dutzend anderen
Deutschen untergebracht. Wie sich gesprächsweise herausstellte,
glaubten einige von ihnen immer noch an den Endsieg des Führers!
Die ersten beiden Wochen kümmerte sich niemand um mich. Ich
war nicht unglücklich mit meiner jetzigen Lage, hatte aber wenig

Hoffnung, vor Ende des Krieges aus diesem Lager herauszu-
kommen.

Bei meiner ersten Vernehmung, auf die ich seit meiner Einlieferung
ins Internierungslager ganze vierzehn Tage warten mußte, saß ich
einem jungen Intelligence-Captain gegenüber. Da ich ihm über Ablauf und Hintergründe des Putsches der Generale berichten sollte,
schlug ich vor, dies in einem ausführlichen Bericht schriftlich zu tun,
einschließlich der gewünschten Daten über meinen politischen Le-
benslauf. Ich bat, mir dafür Papier und eine Schreibmaschine zur
Verfügung zu stellen. Das sei ihm sehr recht, meinte der Captain.
Aber einige Fragen müßte ich ihm persönlich beantworten, vor
allem, seit wann ich Mitglied der Nazi-Partei sei?

»Ich dachte, Sie wüßten über mich Bescheid«, entgegnete ich ihm
daraufhin in ungehaltenem Ton. Er hielt mich offenbar für einen
Nazi-Renegaten! Er wüßte schon, wer ich sei, sagte der Captain,
aber trotzdem müßte ich seine Fragen beantworten! Nun machte
ich meinem aufgestauten Ärger Luft: »Ich verstehe gar nicht,
warum man mich nach England geholt hat. Ihre Fragen hätte ich
auch in Lissabon beantworten können. Ich hatte gehofft, hier in
England noch etwas gegen das NS-Regime tun zu können, statt
dessen werde ich eingesperrt!« Er reagierte bissig: »Sie sind nach
England gekommen, um Ihr Leben zu retten. Was wollen Sie
eigentlich mehr?« Damit sei für mich die Vernehmung beendet,
entgegnete ich, stand auf und ging hinaus. In diesem Moment war
ich überzeugt, daß ich keine Chance mehr hatte, vor Kriegsende aus
der Internierung entlassen zu werden.

Allmählich fand ich mich mit meiner Lage ab. Im Internierungslager war ich gut versorgt, vor allem auch mit Zeitungen und
Rundfunknachrichten über den Fortgang des Krieges, dessen Ende
unmittelbar bevorzustehen schien. Diese Vorstellung erleichterte
mir den Aufenthalt im Lager ein wenig. Sehr viel weniger leicht
erträglich war für mich, daß ich keine Möglichkeit bekam, die durch
alliierte Kriegspropaganda erstandene Vorstellung vom sogenannten »Putsch der Generale« richtigzustellen.

Unter falschem Namen

Als ich mich schon damit abgefunden hatte, das Ende des Krieges in dem Londoner Internierungslager abwarten zu müssen, kam die Wende. An einem trüben Novembertag holte mich ein Corporal aus dem Gemeinschaftsraum und führte mich in ein Vernehmungszimmer, wo mich ein korpulenter Herr in Zivil erwartete. Er begrüßte mich in perfektem Deutsch und sehr freundlich. Seine Art zu sprechen strafte seine etwas bohemienhafte Aufmachung Lügen. Er beglückwünschte mich, daß ich der Gestapo entkommen sei, und fragte, wie ich das nur fertiggebracht hätte. Ich erzählte meine Geschichte. Er stellte Zwischenfragen, die mir klarmachten, daß er sehr genau über mich informiert war. Ob ich Flugkapitän Baur kenne? Er habe als Reporter des Daily Express mit ihm und Hitler einen Wahlkampfflug durch Deutschland gemacht. Er stellte sich vor: Er war Sefton Delmer. Er erzählte, daß er mit besonderen Rundfunkaufgaben betraut sei und ich ihm dabei nützliche Hilfe leisten könnte. Näheres wollte er mir aber erst sagen, wenn ich wirklich entschlossen sei, ohne Skrupel in der Rundfunkpropaganda zu arbeiten. Ich war der Meinung, er spräche von der BBC, und sah nun die lange vergeblich erhoffte Chance, über den Äther »Deutschland und der Welt zu sagen, was wir mit dem Aufstand gegen Hitler gewollt hatten und woran wir gescheitert waren«. Aus diesem Grund und in dieser Annahme stellte ich mich Delmer sogleich bedingungslos zur Verfügung.

Wiederum vergingen Wochen, in denen nichts passierte. Schon fühlte ich mich von Delmer hinters Licht geführt, da passierte es. Es war Anfang Dezember 1944, während einige Unverbesserliche im Lager gerade die Ardennenoffensive feierten. Ein Corporal holte mich zum Adjutanten des Lagerkommandanten, wo ich plötzlich

einem sehr eleganten Captain gegenüberstand. Er ließ mir vom
Schreiber eine Identity Card auf den Namen Oskar Jürgens ausstel-
len und bat mich, meine Sachen zu packen. In einem vor dem Tore
wartenden Militär-PKW, an dessen Steuer eine nicht mehr ganz
junge Dame in Uniform saß, fuhren wir aus London heraus, weiter
auf der Great Northern Road. In einem kleinen Ort machten wir
eine Teepause und hielten am Abend dieses naßkalten Dezember-
tages vor einem Eisengittertor. Dahinter öffnete sich die Türe zu
einem Wachraum. Durch den Lichtspalt in der Verdunklung erkannte ich Uniformierte und Maschinenpistolen, deren Läufe an
der Wand glänzten.

Einer der Uniformierten kam an den Wagen, identifizierte mit
sicherem Blick die Insassen, öffnete das Tor und ließ uns passieren.
Nach kurzer Fahrt hielt der Wagen wieder vor einem völlig abgedunkelten Gebäude. Ein Mädchen in Uniform kam, bat mich
auszusteigen, den Captain und die Fahrerin aber, im Wagen zu
warten. Ganz wohl war mir nicht zumute. Das Mädchen führte mich
durch einen abgedunkelten Eingang in einen grellerleuchteten Flur
bis zu einer Tür, über der eine rote Lampe brannte.

Auf ihr Klopfen hörte ich »come in!« Sie öffnete und ließ mich allein
ins Zimmer treten. Hinter einem großen Schreibtisch mit Telefo-
nen, Sprechanlage und vielen Papieren saß – Sefton Delmer. Er
entschuldigte sich, daß ich noch so lange im Internierungslager auf
meine Befreiung hätte warten müssen, aber er sei im Hauptquartier
der Alliierten in Frankreich gewesen und dort aufgehalten worden.
Meine Begrüßung als neuen Mitarbeiter habe er keinem anderen
überlassen wollen.

Dann erklärte er mir, daß ich mich nun beim Soldatensender Calais
befände, den er leite. Ich war verblüfft. Den Soldatensender hatte
ich in Deutschland fast täglich gehört, wußte durch die Informationen der Abwehr, daß er in England stand und von sehr vielen
deutschen Soldaten gehört wurde.

Delmer entschuldigte sich, daß er wenig Zeit habe, aber er sei
gerade mit der Abendsendung beschäftigt. Man würde mich nun in
das Haus bringen, wo er wohne, und alles weitere wolle er am
nächsten Morgen beim Frühstück mit mir besprechen. Er hoffe, es

würde mir bei ihnen gefallen, und ich würde einige mir sicherlich sehr sympathische Menschen kennenlernen, müßte mich aber zur allerstrengsten Geheimhaltung meiner Identität und all dessen, was ich beim Soldatensender höre und sehe, verpflichten. Ich unterschrieb eine Geheimhaltungsverpflichtung.

Dann wurde ich durch die dunkle Nacht in ein Dorf zu einem abseits auf einem Hügel gelegenen Landhaus´ gebracht. Dort wurde ich Delmers Haushälterin Mrs. Maddy übergeben. Sie wies mir in einer Wohnbaracke neben dem Haus im Garten ein Zimmer zu und führte mich dann ins Wohnzimmer. Vor dem Kamin saß ein hagerer Mann mittleren Alters mit Monokel. Er stellte sich als Mr. Halkett vor. Später offenbarte er mir, daß er früher von Fritsch hieß und ein Vetter des gleichnamigen Oberbefehlshabers des deutschen Heeres war, von dem meine Freunde und ich uns einst eine Aktion gegen Hitler erhofft hatten.

Halkett war Gegner des Nationalsozialismus und aus Deutschland ausgewandert, und hatte in England den Namen seiner schottischen Großmutter angenommen. Hier war er durch ein Buch über Hitler »The Dear Monster« bekannt geworden. Während er belanglose Konversation mit mir machte, spürte ich deutlich, daß er mich sehr eindringlich musterte. Unterdessen trat ein katholischer Priester in kurzem schwarzem Rock mit Vollbart und feingeränderter Brille ins Zimmer. Er reichte mir die Hand und sagte: »I am the Father.« Ich muß ihn ziemlich verwundert ob dieser Art von Vorstellung angesehen haben, denn er sagte darauf: »Yes, just like that.« »Christus der König« nannte sich der Geheimsender, über den er Deutschland und die Welt über die Verbrechen Hitlers und seiner Clique aufklärte.

Die Entstehungsgeschichte und den Betrieb der »schwarzen« Propaganda mit dem Soldatensender Calais hat Sefton Delmer in seinem Buch »Die Deutschen und ich« ausführlich dargestellt. Seine Art von Technik, die Wehrmacht zu zersetzen – dies wurde von seinen Rivalen, der BBC, der »weißen« englischen Kriegspropaganda auch Delmer-Zirkus genannt – habe ich von Weihnachten 1944 bis Mitte April 1945 in seiner Endphase in höchster Vollendung, aber eigentlich doch nur am Rande, miterlebt. Und dies nicht ohne

bittere Enttäuschung. Denn ich selbst durfte, was mir bald scho-
nend beigebracht wurde, nicht über den Soldatensender sprechen.
Was ich mir von England immer wieder gewünscht und erhofft
hatte, nämlich »der Welt zu sagen, was wir gewollt hatten und
woran wir gescheitert waren«, erwies sich als Illusion, eine der
bittersten Enttäuschungen, die ich je erfahren mußte.
Nach dem Krieg allerdings war in der organisierten Hetze gegen
mich immer wieder der Vorwurf enthalten, daß ich in dem als »Soldatensender« getarnten »Feindsender« gesprochen hätte. Diese
Möglichkeit war mir aber sehr zu meinem Leidwesen versagt geblieben. Sir Robert Bruce Lockart, Chef aller Propagandaaktivitäten
im Foreign Office, hatte, was ich nicht wußte, angeordnet, daß ich
keinesfalls über einen Sender nach Deutschland sprechen dürfe. Ich
persönlich hätte keine moralischen Hemmungen gehabt, meinen
Kampf gegen Hitler durch Rundfunkansprachen fortzusetzen,
gleich von welcher Stelle außerhalb Deutschlands. Sah ich doch
darin nur eine geographische Änderung meines Standortes, aber
keinen Abfall von moralischen Grundsätzen, denen ich mich in
Deutschland im Kampf gegen Hitler verpflichtet gefühlt hatte.
Zur Einführung in den Betrieb des Soldatensenders Calais übergab
mich Delmer seinem Assistenten Clifton Child, einem Philologen
und Historiker, dem Sammlung, Auswertung und Verwertung der
Nachrichten oblag, die der »schwarzen« Propaganda aus Deutschland und der Welt von alliierten Agenten und Nachrichtendiensten
zugeleitet wurden. Child nahm mich mit in die meist von Delmer
selbst geleiteten täglichen Pressekonferenzen, in denen das Sende-
programm besprochen wurde. Es wurden mir Fragen gestellt, auf
die ich nicht ganz unbefangen antworten konnte, war es doch das
erste Mal, daß ich vor einem Kreis mir nicht bekannter Menschen
offen meine Meinung sagen sollte. Seit 1933 hatte ich mich nur mit
vertrauten Freunden heimlich politisch aussprechen können.
Man begegnete mir mit Argwohn. Einmal, weil ich keinem offenbarte, wer ich war und woher ich kam. Dann, weil jemand das
Gerücht aufbrachte, ich sei ein übergelaufener SS-Führer, wie
jener später in der Bundesrepublik berüchtigt gewordene SS-Ober-
sturmführer Zech-Nenntwich, der damals unter Delmers Aufsicht

etwas abseits vom Soldatensender Calais über einen geheimen Kurzwellensender die SS gegen Hitler aufzuputschen versuchte. Der Verdacht, wie mir später die Schriftstellerin Joe Lederer, die beim Soldatensender an einem Programm für die deutschen Frauen mitwirkte, erklärte, hätte schon wegen meines teutonischen Aussehens bestanden.

Es gab beim Soldatensender eine Reihe ehemaliger Offiziere und Soldaten der Wehrmacht, die aus moralischer Überzeugung an der Zersetzung der Wehrmacht mitarbeiteten. In mir vermutete man einen abgefallenen SS-Führer, nicht zuletzt auch deshalb, weil ich meine schwarzgefärbten Haare wieder entfärben hatte lassen – eine groteske Veränderung meines Haarschopfes in eine farbenschillernde Palette. Nur einmal machte ich den Versuch, meine Herkunft anzudeuten, als ich dem Freiherrn von Guttenberg, damals Sprecher am Soldatensender, später Staatssekretär im Bonner Bundeskanzleramt, anvertraute, daß ich mit seinem hingerichteten Erbonkel Ludwig Guttenberg, Herausgeber der Weißen Blätter, befreundet gewesen war.

Immer stärker befremdete es mich, daß zwar mein Rat zur Aufklärung einzelner Fragen und Probleme gefragt war, ich aber keine Gelegenheit bekommen sollte, eine eigene Initiative zu entfalten und über den Soldatensender zu sprechen. Ich war enttäuscht, denn nur deshalb hatte ich mich bereitwillig zur Verfügung gestellt. Zuerst gab ich Child einen Entwurf für eine Ansprache, mit der ich nun endlich unter meinem Namen das deutsche Volk und die Wehrmacht über die Hintergründe und das Scheitern unserer Erhebung gegen Hitler aufklären wollte. Ich mußte mich belehren lassen, daß für solche offene Propaganda die BBC allein zuständig sei, daß ich aber über den Sender der BBC nicht sprechen dürfe, weil ich nun bei der geheimen »schwarzen« Propaganda sei. Erst Anfang des neuen Jahres erwähnte Delmer, es bestünde eine strikte Weisung der englischen Regierung, daß er mich nicht über den Soldatensender sprechen lassen dürfe.

Eisenhower hatte beim Vorrücken der Alliierten in Deutschland verkünden lassen, die Zivilbevölkerung solle zum eigenen Schutz und um jeden Vormarsch der Alliierten nicht zu behindern, in ihren

Häusern bleiben. Auf Veranlassung Churchills mußte Delmer, nachdem der Soldatensender auf die Sender Köln und Frankfurt umgeschaltet war, angebliche Gauleiter-Befehle verkünden, mit denen die Zivilbevölkerung aufgefordert wurde, mit Sack und Pack, Karren, Fahrrädern und Kinderwagen auf die Straßen zu gehen. Das sollte die Widerstandskraft der Wehrmacht schwächen. Auf meinen Protest hin erinnerte mich Delmer nicht ohne Berechtigung daran, daß die Wehrmachtsführung im Frühjahr 1940 beim Überfall auf Frankreich die Zivilbevölkerung auf die gleiche Art mit Hilfe des Senders Saarbrücken auf die Landstraßen getrieben hatte, um die französische Verteidigung durcheinanderzubringen. Goebbels hatte es den Alliierten vorgemacht!

Nachdem mir klargemacht worden war, daß ich über den Soldatensender Calais nicht im Namen der Opfer des Widerstandes sprechen durfte, hoffte ich bis zum bitteren Ende auf irgendeine Regung der immer noch bestehenden innerdeutschen Opposition. Vergeblich! In der Nacht zum 14. April 1945, als Berlin schon von sowjetischen Armeen eingeschlossen war, wurde die Tätigkeit des Soldatensenders Calais eingestellt. Nun blieb mir nur noch übrig, dem Todeskampf Deutschlands aus der Ferne zuzusehen.

Unterdessen war Delmer mit einem Stab seiner Mitarbeiter nach London gegangen, um sich für seine neue Aufgabe, den Wiederaufbau von Presse und Rundfunk in der britischen Besatzungszone, vorzubereiten, und ließ mich allein in der Betreuung seiner bewährten Haushälterin Mrs. Maddy zurück. Über mich, erklärte er mir, hätten höhere Stellen in London zu bestimmen. Aber er hoffe, ich würde ihm nach Hamburg folgen.

Indessen konnte ich mir aus Berichten der englischen Presse und der BBC sehr konkrete Vorstellungen machen von dem, was in Deutschland vor sich ging. Besser als jeder Deutsche in Deutschland, wo ein Überblick nach dem Zusammenbruch aller Verkehrs- und Nachrichtenverbindungen gar nicht möglich war. Aber ich konnte nichts über das Schicksal meiner Angehörigen und Freunde in Erfahrung bringen und nicht, wie jeder Kriegsgefangene, nach Hause schreiben. Immer wieder kreisten meine Gedanken zwischen Hochgefühlen, daß dies brutale Regime endlich sein verdientes Ende gefunden hatte, und der deprimierenden Vorstellung, was daheim nun die Unschuldigen mit den Schuldigen zu leiden hatten. Anfang Juli 1945 rief Commander Donald McLachlan an und bat mich zu einer Besprechung nach London zu kommen. Ich hatte ihn als Delmers Freund und Stellvertreter beim Soldatensender Calais kennengelernt, aber jeden Kontakt mit ihm verloren, weil er als Verbindungsoffizier zu Eisenhower meist in Frankreich gewesen war. Er bestätigte mir, daß ich »beinahe« vergessen worden sei, und informierte mich, daß im Bush-House in London, wo auch die deutsche Abteilung der BBC residierte, unter seiner Leitung eine »German-Austrian Division« des Foreign Office eingerichtet worden sei, mit der Aufgabe, in den britisch besetzten Zonen von Deutschland und Österreich die für die »Umerziehung« nötigen geistigen Initiativen vorzubereiten. Dabei sollte ich mitarbeiten, bis höhere Stellen entschieden hätten, ob ich Delmer nach Hamburg folgen sollte.

In England war in diesen Tagen ein heftiger Wahlkampf entbrannt. Er sollte mir den Stoff für eine Broschüre »Möglichkeiten und Grenzen der Demokratie« liefern, nachdem Churchill vom höchsten Gipfel des Ruhmes heruntergestoßen wurde, weil er sich im Wahlkampf demagogisch überschlagen hatte, als er die Engländer davor warnte, Labour zu wählen. Als Grund hatte er angegeben, die Sozialisten könnten nicht ohne politische Polizei regieren und würden ein Gestaporegime errichten. Seine Wahlniederlage war ein demokratischer Akt par excellence gewesen. Trotz seiner Machtfülle und seines Ruhmes hatte er nach dem Willen des englischen Volkes seinen Platz räumen müssen.

Meine Broschüre zu diesem Thema wurde aber nicht gedruckt. Donald McLachlan, der schon am Wahltag um 10 Uhr morgens zu mir gesagt hatte, »unser Land wir rot«, legte sein Amt nieder, und ein hochdekorierter Offizier, der mich nicht kannte und nichts von mir wußte, wurde an seinen Schreibtisch gesetzt. Er ließ mich auf höhere Weisung im Sinne des Auftrages von McLachlan gewähren. Mein Vorhaben war, eine »Deutsche Wochenschrift für Kultur und Politik« herauszubringen. Als Rudolf Pechel davon hörte, schlug er mir eine Zusammenarbeit für den Wiederaufbau seiner »Deutschen

Rundschau« vor. Ich war begeistert, weil ich Pechel verehrte. Da machte uns die Militärregierung einen Strich durch unsere Rechnung. Irgend jemandem schien es nicht zu passen, daß Pechel sich so stark für den 20. Juli und seine Opfer einsetzte. Es war die erste Zeit nach dem Krieg, in der der innerdeutsche Widerstand gegen Hitler von den alliierten Militärregierungen totgeschwiegen wurde.

Somit blieb mir nur, mich mit der Auswahl von englischen Büchern über Politik und Geschichte für deutsche Übersetzungen zu befassen.

Eines Tages wurde ich vom Informationsministerium aufgefordert, Filmaufnahmen von der Befreiung des Konzentrationslagers Belsen in einer nichtöffentlichen Vorstellung mit Journalisten anzusehen. Sie wollten hinterher meine Meinung dazu hören. Nach der Vorführung war ich nicht fähig, ein Wort zu sagen. Der Name Belsen war mir überhaupt nicht bekannt, ich hatte nur von Buchenwald und anderen Lagern gehört. Die Filmaufnahmen waren ein schwerer Schock für mich. Sie machten mir zum ersten Mal mit drastischer Anschaulichkeit klar, was sich in den Konzentrationslagern abgespielt hatte. Langsam schämte ich mich, als Deutscher unter Engländern zu leben. Ich wollte nach Hause.

Da mir mein deutscher Reisepaß bei der Internierung abgenommen worden war, mußte ich nun erstmal meine Identität nachweisen. Es dauerte Wochen, bis ich einen Geburtsschein aus meiner Heimatstadt Marburg in der amerikanischen Zone bekam. Dann wiederum fast ein halbes Jahr, bis mir als politischem Flüchtling ein Nansen-Paß ausgestellt wurde. Jetzt war ich endlich wieder ich selbst.

Meine Eltern lebten in Wiesbaden. Dorthin wollte ich. Aber ich erhielt keine Einreiseerlaubnis der amerikanischen Militärregierung. Deutschen Zivilpersonen im Ausland wurde zu dieser Zeit von den Amerikanern grundsätzlich keine Einreise gestattet. Ein englischer Beamter machte mir den Vorschlag, ich sollte mich als Kriegsgefangener repatriieren lassen. Das kam für mich nicht in Frage. Warum sollte ich mich noch nachträglich zur Wehrmacht bekennen?

Da erhielt ich auf Veranlassung von McLachlan einen Auftrag, der mich besonders interessierte. Ich sollte zum Statut des Internationalen Militärgerichtshofs für die Aburteilung der Hauptkriegsverbrecher in Nürnberg einen Kommentar schreiben. Völlig abwegig ist die heute in der Bundesrepublik häufig geäußerte Ansicht, die von alliierten Gerichten verurteilten Verbrecher hätten von deutschen Richtern nach deutschem Recht verurteilt werden müssen. Das deutsche Volk hatte keinen eigenen Beitrag zu seiner Befreiung geleistet und dadurch, d. h. nicht durch die bedingungslose Kapitulation, das Recht verwirkt, sich zum Richter über ihre einst so sehr bejubelte Führerschaft aufzuwerfen. Durch die deutsche Wiederbewaffnung sind dann die Urteile der alliierten Militärgerichte allerdings ad absurdum geführt worden und deshalb auch nicht als Recht in das Bewußtsein des deutschen Volkes eingedrungen. So rumoren sie als Unrecht im Unterbewußtsein des deutschen Volkes bis auf den heutigen Tag weiter.

Für ebenso abwegig halte ich das Statut des Internationalen Militärgerichtshofs, nach dem die Kriegsverbrecher abgeurteilt worden sind. Das hatte ich in meinem Kommentar zum Statut auch eindeutig zum Ausdruck gebracht. Der internationalen Rechtsentwicklung wäre weit mehr gedient worden, wenn die Kriegsverbrecher nach dem durchaus dafür geeigneten deutschen Strafrecht, unter besonderer Berücksichtigung der von der Nazijustiz eingeführten Strafverschärfung für »besonders schwere Fälle«, unter Hinzuziehung von renommierten Juristen aus neutralen Staaten – der Schweiz und Schweden – abgeurteilt worden wären. Ich habe nie erfahren, was aus meinem Kommentar zu diesem Statut geworden ist.

Anfang 1946 gelang es mir, als Reporter in englischer Uniform, die eigentlich nur eine Verkleidung war, nach Wiesbaden zu meinen Eltern zu kommen. Außerdem bekam ich auch Gelegenheit, einen Tag in Nürnberg einer Verhandlung im Gerichtsverfahren gegen die Hauptkriegsverbrecher beizuwohnen.

Die Gerichtsszene zu meinen Füßen machte sehr viel weniger Eindruck auf mich, als ich mir vorgestellt hatte. Da saßen nun die Männer, deren Verderben ich so oft herbeigesehnt hatte. Aber was konnte dieser Prozeß an den Menschen und Völkern, die von diesen

Kriegsverbrechern gemartert, gemordet oder sonstwie zugrundege-
richtet worden waren, wiedergutmachen?

Auf meiner Reise in die amerikanisch besetzte Zone war mir eine
Einreise in die französische Zone zunächst verwehrt worden. Als
Deutscher, der aus dem Ausland komme, dürfe ich die französische
Zone nur in Begleitung eines französischen Offiziers besuchen.
Dazu wurde mir von deutschen Freunden, die sich im Widerstand
bewährt hatten, gesagt, die Franzosen hätten in ihrer Zone einiges
zu verbergen. Sie seien der Auffassung, ich käme als Journalist, um
in der englischen Presse darüber zu berichten.

Während meines Deutschlandaufenthalts hatte ich die Gelegenheit, den alten Bischof Wurm aufzusuchen. Ich kannte ihn nicht
persönlich, konnte mich aber mit der Berufung auf Dietrich Bonhoeffer leicht bei ihm einführen. Im Kampf der evangelischen
Christen gegen das NS-Regime hatte er seinen Mann gestanden,
mit nicht weniger Zivilcourage sich zur Verantwortung des deutschen Volkes für die von Deutschen begangenen Verbrechen bekannt und kürzlich seine Stimme erhoben, um die Besatzungsmächte zu warnen, daß ihre Politik der Vergeltung am deutschen
Volk Grenzen haben müsse.

Auf den ersten Blick wirkte der alte Bischof sehr gebrechlich. Das
täuschte. Sobald er mit ruhiger, fester Stimme zu sprechen begann,
hatte ich das Gefühl, einen alten Weisen vor mir zu haben. Auf
meine Frage bestätigte er, daß farbige französische Soldaten beim
Einmarsch in Stuttgart Frauen vergewaltigt hätten. Aber dafür
hätte sich ein französischer General am nächsten Tag bei ihm ent-
schuldigt mit der Entschuldigung, Frankreich sei auf den Einsatz
farbiger Soldaten angewiesen. Am Ende eines langen Lebens, sagte
der Bischof, hätte er nun erkennen müssen, daß die ganze Christen-
heit durch den Krieg verdorben sei. Er könne nur inständig mah-
nen. Er erwarte sich allerdings mehr von einem Appell an die Vernunft der Sieger als von einem Versuch, ihnen in ihr verhärtetes Gewissen zu reden. Das sollten wir auch in England tun. Wenn die
Westmächte sich nicht zu einer konstruktiven Politik in Deutschland durchringen könnten, wären die Folgen für alle unabsehbar.
Ich kam mit der Erkenntnis nach London zurück, daß Deutschland

wieder – wie zur Zeit Goethes – nur noch ein geographischer Begriff
war und es auf lange Zeit bleiben würde. Leonard Ingrams, ein
Bankier, dem die Auflösung der für die Kriegspropaganda zuständigen Ämter oblag, ließ sich bei einem Whisky von mir sehr ausführlich über meine Erlebnisse und Eindrücke in Deutschland
berichten. Er legte mir nahe, einen Bericht für die englische Regierung zu verfassen, schränkte allerdings sofort ein, daß ich damit
wahrscheinlich gar nichts verändern könnte, denn die englische
Regierung hätte genug Sorgen, um mit ihren Problemen in der britischen Besatzungszone fertig zu werden. Nichtsdestotrotz schrieb
ich einen ausführlichen Bericht. Leonard Ingrams fand ihn »ganz
bedeutsam« und gab ihn an Ernest Bevin weiter. Auch diesmal
habe ich nie erfahren, was aus ihm geworden ist. Ganz sicher habe
ich mich mit diesem Bericht nicht gerade beliebt gemacht. Er
enthielt eine scharfe Polemik gegen die Demontage im britisch
besetzten Ruhrgebiet und den Vorwurf, daß eine Arbeiter-Regie-
rung in London die deutschen Arbeiter durch die Demontage er-
werbslos machen wolle.

Zwischen Siegern und Besiegten

Die Labour-Regierung hatte ein »Control Office for Germany and Austria«, genannt COGA, eingerichtet. In seinen Händen lag neben der politischen Steuerung der britischen Militärregierungen in Deutschland und Österreich die Betreuung der deutschen Kriegsgefangenen in England. Es versorgte die Kriegsgefangenen mit Büchern, Zeitschriften, Zeitungen und Vorträgen, um sie über das Regime, für das sie gekämpft hatten, aufzuklären, vor allem aber auch, um ihnen Anschauungsunterricht über Wesen und Funktionieren der englischen Demokratie und damit Anregung für einen demokratischen Wiederaufbau in Deutschland zu bieten. Unter Leitung von Colonel Henry Faulk, einem hochqualifizierten Philologen, wurden deutsche Emigranten, meist Akademiker und deutschsprechende Engländer, die mit deutscher Lebensart vertraut waren, zu Vorträgen in die Lager geschickt.

Ein riesiger Stab von Mitarbeitern hatte in regelmäßigen Abständen die Lager zu überprüfen, d. h. festzustellen, wie die Kriegsgefangenen, kurz POWs genannt, versorgt waren, durch offene Gespräche ihre Stimmung und ihre Beschwerden zu erkunden und darüber COGA zu berichten. Neben diesen Lagerinspizienten wurden vom Frühjahr 1946 an besondere Teams mit der Aufgabe betraut, die Lager politisch zu sieben, indem jeder einzelne POW politisch durchleuchtet und entsprechend seiner Einstellung als Anti-Nazi, politisch Indifferenter oder Nazi in die Kategorie A, B oder C eingestuft wurde. Ein aktiver Anti-Nazi kam in die Kategorie A, ein unverbesserlicher Nazi in die Kategorie C.

Eine Art politische Hochschule für POWs errichteten die Engländer im Lager Wilton Park bei Beaconsfield, eine Autostunde nordwestlich von London. Dieses »Training Centre« war – wie

General Strong bei der Eröffnung sagte – »ein neuartiger Versuch, eine Brücke zu schlagen zwischen Siegern und Besiegten«. Es wurde von Dr. Heinz Koeppler, einem Oxford-Dozenten deutscher Herkunft, geleitet. Das Lehrerkollegium bestand aus fünfzehn englischen Akademikern. Von London kamen namhafte Politiker und Schriftsteller, um vor den deutschen POWs Vorträge zu halten. Der Unterricht war nach dem englischen Vorbild der »Residential Colleges«, ähnlich wie in deutschen Internaten, aufgebaut, die Teilnahme beschränkt. Es konnte nur etwa ein Prozent der etwa vierhunderttausend POWs berücksichtigt werden. Die Bewerber wurden nach ihrer potentiellen Eignung für den demokratischen Wiederaufbau in Deutschland ausgewählt.

Die Betreuung der deutschen Kriegsgefangenen in England war insgesamt gesehen ein großherziger Versuch der britischen Regierung, der Demokratie in Deutschland mit einem beträchtlichen Aufwand von Personal und Kosten auf die Beine zu helfen. Deshalb habe ich auch nicht gezögert, mitzuarbeiten, als ich dazu aufgefordert wurde.

Zunächst wertete ich die Berichte aus, die von den Lagerinspizienten bei der zuständigen Hauptabteilung des COGA im Londoner Bush-House eingingen. Oft fuhr ich auch selbst in dieses oder jenes Lager, um zu inspizieren und zu kategorisieren, vor allem aber auch, um Vorträge zu halten.

So hatte ich die Möglichkeit, in Wilton Park und anderen Lagern zu den Kriegsgefangenen über den 20. Juli zu sprechen und mit ihnen über den innerdeutschen Widerstand zu diskutieren. Dabei erwies sich, daß vor allem die Jungen, die im Dritten Reich aufgewachsen waren, von der Erhebung gegen Hitler am 20. Juli 1944 nur vage Vorstellungen hatten, aber begierig waren, von mir darüber mehr zu erfahren.

Als eine besondere Aufgabe wurde mir angetragen, das Lager No. 11 bei Bridgend in Süd-Wales zu betreuen, in dem fast 200 ehemalige deutsche Feldmarschälle, Generale, Admirale und hohe SS-Führer gefangengehalten wurden. Ich verschob daraufhin meinen Plan, mich durch den Besuch von Vorlesungen an der Londoner School of Economics im englischen Recht zu vertiefen. Ausschlaggebend war für mich die Vorstellung, daß meine Betreuung des Lagers Bridgend die einzigartige Chance bot, die brennende Frage zu klären, warum unsere höchsten militärischen Führer Hitler bis zum bitteren Ende gehorcht hatten, obwohl sie ihn spätestens durch das große Morden am 30. Juni 1934 als Verbrecher erkannt haben mußten.

Als deutscher Lagerleiter innerhalb des Stacheldrahtes fungierte Georg von Seidel, ehemaliger Generalquartiermeister der Luftwaffe, der mich vom Aero-Club her kannte. Mit vielen der Lagerinsassen hatte ich gemeinsame Bekannte. Von manchen wußte ich durch Vertraute im Widerstand, daß sie Gegner des Regimes gewesen, aber als solche auch nach dem 20. Juli nicht erkannt worden waren. So bildete sich sehr bald ein Kreis von ehemaligen Generalen, die sich völlig offen mit mir aussprachen und es verstanden, daß immer mehr Männer, die mir mißtrauten, Vertrauen zu mir faßten. Rundstedt wurde ganz aufgeschlossen, nachdem ich durchgesetzt hatte, daß sein Sohn repatriiert wurde. Er war von Beruf Bibliothekar und als Student in Freiburg bei einer Verbindung gewesen, die in bewußter Opposition zu schlagenden Verbindungen einen Regenschirm zu ihrem Symbol erkoren hatte. Da er abseits von jeder NS-Ideologie stand und zudem ständig unter schweren Halsschmerzen litt, wurde er sehr schnell nach Deutschland entlassen. Leider starb er kurz danach an Halskrebs. Seine Witwe schrieb mir einen bewegenden Brief.

In einer ersten Besprechung mit Herrn von Seidel hatte ich klargestellt, daß ich mit der Absicht gekommen sei, im Interesse der historischen Aufklärung, Material für ein Buch über Militarismus und Nationalsozialismus zu sammeln. Auf meine Anregung hin oder auch aus eigener Initiative übergaben mir eine ganze Reihe unserer ehemaligen Heerführer ausführliche Aufzeichnungen zu meinen Fragen. Eine Gruppe von sieben Generalen setzte sich mit mir in Seminarsitzungen zusammen, um in offener Aussprache Ursache und Verantwortung der Katastrophe zu diskutieren. Dabei machte ich mir sehr ausführliche Notizen.

Bei den Diskussionen wurde mir manches klar, was viele meiner damaligen Gesprächspartner heute nicht mehr wahrhaben wollen.

Damals waren mir Feldmarschälle und Generale dankbar, daß ich versuchte, ihre »Gleichberechtigung mit den Landsern« zu verwirklichen, um die sie so lange verzweifelt mit dem britischen Kriegsministerium gerungen hatten. Das haben die meisten nach ihrer Entlassung allerdings sehr schnell vergessen. Nur wenige sind mir in Dank dafür verbunden geblieben, daß ich mich damals um ihre ganz persönlichen und familiären Anliegen gekümmert habe.

Nachdem ich bis Herbst 1947 fast ständig zwischen London und Kriegsgefangenlagern hin- und hergereist war, dabei zwar Land und Leute kennengelernt, aber mit dem Brückenschlagen zwischen Siegern und Besiegten nur den einfachsten Lebensunterhalt verdiente, fand ich es an der Zeit, an meine Zukunft zu denken und mich wieder ausschließlich meiner juristischen Tätigkeit zu widmen.

In der Rechtsabteilung von COGA hatte ich meinen früheren BGB-Lehrer von der Frankfurter Universität, Dr. Dr. Ernst Cohn, wieder getroffen. Er war seinerzeit der jüngste und bestqualifizierte Privatdozent in Deutschland gewesen, von NS-Studenten schwer angepöbelt worden und 1934 nach London ausgewandert, weil er seine letzten Vorlesungen in Breslau nur unter polizeilichem Schutz halten konnte. Er war qualifizierter Barrister, als Spezialist im deutschen Privatrecht Berater des British Foreign Office, und schlug mir vor, mit ihm zusammen anwaltlich zusammenzuarbeiten. Gerne ging ich auf diesen Vorschlag ein.

Nachdem mir als politischem Flüchtling ein Nansen-Paß ausgehändigt war, konnte ich wieder unter meinem Namen auftreten. Dadurch kam auch meine Tätigkeit im Widerstand an die Öffentlichkeit. Schnell wurde mir klar, wie befangen ich vorher im Umgang mit Engländern und vor allem gegenüber deutschen Emigranten gewesen war. Stets hatte ich zu befürchten, man könnte mich, wie beim Soldatensender, für einen Nazi-Renegaten halten. Nun war es mir leicht, unter den recht zahlreichen Menschen, mit denen ich durch meine Tätigkeit bei COGA und der BBC oder gesellschaftlich zusammenkam, Freundschaften mit Engländern und Deutschen zu schließen. Jetzt fing ich an, mich in London wohl zu fühlen.

Deshalb fiel es mir auch nicht schwer, Vorschläge zur Mitarbeit für die britische Militärregierung in Deutschland abzulehnen, zumal ich mich mit ihr aufgrund meiner Erfahrungen mit der französischen Besatzungsmacht im Rheinland Ende der Zwanziger Jahre während meiner Schulzeit in Wiesbaden nicht identifizieren konnte und wollte. Anfang Juli 1946 suchte mich Major Lancashire auf und brachte mir Grüße von Jakob Kaiser aús Berlin. Er ließ mir sagen, ich sollte nach Berlin zurückkommen und beim Wiederaufbau mithelfen. Mir war klar, daß man in Berlin unter dem stets härter werdenden Druck der sowjetischen Besatzung auf lange Zeit keine eigene Politik treiben konnte. Deshalb sagte ich Jakob Kaiser ab. Kurz darauf lud mich ein Colonel Smith von der britischen Militärregierung in Hamburg zum Lunch in ein Soho-Restaurant ein. Er hatte den Auftrag, mir eine Schlüsselstellung für den Aufbau der Presse in Hamburg anzutragen. Es war nicht einmal eine Versuchung für mich, bei der britischen Militärregierung Controller für die Papierzuteilung an das gesamte Druckereigewerbe zu werden. Das interessierte mich nun überhaupt nicht.

Allmählich begann ich, mich in London sogar heimisch zu fühlen, nicht zuletzt deshalb, weil ich dort diè Sängerin Lucie Manén kennengelernt hatte, die später meine Frau werden sollte. Sie war 1934 mit Fritz Busch an die Oper Glyndebourne gekommen, schließlich nach Gastspielreisen durch die Schweiz, Österreich und die Tschechoslowakei wegen ihrer nichtarischen Abstammung in London geblieben. Bei unserer ersten Unterhaltung stellten wir fest, daß sie seit ihrer Jugend in Berlin mit dem Kreis meiner Freunde dort vertraut gewesen war und mit einer Schwester meines Freundes Justus Delbrück zusammen das Privatgymnasium Dr. Auerbach besucht hatte. Sie lebte schon lange mit ihrer Tochter Gisela in Hampstead in einem Flat, das ein Stück Kultur des alten Berliner-Westens verkörperte und mich immer wieder zu Gesprächen über die unter den Trümmern Berlins begrabene Vergangenheit anregte. Bei Kriegsausbruch war ihr als »Enemy Alien« – wie 1936 an der Oper in Leipzig von Goebbels wegen ihrer sog. nichtarischen Abstammung – die Arbeitserlaubnis entzogen worden. Der geschäftstüchtige Operndirektor hatte jedoch durchgesetzt, daß sie

unter einem englischen Pseudonym in Hoffmanns Erzählungen
auftreten durfte, weil sie die drei weiblichen Hauptrollen in dieser
Oper singen konnte und der Oper zwei Gagen einsparte.

Es war nie meine Absicht gewesen, mein Leben in England zu be-
schließen. Ich war dorthin nicht ausgewandert, sondern als politischer Flüchtling nach London verschlagen worden. Indessen hatte
ich an der Art englischer Anwaltstätigkeit Gefallen gefunden und
trug mich mit dem Gedanken, noch eine gute Weile in London zu
bleiben, um mir von dort aus eine internationale Anwaltspraxis aufzubauen. Ich fing an, dafür meine Kollegen in den Hauptstädten
der westlichen Welt zu gewinnen, mit denen ich als Syndikus der
Lufthansa zusammengearbeitet hatte. Das wäre von Deutschland
aus wegen der Zensur und anderen Beschränkungen durch die Militärregierungen damals noch nicht möglich gewesen. Vom britischen
Home Office erhielt ich die Zulassung als freiberuflich tätiger
»Berater für Deutsches und Internationales Recht«. Mit mehr oder
weniger großen Einkünften hätte ich ein angenehmes Leben führen
können, wenn mich nicht die Frage gequält hätte, warum die deutsche Katastrophe so gekommen und nicht abzuwenden gewesen
war.

Darauf hatte ich von unseren höchsten militärischen Führern keine
eindeutige Antwort bekommen, obwohl sie in Bridgend in ihrer
tiefsten Erniedrigung mit mir wie mit einem Beichtvater gesprochen hatten. Allerdings: keiner der Feldmarschälle hatte sich zu
einer Verantwortung bekennen wollen. Die einst glorreichsten unter ihnen, Brauchitsch, Rundstedt und Manstein, hatten mir nach-
zuweisen versucht – wie später Halder in seiner Schrift »Hitler als
Feldherr«–, daß der Krieg hätte gewonnen werden können, wenn
Hitler ihnen nur die militärische Führung überlassen hätte.

Über diese Probleme hatte ich anhand meiner Notizen, die ich mir
im Lager Bridgend gemacht hatte, oft in einsamen Stunden gebrü-
tet, um sie für ein Buch zu verarbeiten. Da erinnerte sich Sir Robert
Bruce Lockhart an mich. Er war Staatssekretär im Foreign Office
und Generaldirektor der Politischen Kriegführung gewesen. Er
hatte seinerzeit veranlaßt, daß ich aus der Internierung entlassen
und beim Soldatensender »versteckt« wurde, damit ich mich in

ländlicher Umgebung erholen konnte. Ein ungewöhnlicher Beweis seiner Sympathie für mich, wegen meiner Mitwirkung am 20. Juli. Er lud mich zum Lunch in seinen Club ein. Dort erwartete er mich mit einem seiner engsten englischen Freunde, dem Oxforder Historiker John Wheeler-Bennett, der mir als Autor des Buches über Hindenburg »The Wooden Titan« bekannt war.[13] Er interessierte sich brennend für die Verschwörung gegen Hitler und den Ablauf der Ereignisse am 20. Juli im OKW in Berlin. Er hatte sich von 1928 bis kurz nach der Machtübernahme zum Teil in der Lüneburger Heide, wo er Pferde züchtete, und teils in Berlin aufgehalten, um die politische Entwicklung in Deutschland zu studieren. Vor der Machtübernahme hatte er führende politische Persönlichkeiten wie General von Schleicher, Reichskanzler von Papen, und auch Brüning kennengelernt, mit dem er sich anfreundete und dann auch zur Flucht nach Holland verhalf. Aufgrund dieser intimen Kenntnisse deutscher Politik hatte er das Buch »The Wooden Titan« publiziert.

Nach einigen informatorischen Gesprächen stellte ich John Wheeler-Bennett mein gesamtes Archivmaterial zur Verfügung, insbesondere auch meine Notizen, die ich seinerzeit von Berlin nach Madrid in Sicherheit gebracht hatte. Im Verlauf von zwei Jahren besprachen wir sehr eingehend alle die uns beide bewegenden Probleme und Fragen über die politische Entwicklung in Deutschland, die zur Machtübernahme, schließlich zum Krieg und dann zum 20. Juli geführt hatten. Bald waren wir Freunde. Und John Wheeler-Bennett, unter Freunden »Jack« genannt, hat sich bis zu seinem Tod im Dezember 1975 als mein treuester englischer Freund erwiesen. Unsere Zusammenarbeit hat ihren Niederschlag in seinem 1953 publizierten Buch »The Nemesis of Power« mit dem Untertitel »The German Army in Politics 1918–1945« gefunden. In Deutschland erschien es im Droste Verlag mit dem Titel »Nemesis der Macht«.

Eine besondere Gelegenheit zum historischen Studium der Entstehung und Entwicklung des Zweiten Weltkrieges wurde mir im Herbst 1948 geboten, als Brigadier Shappcott, Leiter der Rechtsabteilung der britischen Armee, mir antrug, als Berater für deutsches

Recht und als Dolmetscher im Prozeß gegen die Feldmarschälle von Rundstedt, von Brauchitsch und von Manstein mitzuwirken.

Ich hatte keinerlei patriotische oder gar moralische Hemmungen, den Auftrag anzunehmen. Fühlte ich mich doch keineswegs den deutschen Generalen verpflichtet, sondern einer übernationalen christlichen Ethik, mit der es durchaus in Einklang steht, daß Menschen, die mit Völkermorden die Welt erobern wollten und fürchterliches Unheil angerichtet haben, vor Gericht gestellt und abgeurteilt werden. Dazu hielt ich mich durch den Erwerb der Fähigkeit zum Richteramt, den Sprachkenntnissen und der bereits mit John Wheeler-Bennett getätigten Forschungen durchaus für qualifiziert.

Als einziger Angeklagter blieb Manstein übrig. Brauchitsch war gestorben, Rundstedt wurde wegen Krankheit für nicht verhandlungsfähig erklärt. Um mich mit der Prozeßmaterie vertraut zu machen, studierte ich an Hand der mir in London in den Büchereien und Archiven der englischen Streitkräfte zugänglichen Bücher, Schriften und Dokumente, wie Manstein während des Krieges operiert hatte. Darüber schrieb ich ein Memorandum »Die Feldzüge des Feldmarschalls von Manstein im Osten«. Dieses Memorandum wollte die Anklage als Prozeßgrundlage verwenden, holte aber dazu die Billigung von Manstein ein. Es war eine unerwartete Genugtuung für mich, als Manstein mein Memorandum über seine Feldzüge im Osten mit Ausnahme von zwei geographischen Berichtigungen als sachlich richtig anerkannte, so daß meine Darstellung als eine Informationsgrundlage für die Beweiserhebung benutzt werden könnte. Nicht im Traum hatte ich mir vorgestellt, daß mein Stück Generalstabsarbeit ausgerechnet von dem angeblich genialsten Feldmarschall der Wehrmacht gebilligt werden würde. Deshalb wurde mein Memorandum nach dem Prozeß auch in der britischen Armeezeitung Army Quarterly abgedruckt.

Der Prozeß fand erst im August 1949 statt, im Verlauf dessen ich mir aber dann den Zorn all derer zuzog, die in Manstein den genialen Feldherrn sahen.

Ein Hauptthema der Beweisaufnahme war die Frage, ob und inwieweit Manstein für die in seinen Befehlsbereichen begangenen

Morde an Juden, Zigeunern und Krimtschaken verantwortlich war. Manstein beharrte auf der Behauptung, daß er erst nach dem Kriege in der Gefangenschaft von dem Völkermorden an Juden und anderen erfahren habe. Elwyn Jones, nachmaliger Lord Chancellor – damals Vertreter der Anklage – ließ mich mit einem Band des Kriegstagebuches der 11. Armee in den Gerichtssaal rufen, eine bestimmte Seite aufschlagen und Manstein eine von Elwyn Jones näher bezeichnete Seite vorlesen. Sie lautete: »Es kommt ein neuer Oberbefehlshaber. Er ist ein Herr und etwas schwierig. Aber man kann offen mit ihm reden.«

Die folgenden Zeilen waren überklebt. Elwyn Jones forderte Manstein auf, die überklebten Worte auf dem von mir gegen das Licht gehaltene Blatt zu lesen. Sie lauteten: »Der Oberbefehlshaber wünscht nicht, daß Offiziere bei der Erschießung von Juden zusehen. Das ist eines deutschen Offiziers nicht würdig.«

Manstein vermochte nicht zu erklären, wieso diese Sätze überklebt worden waren, mußte aber zugeben, daß er das Kriegstagebuch regelmäßig unterschrieben hatte.

Dadurch hatte sich Manstein selbst widerlegt und war deshalb vor seinen Richtern völlig unglaubwürdig geworden. In seinem Buch »Verlorene Siege« gab er dies allerdings nicht zu, sondern behauptete, unter dem Klebestreifen hätten nur die vorstehend zitierten Sätze gestanden, »er sei ein Herr und etwas schwierig, aber man könne offen mit ihm reden«. Was unter dem Klebestreifen zu lesen war, hat er in seinem Buch unterschlagen.

Weihnachten 1949 habe ich mit Lucie Manén Hochzeit gefeiert. Inzwischen war die Bundesrepublik gegründet und Theodor Heuss ihr erster Präsident geworden. Wir schickten ihm eine Hochzeitsanzeige. Ich hatte ihn schon vor dem Krieg kennengelernt und meine Frau war mit der Familie Heuss schon seit ihrer frühen Jugend freundschaftlich verbunden. Ihr Vater, Dr. Ferdinand Mainzer, hatte sich im Ersten Weltkrieg mit dem Bruder des Bundespräsidenten in Frankreich angefreundet. Nachdem Theodor Heuss und Elli Heuss-Knapp als Gegner des NS-Regimes ihren Beruf nicht mehr ausüben durften, hatte Lucie Manén für Elli

Heuss-Knapp Werbeschallplatten besungen, um aus deren Erlös die Familie Heuss zu unterstützen.

Theodor Heuss hatte nun brieflich mit meiner Frau die Verbindung zur Familie Mainzer wieder aufgenommen, da ihm die Erinnerung an seine Freundschaft mit dem inzwischen verstorbenen Vater meiner Frau besonders teuer war. Mich lud Heuss dann ein, ihn in seinem provisorischen Amtssitz »Victorshöhe« in Bad Godesberg zu besuchen, um mit mir gemeinsam »über eine Betätigungsmöglichkeit für mich beim Aufbau der Bundesrepublik zu sprechen«.

Unter solchen Voraussetzungen war mein erstes Gespräch mit dem Bundespräsidenten sehr familiärer Art. Da er glaubte, daß ich in London viel mehr hören würde als er selbst in Bonn, stellte er mir eine Reihe von Fragen. Vor allem interessierte ihn, ob die Bundesrepublik wieder eine Armee bekäme. Die Aufstellung einer Art Hilfstruppe der Besatzungsmächte sah ich für eine Möglichkeit an. Spontan fragte Heuss: »Was werde ich dann da? Oberbefehlshaber?« Diese Vorstellung amüsierte ihn. Das würde eine seltsame Aliteration, meinte ich, Hindenburg – Hitler – Heuss! H. – H. – H.! Er mußte lachen.

Auf seine direkte Frage entgegnete ich' ihm, daß ich mich am liebsten auf dem Gebiet zwischenstaatlicher Beziehungen betätigen würde. Ich schlug vor, nach englischem Vorbild ein »Institut für internationale Angelegenheiten« wie Chatham House in London aufzubauen, das sollte die Grundlage für ein neues Auswärtiges Amt werden. Heuss war sehr angetan von dieser Idee, denn als ehemaliger Dozent an der Berliner Hochschule für Politik kannte er Chatham House. Er verabschiedete mich mit der Bitte, ihm möglichst bald meine Personalunterlagen zukommen zu lassen.

Im Februar 1950 hatte ich als Anwalt in Deutschland zu tun. Als ich im Bundespräsidialamt anrief, teilte mir Protokollchef von Herwarth mit, meine Unterlagen seien vom Bundespräsidenten befürwortet und an Staatsrat Haas weitergeleitet worden. Haas war ein ehemaliger Ribbentrop-Diplomat, der von Dr. Adenauer mit den Vorarbeiten für den Aufbau eines neuen Auswärtigen Amtes betraut worden war. Als ich ihn sprechen wollte, ließ er sich – was ich erst später erfuhr – verleugnen. Sein Vertreter, Melchers, ebenfalls ehemaliger Diplomat bei Ribbentrop, redete um den Brei und sagte nur, der Organisationsplan für das neue Amt sei noch nicht fertig. Ich würde in London benachrichtigt werden.

Tatsächlich schrieb mir dann Staatsrat Haas: »Ihre Unterlagen liegen obenauf.« Aber dies war eine Irreführung. Durch einen Freund, der in Bonn sehr gute Verbindungen hatte, erfuhr ich, daß der Verteidiger v. Weizsäckers, Dr. Becker, mit anderen Diplomaten aus der Hitlerzeit meine Verwendung im neuen Auswärtigen Amt verhindern wollte, weil ich mich in Nürnberg nicht für die Verteidigung v. Weizsäckers eingesetzt hatte. Die Cliquenwirtschaft der ehemaligen Ribbentrop-Diplomaten beim Aufbau des neuen Auswärtigen Amtes gelangte erst im September 1951 durch einen Artikel in der Frankfurter Rundschau an die Öffentlichkeit. Der Bundestag setzte einen Untersuchungsausschuß ein, der zwar bemängelte, daß meine Verwendung nicht in Betracht gezogen worden war, aber dabei blieb es.

Da es mir widerstrebte, mich in Bonn durch eine Intervention des Bundespräsidenten aufzudrängen, ging ich nun weiterhin meiner anwaltlichen Tätigkeit in London nach. Völlig überraschend wurde mir dann im Oktober 1950 angetragen, die kommissarische Leitung des Bundesamtes für Verfassungsschutz zu übernehmen. Anfang Dezember, nach einer Besprechung mit dem damaligen Bundesinnenminister Dr. Robert Lehr, erklärte ich mich dazu bereit. Damit begann für mich ein neuer Lebensabschnitt, dessen Darstellung aber nicht zum Thema paßt und einer besonderen Publikation vorbehalten bleibt.

Teil IV
Epilog

Seitdem mich in Madrid mein väterlicher Freund, der alte spanische Oberst Valdivia, nach meiner Flucht aus Berlin mit seinem »Falsch und zu spät« abgekanzelt hatte, habe ich immer wieder über das verhängnisvolle Schicksal gegrübelt, das Stauffenberg und allen den Erfolg versagt hat, die die Jahre hindurch ihr ganzes Denken und Handeln darauf eingestellt hatten und schließlich auch ihr Leben geopfert haben, um Hitler und seinen Wahnsinnstaten ein Ende zu machen – zuerst um Deutschland vor dem Krieg und schließlich vor der totalen Katastrophe zu bewahren.

Für das Mißlingen der verschiedenen Versuche, Hitler vor und während des Krieges zu stürzen, gibt es keine rational schlüssigen Erklärungen. Wer an den Teufel oder an andere übersinnlich finstere Mächte glaubt, mag diese dafür verantwortlich machen, daß es Hitler gegeben hat und es ihm gegeben war, die Welt in die Katastrophe zu stürzen, die der »Gröfaz«, der größte Feldherr aller Zeiten, über Europa gebracht hat.

In Joachim Fests Hitler-Biographie, die im »New Statesman and Nation« als ›Festschrift für Hitler‹ bezeichnet wurde, wird spekuliert, »Hitler würde, wenn er Ende 1938 einem Attentat zum Opfer gefallen wäre, einer der größten Staatsmänner der Deutschen, vielleicht der Vollender ihrer Geschichte genannt werden«. Seine Schandtaten und Verbrechen und »sein Weltherrschaftskonzept« wären vermutlich als Phantasiewerk früherer Jahre in Vergessenheit geraten. Nein! Bereits am 5. November 1937 hatte Hitler dem Kriegsminister von Blomberg, von Fritsch, Raeder, Göring und dem Außenminister von Neurath in einer geheimen Konferenz offenbart, »daß er dem deutschen Volk Lebensraum im Osten erobern werde – »zuerst mit einer blitzartig schnellen Unterwerfung von Österreich und der Tschechoslowakei, wahrscheinlich schon im Laufe des Jahres 1938«. Für diesen Eroberungskrieg war mit den Leistungen deutscher Tüchtigkeit aufgerüstet worden. Das wußten die Männer, die sich schon im Winter 1937/38 um Oster und Dohnanyi zusammengefunden hatten, um die Kriegsabsichten Hitlers zu vereiteln, weil ihnen klar war, daß ein solcher Eroberungskrieg, wie es der Chef des Generalstabs, Beck, warnend vorausgesagt hatte, in einen Weltkrieg ausarten und in einer Katastrophe für Deutschland enden werde. Wenn der damalige Oberbefehlshaber des Heeres von Fritsch sich der Auslösung des Staatsstreiches Anfang 1938 nicht versagt hätte, wäre Hitler damals schon durch einen Staatsstreich entmachtet oder gar von einem Übereifrigen im Getümmel bei seiner Verhaftung »umgelegt« worden, wie es der ehemalige Freikorpskämpfer Friedrich Wilhelm Heinz vorhatte. Die Konzentrationslager wären geöffnet, die Verbrechen und Terrorakte Hitlers nach der Machtergreifung, die Dohnanyi in einer Kartei im Reichsjustizministerium zusammengestellt hatte, wären offenbar geworden. Mit Schaudern hätten alle anständigen Deutschen, Mitläufer wie gläubige Parteigenossen, sich von Hitler abgewendet, mit dem ehrlichen Entsetzen »das haben wir nicht gewußt«. Sie hätten ihm unter dem Eindruck der »Kristallnacht« ebensowenig nachgetrauert wie die betrogene Jungfer einem entlarvten Heiratsschwindler, wenn ein solcher auch verklärte Erinnerungen hinterlassen haben mag.

Es muß klargestellt und darf nicht vergessen werden, daß es Ludendorff war, der eigenmächtig ohne den Kaiser und Hindenburg zu informieren, Lenin und seinen Genossen die Durchreise durch Deutschland erlaubt hatte, und damit letztlich für die Auswirkung verantwortlich ist, durch die Stalin zum Machthaber über Osteuropa und Deutschland bis zur Oder/Neiße-Grenze hin und über halb Berlin geworden ist. Dies abzuwenden hatte sich die Verschwörung gegen Hitler zur Aufgabe gemacht, mußte aber ohnmächtig bis zu den Niederlagen der Wehrmacht in Nordafrika und bei Stalingrad in banger Erwartung dieser unausbleiblichen Katastrophen verharren, weil eine Beseitigung des siegreichen Feldherrn Hitler von der deutschen Wehrmacht und vom deutschen

Volk weder verstanden noch ertragen worden wäre und dem Widerstand nur eine »Dolchstoßlegende« eingetragen hätte.

Darüber haben wir im Kreis meiner Freunde immer wieder diskutiert, nach der Niederlage Polens und seiner Aufteilung zwischen Hitler und Stalin, nach dem Blitzsieg über Frankreich und nach dem »atemberaubenden« Vormarsch der Wehrmacht nach Rußland hinein – bis die Panzer im russischen Winter 1941/42 vor Moskau stecken blieben und der Krieg – wie es General Jodl, der engste militärische Berater Hitlers, in Nürnberg formuliert hat – nicht mehr gewonnen werden konnte. »Das ist der Anfang vom Ende«, sagte ich. »Aber das genügt noch nicht! Erst wenn das deutsche Volk am eigenen Leib zu spüren bekommt, was von uns den Polen, den Franzosen und Russen angetan worden ist, erst wenn bei uns alles zerbombt in Trümmern liegt, werden unsere Partei- und Volksgenossen kapieren, was die ›glorreiche‹ Wehrmacht uns eingebracht hat. Erst wenn sie selbst leiden müssen und jammern, werden die Menschen bei uns begreifen, daß Hitler wie ein tollwütiger Hund abgeschossen werden muß.« Dietrich Bonhoeffer entgegnete mir darauf: »Das heißt ja wirklich, selbst lieber Gott spielen wollen! Nein! Wenn wir erkannt haben, daß Hitler die Personifizierung alles Bösen, daß er der Antichrist ist, müssen wir ihn mit allen uns zu Gebote stehenden Mitteln bekämpfen und vernichten, ganz gleich ob es das deutsche Volk zunächst versteht oder nicht!«

Mein Freund Justus Delbrück, der in einem Gefangenenlager französischer Offiziere Wachdienst tat, mußte sich in einem offenen Gespräch von einem dieser Offiziere sogar sagen lassen, er könne überhaupt nicht verstehen, warum wir, Delbrück und seine Freunde, für einen Sturz Hitlers seien, nachdem er so glänzende Siege errungen habe!

Die Offiziere, die sich unter Anführung des Grafen Stauffenberg am 20. Juli 1944 gegen Hitler erhoben haben, waren nicht die typischen Vertreter des Offizierskorps der Wehrmacht. Sie waren eine kleine Schar im Verhältnis zur großen Gefolgschaft der Offiziere, die Hitler anhingen. Man kann sie eher wirklich als »eine kleine Clique« bezeichnen, wie Hitler sie hinterher beschimpft hatte.

Aber diese »Clique« war die Elite, die sich von der Masse durch ihren individuellen Charakter, durch ihre religiösen und ethischen Grundsätze und nicht zuletzt auch durch ihre selbständige politische und militärische Urteilsfähigkeit unterschied und auszeichnete. Unter ihnen stammten sehr viele aus namhaften deutschen Adelsgeschlechtern. Sie haben sich mit ihrem Opfer für das deutsche Volk als Aristokraten im besten Sinn erwiesen.

Aber es gab noch einen anderen Widerstand gegen Hitler. Es hat in allen Schichten des deutschen Volkes Männer und auch Frauen gegeben, die sich der Gewalt- und Willkürherrschaft Hitlers widersetzt und aus der inneren Verpflichtung ihrer religiösen oder politischen Überzeugungen wirklich heldenmütig Widerstand geleistet haben. Unzählbar sind die Deutschen, deren Namen, Leiden und Opfer im Kampf gegen Hitler in der breiten Öffentlichkeit überhaupt nicht bekannt geworden sind. Ihre Schicksale sind wahre Tragödien. Als Märtyrer im Kampf gegen Hitler stehen sie erhaben über jeder politischen Rechtfertigung oder Lobpreisung. Ihrem Widerstand hat Günther Weisenborn in seinem Buch »Der lautlose Aufstand« ein Denkmal gesetzt.

Die Erhebung gegen Hitler am 20. Juli 1944 war keine Manifestation einer organisierten deutschen Widerstandsbewegung. Der innerdeutsche Widerstand gegen Hitler war von vornherein dazu verurteilt, in einer Stillhaltebewegung zu versanden. Stauffenbergs Tat war nicht von einer Volksbewegung getragen. Es gab verschiedene und verschiedenartige Widerstandsgruppen und Kreise, die die verschiedensten Volksschichten sowie alle politischen Parteien und Richtungen aus der Zeit der Weimarer Republik repräsentierten. Aber es war unter der totalen Gewaltherrschaft Hitlers einfach nicht möglich, aus diesen Gruppen und Kreisen eine Widerstandsbewegung im Sinne einer Volksbewegung zu formieren. Jeder Versuch dazu unter dem Terror der Gestapo wäre Wahnwitz gewesen. Und ein solcher Versuch ist tatsächlich auch nie unternommen worden. Deshalb sind alle Bemühungen abwegig, durch die dieser oder jener Politiker zum »Führer der deutschen Widerstandsbewegungen« erhoben werden soll. Wenn schon mit jedem vielmißbrauchten Wort »Führer« eine Feststellung darüber getroffen werden muß, wer der Führer des Aufstandes gegen Hitler am 20. Juli 1944 war, so gebührt dieses Prädikat und vor allem der historischen Wahrheit willen allein dem Oberst Claus Schenk Graf von Stauffenberg.

Während Stauffenberg nach schweren Verwundungen – er hatte die rechte Hand, das linke Auge und zwei Finger an der linken Hand verloren – in München im Lazarett lag, reifte in ihm unter dem Eindruck des Umsturzes in Italien der Entschluß, seine wiedergewonnene Lebenskraft ganz und gar der Verschwörung zu widmen, die sich in Berlin um General Friedrich Olbricht, Chef des Allgemeinen Heeresamtes, gebildet hatte.

Kurz nach seinem Dienstantritt Anfang Oktober 1943 bei General Olbricht, kam Stauffenberg zu der Erkenntnis, daß die Gegner unter den Generalen und Politikern der älteren Generation, die schon jahrelang erfolglos gegen Hitler konspiriert hatten, bis zur Selbsttäuschung führungslos und aktionsunfähig geworden waren. Er riß entschlossen die Führung der Verschwörung gegen Hitler an sich, betrieb nun die Planung und Vorbereitung des Staatsstreichs mit der ihm eigenen ungewöhnlichen Energie und brachte dann auch schließlich selbst mit dem Attentat auf Hitler die mißlungene Erhebung in Gang.

Graf Stauffenberg, ein Nachkomme des Generals Graf Neidhardt von Gneisenau, war verwandt mit dem Geschlecht der Grafen York von Wartenburg. Dieses hatte den gleichnamigen preußischen General zum Ahnen, der sich am 30. Dezember 1812 als Befehlshaber der preußischen Truppen unter Napoleon durch eigenmächtigen Abschluß der Konvention von Tauroggen gegen den Korsen erhoben, dann mit dem Freiherrn vom Stein den bewaffneten Volksaufstand gegen die Gewaltherrschaft Napoleons angefacht hat, der schließlich zur Befreiung des deutschen Volkes führte. Diese historischen Vorbilder unter seinen Vorfahren waren mitbestimmend dafür, daß Stauffenberg die Führung in der Verschwörung gegen Hitler an sich nahm.

Auf die Erhebung von 1813 kamen wir einmal kurz zu sprechen, als Stauffenberg sich von mir über verschiedene Politiker der älteren Generation informieren ließ, die schon seit der Fritsch-Krise an der

Verschwörung gegen Hitler beteiligt und mir daher näher bekannt waren. Ich sagte zu Stauffenberg: »Einen Aufstand, wie York und Stein ihn 1813 gemacht haben, gibt es heute nicht mehr. Die Revolution unserer Generale und Geheimräte findet nie statt.« Stauffenberg amüsierte sich über diese Formulierung und sagte: »General ist keiner von uns beiden – und wie ein Geheimrat sehen Sie auch nicht aus.«

Für den Aufstand gegen Hitler gibt es keine historischen Vorbilder. Die Erhebung des Grafen York von Wartenburg an der Wende des Jahres 1812 war in Deutschland von jeher, besonders auf Kriegsakademien, ein beliebter Gegenstand für den Anschauungsunterricht über die militärische Gehorsamspflicht und ihre Grenzen. Darauf kam das Gespräch, als ich mich nach dem Krieg mit Generalfeldmarschall von Brauchitsch über den 20. Juli unterhielt. Brauchitsch sagte mir dazu folgendes: »Über die Revolte des Grafen York von Wartenburg haben wir auf der Kriegsschule manchmal diskutiert. Sie wird von denen, die sie für richtig halten und verteidigen, im Grunde nicht mit irgendwelchen ethischen Prinzipien gerechtfertigt, sondern letzten Endes immer wieder nur damit, daß sie Erfolg gehabt und zur Befreiung Deutschlands von Napoleon geführt hat. Unsere Diskussionen darüber waren eigentlich nur akademischer Natur. Aber man spürte dabei immer, daß die Problematik dieser militärischen Erhebung im preußischen Offizierskorps in Wirklichkeit nie richtig verdaut worden ist. Wie wollen Sie nun Stauffenberg rechtfertigen, der keinen Erfolg gehabt hat, der vielleicht etwas Gutes gewollt, aber eigentlich doch nur Unglück angerichtet hat? – Die Antwort darauf werden Sie in diesem Leben nicht mehr geben können. In der Politik und vor allem beim Volk ist immer nur der Erfolg entscheidend.«

Auch mit den Feldmarschällen von Rundstedt und von Manstein konnte ich im Lager Bridgend ohne jegliche Animosität Gespräche über den 20. Juli führen. Rundstedt war mir gegenüber, da ich die vorzeitige Repatriierung seines schwer leidenden Sohnes beim britischen Kriegsministerium erwirkt hatte, ganz und gar aufgeschlossen und meinen Fragen zugänglich. Er wollte oder konnte sich aber nicht über die Tat Stauffenbergs auslassen. Ihn beschäf-

tigte sehr viel mehr – und daran hat er schwer getragen –, daß er auf
Befehl Hitlers beim Staatsbegräbnis von Rommel als dessen Vertreter die Ansprache zur Ehrung des toten Feldmarschalls gehalten
hatte, ohne auch nur zu ahnen, daß Rommel von Hitler in den
Selbstmord getrieben worden war. Er habe geglaubt, Rommel sei
tatsächlich den schweren Verletzungen erlegen, mit denen er am
17. Juli halbtot neben seinem toten Fahrer aus den Trümmern seines Dienstwagens geborgen worden war. Ich bin überzeugt, daß
Rundstedt mir nichts vorgemacht hat. Schon auch deshalb, weil er
mir auch – wie an anderer Stelle bereits geschildert – offenbart hat,
daß er seinerzeit die Duellforderung von Fritsch an Himmler »fallen
gelassen hatte«. Rundstedt war auch das Opfer eines der Meister-
stücke Hitlers geworden, mit dem dieser nicht nur den kleinen
Mann, die großen und kleinen Partei- und Volksgenossen, sondern
auch den Feldmarschall von Rundstedt täuschen konnte: Es war
sein schon in »Mein Kampf« gepriesener Grundsatz: »Die große
Lüge wird immer geglaubt!«

Generalfeldmarschall von Manstein hatte ich aus dem Lager zu
einem Spaziergang am Bristol Channel geführt, wo wir dann rauchend lange in den Dünen saßen und uns unterhielten. Ich wußte
von Manstein, daß er ursprünglich von Lewinski hieß, ein Vetter des
mir und meinem Bruder in Berlin freundschaftlich verbundenen
Geheimrats von Lewinski und von einem Herrn von Manstein,
einem Gutsnachbarn seines verstorbenen Vaters, adoptiert worden
war. Ebenfalls, daß er als der »genialste Stratege« unter den
Generalen und Feldmarschällen galt.

Nach dem Mißlingen des Attentatsversuchs von Schlabrendorff und
Gersdorff im März 1943 war Gersdorff im Einvernehmen mit
Generalfeldmarschall von Kluge an Manstein herangetreten, um
ihn für die Verschwörung zu gewinnen. Das war gescheitert. In
großer Erregung versuchte Manstein mich zu überzeugen, daß
niemals irgend jemand ihm angetragen habe, sich der Verschwörung anzuschließen, wie Schlabrendorff es in seinem Buch »Offiziere gegen Hitler« geschildert hat. Das wäre Meuterei gewesen,
sagte Manstein, bei der er niemals mitgemacht haben würde und die
sich folgenschwer auf die weitere Kriegführung ausgewirkt haben

würde. Ich gab Manstein die Gelegenheit, sich schriftlich zu
äußern, und schickte seine Darstellung, um die Angelegenheit zu
klären, an Schlabrendorff. Keiner von beiden änderte seine Darstellungen. Einer von beiden mußte gelogen haben. Erst nach
Jahren konnte ich die Tatsachen klarstellen, nachdem ich mich in
Köln mit Gersdorff angefreundet hatte. In seinem Buch »Soldat im
Untergang« hat er das Gespräch mit Manstein geschildert, mit dem
er versucht hatte, ihn für die Verschwörung zu gewinnen.[14]
Manstein habe ich nach meinem Gespräch mit ihm in den Dünen –
das war 1947 – erst im August 1949 in seinem Prozeß in Hamburg
wiedergesehen, wo er von meinem Schulfreund und Kollegen aus
der Referendarzeit, Dr. Hans Laternser, und Rechtsanwalt Lever-
kuehn verteidigt wurde. Er hatte, wie früher bereits geschildert,
ausgesagt, er hätte seinerzeit keinerlei Kenntnis gehabt von den
Erschießungen von Juden, Zigeunern und Krimtschaken auf der
Krim. Er war jedoch der Lüge überführt, deshalb für das Gericht
völlig unglaubwürdig und verurteilt worden. Einige Zeit später
traf ich in London wieder mit dem ehemaligen Reichsminister
Schlange-Schöningen zusammen, der von Dr. Adenauer, der ihn
abschieben wollte, als erster Vertreter der Bundesrepublik nach
London empfohlen worden war. Er und sein Adlatus Oskar von
John, dessen Namensgleichheit mir bei Adenauer zum Verhängnis
werden sollte, erzählten mir im Gespräch über den Manstein-Pro-
zeß, daß und wie der viel gerühmte Feldherr von Manstein sich
bereits im Januar 1945 selbst bloßgestellt hatte. Er habe seinerzeit –
wie alle Feldmarschälle – von Hitler einen Scheck über zweihun-
dertfünfzigtausend Reichsmark erhalten und wollte dafür ein Gut
in der polnischen Gegend erwerben, wo er aufgewachsen war. Der
Gütermakler, den er angegangen war, gab ihm zu bedenken: »Aber
Herr Generalfeldmarschall, da stehen doch in der nächsten Woche
vielleicht schon die Russen!« – »Die werden vom Führer sehr bald
wieder zurückgeschlagen«, hätte Manstein gesagt. Was soll man da
noch von der Urteilsfähigkeit über die militärisch-politische Lage
eines solchen Feldherrn halten, was von seiner Glaubwürdigkeit?
Nach dem 20. Juli wurde Generaloberst Heinz Guderian, viel
gerühmt wegen des Aufbaus der Panzerwaffe und seiner Strategie

(ursprünglich angeregt von einem französischen Capitaine namens de Gaulles) zum Chef des Generalstabes ernannt. Er war verschiedentlich von Dr. Goerdeler, Harnack, Tresckow und anderen angegangen worden, sich der Verschwörung anzuschließen, hatte sich aber stets verweigert. Er blieb Hitler treu, und es wurde in den Monaten vor dem 20. Juli sogar befürchtet, er könne die Verschwörung verraten. Nach dem Attentat war er der erste, der die Verschwörung verdammte und Hitler huldigte. In seinen Memoiren »Erinnerung eines Soldaten«[15] schrieb er:

»Das Ergebnis des Attentats ist furchtbar, wie immer man die Dinge auch betrachten mag. Ich selbst lehne den Mord in jeder Form ab. Unsere christliche Religion gibt darüber ein eindeutiges Gebot. Deshalb kann ich den Entschluß zum Attentat nicht gutheißen. Abgesehen von diesem religiösen Grund muß ich aber auch feststellen, daß weder die innen- noch die außenpolitischen Voraussetzungen für das Gelingen des Staatsstreiches gegeben waren. Die Vorbereitungen waren völlig unzulänglich, die Auswahl der Persönlichkeiten für die wichtigsten Stellungen unverständlich.«

Guderian bezeichnete sich als »unpolitischer Soldat«. Es ist zumindest ein frommer Selbstbetrug, wenn ein Mann, der im öffentlichen Leben in Uniform an einer führenden Stelle steht, sich als »unpolitisch« bezeichnet. Wirklich unpolitisch ist, wer keinerlei Anteil am politischen Leben nimmt, weder durch Betrachtung noch durch persönliche Beurteilung des politischen Zeitgeschehens. Die aktiven Soldaten besaßen in Deutschland vor 1949 kein Wahlrecht und konnten insofern nicht politisch tätig sein. Aber in dem turbulenten politischen Leben Deutschlands nach 1918 hätte man Eremit in einer Wüste sein müssen, um sich jeder Betrachtung und Beurteilung des politischen Geschehens zu entziehen. Wer als denkender Mensch im Leben stand, konnte sich zumindest einer geistigen Teilnahme am politischen Leben nicht entziehen – es sei denn, daß es an allen geistigen Voraussetzungen dafür fehlte. Jeder denkende Mensch mußte sich in Deutschland seit dem Aufkommen des Nationalsozialismus einmal für oder gegen Hitler entscheiden – zumindest innerlich. Das mag bei vielen Offizieren und Soldaten, die sich dabei mehr oder weniger bewußt nach ihren höchsten

Vorgesetzten gerichtet haben, die für Hitler eintraten, eine ober-
flächliche Entscheidung gewesen sein. Aber es war auf jeden Fall
eine politische Entscheidung! Ein General, der – wie Guderian –
damals und nachher ein Urteil über den Aufstand gegen Hitler
öffentlich fällt, betreibt Politik!

»Stimmt es, daß Guderian geheimer militärischer Berater des amerikanischen Hohen Kommissars McCloy ist?« fragte mich General
Geyer von Schweppenburg, mein militärischer Berater, als ich noch
Präsident des Bundesamtes für Verfassungsschutz war, eines Tages
im Jahre 1952. »Unsinn«, gab ich spontan zur Antwort, fragte aber
sofort: »Wie kommen Sie denn darauf?« »Er selbst hat es einem
guten Bekannten von mir unter dem Siegel strengster Verschwiegenheit gesagt.«

Meine Nachforschungen führten zu der Feststellung, daß die
Behauptung Guderians nicht wahr war. Sie wurde auch von der
amerikanischen Hohen Kommission öffentlich in der Presse
dementiert. Kurz darauf suchte mich Geyr von Schweppenburg
wieder auf und sagte empört: »Einer lügt – entweder McCloy oder
Guderian!« Das waren harte Worte aus dem Mund eines deutschen
Generals, der kein Nazi war. Er sagte weiter: »Guderian behauptet
nach wie vor, daß er der geheime militärische Berater von McCloy
sei. McCloy habe das Dementi nur deshalb in die Presse gegeben,
weil er der deutschen Öffentlichkeit gegenüber doch nun mal so tun
müßte als ob.«

»Du sollst nicht töten! sagt das eindeutige christliche Gebot«, auf
Grund dessen Guderian – wie er schreibt – »den Mord in jeder
Form« ablehnt. Dieses christliche Gebot gilt aber unbedingt und
ohne Einschränkung – auch für Generale! Wir brauchen keine
Argumente zu erfinden, um es zu rechtfertigen. Wir können keine
Argumente erfinden, um es außer Kraft zu setzen oder auch nur
einzuschränken. Es besteht unanfechtbar, wenn Menschen auch
immer wieder dagegen verstoßen. Doch wer dagegen handelt, wird
schuldig vor Gott – auch der Soldat im Krieg! Kein Feldherr kann
ihn vor Gott freisprechen!

»Stauffenberg hätte das ganz anders machen müssen«, sagte mir nach dem Krieg ein General, der – wie er sagte – ganz »unpolitisch« gewesen sei. Als ich ihn fragte, wie Stauffenberg es denn hätte machen sollen, antwortete er mir: »Das weiß ich nicht! Ich habe mich selbst noch nie mit Attentatsplänen befaßt. Aber jedenfalls durfte Stauffenberg nicht, wie er es getan hat, andere in den Tod schicken.«

»Hitler«, hielt ich ihm entgegen, »hatte bereits einige Millionen in den Tod geschickt. Um weitere Millionen vor dem Tod und Deutschland vor der totalen Zerstörung zu bewahren, durfte Stauffenberg sehr wohl einen Hitler und auch noch ein paar Leute seiner Umgebung opfern. Hitler und seine Generäle haben doch für die wahnwitzigen Eroberungspläne täglich ganz bewußt hunderte und tausende Soldaten und Menschen sinnlos geopfert – besonders nach dem 20. Juli! Stauffenberg hat einem wirklich höheren Zweck gedient, dem weiteren sinnlosen Morden von weiteren Millionen Soldaten und Menschen für Hitler und seinen Bonzen ein Ende zu machen! Dafür kann das Leben von ein paar Generälen und Admirälen doch sicher nicht zu kostbar gewesen sein?« Der General wurde nachdenklich.

»Sehen Sie«, fuhr ich fort, »es gibt einen General, der war bei dem Attentat dabei. Er stand ganz dicht neben Hitler, als die Bombe krepierte. Aber die Hitlersche Vorsehung hat auch ihn gerettet. Ich habe ihn kurz nach dem Krieg kennengelernt. Wir sprachen über das Attentat. Er sagte: ›Es wird jetzt ja sehr viel von der Widerstandsbewegung geredet. Ich habe nicht dazugehört – wie sich jetzt alle rühmen. Sie können sich ja vorstellen, daß ich über Ihren Freund Stauffenberg, den ich doch ganz gut gekannt habe, nicht erfreut war, als ich nachher hörte, daß er das Attentat gemacht und dabei beinahe auch mich umgebracht hat. Aber heute bin ich Stauffenberg nicht mehr böse. Im Grunde hat er recht gehabt. Wenn der Umsturz am 20. Juli so gelungen wäre, wie Stauffenberg es vorhatte, dann wäre es auf mein Leben wahrhaftig auch nicht mehr angekommen.‹«

Der General, der dies gesagt hatte, war der spätere Generalinspekteur der deutschen Bundeswehr: General Heusinger. Der General, dem ich dies erzählt hatte, meinte nur nonchalant: »Nun ja, Heusinger ist ja ganz gut aus der Sache herausgekommen. Es ist eben alles Ansichtssache.«

Zum 15. Jahrestag des Aufstandes gegen Hitler hat General Heusinger in einem Aufruf an die Bundeswehr erklärt: »Die Tat des 20. Juli ist ein Lichtblick in der dunkelsten Zeit Deutschlands.« Das ist ihm von einem anderen ehemaligen General sehr verübelt worden: Generalmajor a. D. Adolf Wolf. In der »Deutschen Soldatenzeitung (Ausgabe 1959) hat er Heusinger zum Vorwurf gemacht, daß er sich damals nach dem 20. Juli 1944 nicht schon gleich öffentlich zur Tat Stauffenbergs bekannt und dafür hat erschießen lassen. »Damit« – so fügte der Kritiker Heusingers ironisierend hinzu – »hätte Heusinger doch damals dem deutschen Volk einen Lichtblick geben können!«

Dr. Hans Hagen, Reserveoffizier im Wachbataillon unter Remer, der bei der Unterdrückung des Aufstandes gegen Hitler am 20. Juli 1944 mitgewirkt hat, entdeckte nachträglich in der mittelalterlichen deutschen Mythologie, im Nibelungenlied und im Parsival, den Beweis dafür, daß das Attentat auf Hitler scheitern mußte, »weil sich dabei keiner zum germanischen Selbstopfer bereit fand«. Diese These verkündete er in einem Vortrag am »Tag der Besinnung für ehemalige Soldaten« im November 1950 auf einer Tagung der Evangelischen Akademie in Bad Boll.

Widerlegt wird der nationalsozialistische Literat Dr. Hagen durch den klassischen deutschen Dichter der Freiheit: Friedrich von Schiller. Im »Wilhelm Tell« hat er das unbestrittene deutsche Vorbild für den Kampf gegen Tyrannenherrschaft geschaffen. Die Aufführung von Wilhelm Tell war deshalb auch zur Zeit des Naziregimes in Deutschland verboten. Kein Schiller-Kommentator ist je auf den Gedanken verfallen, Wilhelm Tell eines feigen Meuchelmordes zu bezichtigen, weil er den Tyrannen Geßler aus dem Hinterhalt umgebracht hat, ohne dabei sein eigenes Leben als »germanisches Selbstopfer« darzubringen, wie Dr. Hagen es fordert. Tyrannenmord ist von jeher Meuchelmord gewesen. Wilhelm Tell wird auch heute noch als leuchtendes Vorbild für den Kampf für die Freiheit gepriesen.

Bereit, das Selbstopfer zu bringen, waren neben Gersdorff der

Hauptmann Axel von dem Bussche, der Oberleutnant Ewald Heinrich von Kleist und der Rittmeister Eberhard von Breitenbuch, die vor dem 20. Juli tatsächlich monate- und wochenlang für Stauffenberg bereit standen – entschlossen, sich mit Hitler bei Vorführung eines neuen Mantels für die Winterausrüstung in Rußland in die Luft zu sprengen. Die Vorführung wurde von Hitler wiederholt abgesagt. Stauffenberg konnte den jungen »zum Selbstopfer« entschlossenen Offizieren keinen Zugang zu Hitler verschaffen. Nur deshalb hatte sich Stauffenberg entschlossen, als die Invasion Frankreichs durch die Alliierten gelungen war, in der Erkenntnis, daß keine Zeit mehr zu verlieren war, das Attentat auf Hitler selbst zu versuchen.

Goebbels hatte begriffen, um was es bei dem Aufstand am 20. Juli 1944 in Wirklichkeit ging. Das hat er unmittelbar nach der Unterdrückung des Aufstandes zum Ausdruck gebracht, indem er dabei allerdings den Ereignissen eine Deutung im Sinne seiner Durchhaltepropaganda zu geben verstand. Zwei Tage nach dem Attentat auf Hitler erklärte er bei einer sog. Ministerbesprechung im Führerhauptquartier, an der Keitel, Bormann, Speer, Lammers, Saukel, Frick und Funk mit einigen ihrer Mitarbeiter teilnahmen und über die mir General Weidemann, der auch dabei war, berichtet hat: »Die Männer vom 20. Juli haben nicht leichtfertig gehandelt. Sie waren überzeugte Patrioten, die einen Verzweiflungsschritt in letzter Stunde getan haben, weil sie am Endsieg verzweifelten. Ihre Tat sollte uns ein Flammenzeichen am Horizont sein, um die Reihen dichter zu schließen und alle Kräfte des Volkes erneut in schärfster Form zusammenzufassen.«

Tatsächlich war die Tat Stauffenbergs ein letzter verzweifelter Versuch, das deutsche Volk vor dem »finis Germaniae« zu bewahren, das mit der Zerschlagung Deutschlands durch die Spaltung dann auch über uns gekommen ist.

Der Aufstand vom 20. Juli war eine militärische Erhebung aus dem Offizierskorps des deutschen Heeres. Er konnte nicht überhört werden, weder in Deutschland noch draußen, obwohl damals gerade außerhalb Deutschlands der Versuch gemacht worden ist, ihn totzuschweigen. In der geschichtlichen Betrachtung bleibt die-

ser Aufstand vielleicht die letzte Äußerung eines heroischen Patrio-
tismus im Geiste des nationalstaatlichen Denkens der vergangenen
Epoche, dem zuviel von den Völkern Europas geopfert worden ist
und der nun ganz überwunden werden muß, damit die Nationen
Europas wie ein Volk zusammenleben und überleben können.

Eine Version der Deutungen des Aufstandes gegen Hitler hat die
Legende in die Welt gesetzt, daß Stauffenberg bei der Ausführung
des Attentats auf Hitler überhaupt nur ein Werkzeug in den Händen der deutschen Feldmarschälle und Generale gewesen ist. Das
ist eine willkürlich erfundene Behauptung aus dem Propaganda-
krieg gegen den deutschen Militarismus. Sie ist genauso falsch wie
die Legende, nach der Hitler selbst auch nur ein Werkzeug der
deutschen Generale gewesen sein soll.

Tatsächlich waren deutsche Generale unter den ersten, die sich
schon vor dem Krieg gegen Hitler zu einer Verschwörung zusam-
mengetan haben, um den Krieg zu verhindern. Sie haben ihre
konspirative Aktivität gegen Hitler nie eingestellt, selbst nicht in
der Zeit, als Hitler einen politischen »Erfolg« nach dem anderen
davontrug und das »Großdeutsche Reich« errichtete, auch nicht
während des Krieges, als Hitler die deutsche Wehrmacht zu glän-
zenden militärischen Siegen führte. Aber diese Generale haben nie
aus sich selbst heraus den Entschluß zu einer Tat gegen Hitler
gefunden. Das blieb einem jungen Oberst überlassen.

Es war nicht, wie vielfach im Ausland, besonders von der kommunistischen Propaganda behauptet wurde, eine Verschwörung defaiti-
stisch und mißmutig gewordener »reaktionärer« Generale, die am
20. Juli 1944 einen »Putsch« gegen Hitler unternommen haben.
Dieser Aufstand ist auch nicht von dieser oder jener zivilen Widerstandsgruppe oder einer ihrer führenden Persönlichkeiten zustandegebracht worden. Er war das höchstpersönliche Werk des jungen
Oberst Graf Stauffenberg.

Mit dieser Feststellung werden keineswegs die heldenmütigen und
bewundernswürdigen Taten und Leistungen anderer Männer im
Kampf gegen Hitler geschmälert. Zivilisten hatten unter dem
Gewalt- und Terrorregime Hitlers keine Möglichkeit, einen Aufstand zu organisieren oder gar in Gang zu bringen. In der Ver-

schwörung gegen Hitler mußten sie sich darauf beschränken, als Berater und Planer zu wirken. Sie hatten eine grundsätzliche Neuordnung des gesamten politischen Lebens in Deutschland vorbereitet, nicht nur für den Fall eines Umsturzes durch eine militärische Erhebung, sondern – wie die als »Kreisauer Kreis« bekannt gewordene Gruppe um den Grafen Helmuth von Moltke – auch im Hinblick auf einen Zusammenbruch durch eine totale militärische Niederlage Hitlers.

Darüber hinaus konnten die Zivilisten in der Verschwörung militärische Führer, die Befehlsgewalt über Truppen ausübten und – sofern sie für solche Vorstellungen zugänglich waren – nur drängen, Hitler und sein Regime zu stürzen, um Deutschland vor der totalen Katastrophe zu bewahren. Ohne Unterlaß ist immer wieder aus den verschiedenen zivilen Widerstandskreisen und von ihren führenden Persönlichkeiten auf namhafte Feldmarschälle und Generale der deutschen Wehrmacht eingewirkt worden, um sie zu einem Aufstand gegen Hitler zu bewegen – aber ohne Erfolg. Die hohen militärischen Führer haben sich solchen Vorstellungen immer wieder mit immer neuen Ausflüchten entzogen. Ohne die Tatkraft Stauffenbergs hätte es keinen Aufstand gegen Hitler gegeben!

Die Erhebung war ein militärisches Unternehmen. Seine Planung und Vorbereitung erforderte eine Generalstabsarbeit, die nur von Offizieren mit entsprechender Ausbildung und Erfahrung geleistet werden konnte und auch gemacht worden ist. Zivilisten konnten dabei zwangsläufig nur Hilfsdienste leisten. Diese Feststellung soll eine Klarstellung sein. Sie darf nicht als eine Abwertung des Widerstandes mißverstanden werden, zumal die meisten von ihnen – und darunter mein eigener Bruder und unsere besten Freunde – ihr Leben dafür geopfert haben. Diese Männer haben dem deutschen Volk mit ihren Gedanken und Plänen für den Wiederaufbau einer neuen gesellschaftlichen und politischen Ordnung in Deutschland, die durch den Aufstand gegen Hitler verwirklicht werden sollte, ein bedeutsames Erbe hinterlassen. Es ist im wesentlichen in den »Kreisauer Dokumenten« niedergelegt, die später in der Literatur über den Widerstand gegen Hitler nach dem Gut des Grafen Helmuth von Moltke in Schlesien, wo geheime Zusammenkünfte zur Ausarbeitung dieser Pläne stattgefunden haben, so benannt wurden.

Den Zivilisten standen als Waffen nur ihre Argumente zur Verfügung. Es ist eine billige Verhöhnung, wenn Guderian in seinen »Erinnerungen eines Soldaten« von ihnen sagt: »Ich muß es aber ablehnen, jene heute Widerstandskämpfer zu nennen, die nur hinter den Kulissen getuschelt haben, daß sie anderer Ansicht seien, die nur andere Leute anzustiften versuchten.«

Der Meinungsstreit über die Wertung des Aufstandes vom 20. Juli ist nicht akademischer Natur. Er ist im Hinblick auf die psychologische und politische Konfliktsituation, die aus der totalen Entwaffnung Deutschlands nach der Kapitulation der Wehrmacht und der Wiederaufrüstung entstanden ist, von wesentlicher Bedeutung und wird es noch lange bleiben, weil die gegensätzlichen Auffassungen sich immer wieder allzu leicht über dieses Thema erhitzen. Teils aus nichtüberwundenem Ressentiment, teils aber auch nur deshalb, weil Böswillige absichtlich damit agitieren.

Stauffenbergs ungeheuerliche Tat hat im deutschen Volk einen ungeheuren Eindruck hinterlassen, besonders natürlich bei Offizieren und Soldaten der Wehrmacht. Diejenigen, die empört darüber waren, konnten damals ihrer Empörung Luft machen und dabei öffentlich und laut allen ihren Gefühlsregungen Ausdruck geben. Das ist überreichlich und vor allem in der gehässigen, brutalen und würdelosen Tonart geschehen, mit der alle echten Nazis von jeher ihre Gegner zu verunglimpfen pflegten. Aber es hat auch viele Menschen in Deutschland gegeben, die all die Jahre hindurch mit verzweifelten Hoffnungen auf eine Befreiung von Hitler durch die Wehrmacht und ihre Generale gehofft hatten. Sie alle durften ihre Enttäuschung, ihr Entsetzen oder ihren Zorn über das Mißlingen des Attentats nur ihren Vertrautesten ins Ohr flüstern, um sich und ihre Angehörigen nicht der Rache der Gestapo auszuliefern. Manchem hat es damals tatsächlich den Kopf gekostet, weil der Gestapo zu Ohren gekommen war, wie dieser oder jener, der sich unbeobachtet glaubte, unbedacht gesagt hatte: »Schade, daß das schiefgegangen ist.«

Im Volksgerichtshof in Berlin gab es einen Raum, dessen Regale übervoll mit den Akten der Anklagen gegen die waren, die nur »schade« gesagt hatten und dafür als todeswürdige Verräter abgeurteilt werden sollten, aber durch englische Fliegerbomben auf den Volksgerichtshof davor bewahrt geblieben sind. »Schade« haben wahrscheinlich die meisten Menschen in Deutschland damals gedacht, weil sie glaubten, daß ein Ende Hitlers auch dem aussichtslos gewordenen Krieg ein Ende gemacht haben würde.

Es wird nie mehr zu ergründen sein, wie damals die Reaktion im deutschen Volk und bei der deutschen Wehrmacht wirklich war. Auch alle nachträglichen Überlegungen, welche Wirkung ein gelungenes Attentat auf Hitler im deutschen Volk ausgelöst und welche militärischen und politischen Auswirkungen ein Sturz des Naziregimes gehabt hätte, sind letzten Endes immer nur Spekulationen. Sie können deshalb auch nicht als Argumente für oder gegen den mißlungenen Aufstand entscheidend sein.

Heute wird dafür und dagegen alles vorgebracht, was man sich nachträglich überhaupt nur ausdenken kann. Es hätte einen fürchterlichen Bürgerkrieg zwischen Wehrmacht und SS gegeben, sagen die einen. Dagegen spricht die Tatsache, daß die höheren SS-Führer in Paris sich auf die Nachricht vom Tod Hitlers hin widerstandslos dem Wehrmachtsbefehlshaber dort unterstellt haben. Die anderen sagen, daß die nach dem 20. Juli durch Fortführung des Krieges entstandenen Zerstörungen größer gewesen seien als die Hälfte aller Kriegsschäden seit dem 1. September 1939. Städte wie München, Dresden, Hamburg, Bremen, Frankfurt am Main, Nürnberg, Würzburg, Stuttgart, Hildesheim, Braunschweig, Münster, und der größte Teil von Berlin seien erst nach dem 20. Juli zerbombt worden. Tatsache ist, daß in der Zeit nach dem 20. Juli bis Kriegsende mehr Menschen umgekommen sind, als in der Kriegszeit zuvor.

Als bitterste Tatsache bleibt die Erkenntnis, daß nach dem 20. Juli der Rache Hitlers die besten politischen Köpfe zum Opfer fielen. Für den politischen und wirtschaftlichen Wiederaufbau nach dem Krieg waren sie nicht zu ersetzen. Dabei muß man daran erinnern, daß schon vor dem Krieg seit der Machtübernahme bedeutende

Intellektuelle, Schriftsteller und Künstler in Deutschland mißhandelt, zugrunde gerichtet oder in die Fremde vertrieben worden sind, ein Aderlaß an der geistigen Substanz des deutschen Volkes, dessen Folgen nie wieder gutgemacht werden könnten.

»Der 20. Juli 1944 war der Tag einer Sonnenfinsternis. Alle menschlichen Unternehmungen, die bei solcher Konstellation gewagt werden, sind von vornherein zum Scheitern verurteilt, können nichts Gutes bewirken«, sagen die Astrologen. »Wer das Schwert nimmt, soll durch das Schwert umkommen«, sagte ein evangelischer Pfarrer zum 20. Juli. »Stauffenberg wollte töten, so mußte er sterben.« Es ist unmöglich, alle Argumente, Worte aus der Bibel, alle Sprichwörter und die politischen Sprüche zu zitieren, die mir als Erklärung dafür vorgehalten worden sind, daß das Attentat und unser Aufstand gegen Hitler scheitern mußten.

Auseinandersetzen muß man sich mit den Argumenten derer, die bestreiten, daß ein Staatsbürger ein Recht haben könnte, sich gegen die Obrigkeit zu erheben. Daß es ein solches Recht gibt, haben allerdings Juristen, evangelische und katholische Moraltheologen sowie Generale und Historiker wiederholt anerkannt und begründet. Ausführliche Gutachten darüber sind im Jahre 1952 in dem Strafprozeß vor dem Landgericht Braunschweig gegen den ehemaligen Generalmajor Otto Ernst Remer wegen Beleidigung toter Widerstandskämpfer vorgelegt worden. Wenn es jedem Staatsbürger, so argumentieren die Gegner dieses Rechts, überlassen bleibt, nach seinem eigenen – selbstverständlich ehrlichen – Gewissen zu entscheiden, ob er den Anordnungen der Obrigkeit folgen will, so führt das zur Auflösung der Rechtsordnung und zur völligen Anarchie. Wer dieser Meinung ist, kann sich auf die Bibelworte des Apostels Paulus in den Römerbriefen berufen: »Jedermann sei untertan der Obrigkeit, die Gewalt über ihn hat.« Keine geringere Autorität als der Königsberger Philosoph Immanuel Kant fordert absoluten Gehorsam gegenüber der Obrigkeit und läßt kein Recht zum Widerstand gelten.

In diesem Widerstreit der Meinungen geht es aber nicht nur um die allgemeine Frage, ob es dem einzelnen Staatsbürger oder dem einzelnen Soldaten schlechthin überlassen bleiben darf, aus seinem

– ehrlichen – Gewissen heraus zu entscheiden, ob er der jeweiligen Regierung gehorchen will oder Widerstand leisten soll. Es geht um die Kardinalfrage, ob der Aufstand gegen Hitler am 20. Juli 1944 unter den damaligen Umständen nach einem höheren Recht als den Gesetzen des Dritten Reiches gerechtfertigt war. Jeder mag die Frage beantworten, wie er es in der historischen Betrachtung für richtig hält. Keinesfalls bedeutet die Antwort zugleich eine verbindliche Entscheidung darüber, ob man heute dem jeweiligen Bundeskanzler gehorchen muß oder Widerstand leisten darf.

Viele Offiziere und Soldaten der Wehrmacht, die innerlich keine Anhänger Hitlers oder gar gegen ihn eingestellt waren, haben es für ihre Pflicht gehalten, gehorsam entsprechend den Befehlen, die sie erhielten, bis zum bitteren Ende zu kämpfen. Sie haben ihrer mehr oder weniger stark empfundenen patriotischen Pflicht gehorchend bis zur bedingungslosen Kapitulation stündlich ihr Leben für Deutschland eingesetzt. Sie rechtfertigen dies nachträglich – mehr oder weniger überzeugend – mit ihrem auf Hitler geleisteten Fahneneid.

Aber, und das ist nicht nur meine Auffassung, ihre Eidesleistungen, wie auch die aller Staatsbeamten auf Hitler, sind rechtswidrig durch Verfassungsbruch mit dreister Überrumpelung durch Hitlers Komplizen, dem ihm hörigen Kriegsminister von Blomberg, erschlichen worden! Der Fahneneid war ebenso wenig rechtens wie die Verschmelzung der Ämter des Reichskanzlers und Reichspräsidenten nach dessen Tod, durch die Hitler sich die Befehlsgewalt über die damalige Reichswehr angemaßt hat.

Viele Offiziere und Soldaten standen nach dem gescheiterten Attentat der Tat Stauffenbergs – nicht wenige der Überlebenden auch heute noch – mehr oder weniger abneigend gegenüber. Rational konnten sie ihre Haltung nicht begründen. Ihre Empfindungen kommen am deutlichsten in den Worten eines Landsers zum Ausdruck, der mir dazu einmal gesagt hat: »Nee, ick wees nich! 'ne Aktentasche mit 'ner Bombe hinstellen und dann abhauen – det jeht doch nich!« Das ist die Sprache des einfachen, anständigen deutschen Soldaten, der – gleich ob Offizier oder nicht –, auch wenn er die Nazis noch so sehr haßte, damals in seinen soldatischen

Empfindungen und Vorstellungen durch das Attentat zutiefst erschüttert war. Ist nicht dies, das Argument des Landsers, nicht genau dasselbe, was mir der alte spanische Oberst Valdivia in Madrid vorgehalten hatte, indem er mir sagte: »Falsch und zu spät. Wenn einer von euch den Mut gehabt hätte, Hitler zu erdolchen, wäre das Attentat gelungen!«

Tatsache ist, daß die Tat Stauffenbergs im deutschen Volk keine nationale Resonanz und Anerkennung gefunden hat. Das beruht vielleicht, wie Brauchitsch mir gesagt hat, allein darauf, daß sie gescheitert ist und weil ein solcher Fehlschlag nachträglich niemals populär werden kann. Das war vor allem eine notwendige Folge davon, daß eine unbefangene Meinungsbildung darüber von Anfang an – unter dem Druck des Kriegsgeschehens, banger Sorgen für den nächsten Tag und Unterdrückung jeglicher Aufklärung über die Verschwörung und ihre Hintergründe – überhaupt nicht möglich war.

»Die öffentliche Meinung«, sagt Hegel in seiner Rechtsphilosophie, »ist eine große Macht.« In ihr ist »alles Falsche und Wahre« und »sie verdient ebenso geachtet als verachtet zu werden«. Sie ist eine im politischen Leben wirkende Macht, die Macht über uns hat. Ihre Wirkung beruht weniger auf ihrem Wahrheitsgehalt, als auf der Glaubwürdigkeit, mit der sie aufgenommen und verbreitet wird. Ihre Wortführer sind die Massenmedien. Sie »machen« die öffentliche Meinung im Sinne derer, denen sie dienen. Wahr ist, was geglaubt wird.

So ist auch die öffentliche Meinung über den 20. Juli in Deutschland zuerst und entscheidend von der riesigen von Goebbels dirigierten Propagandamaschine in Form eines Verdammungsurteils geprägt worden. Dieses hat sich sicherlich ganz tief im Unterbewußtsein vieler Deutschen eingeprägt und wirkt heute noch weiter.

Aber auch im Ausland bei unseren ehemaligen Feinden hat der Aufstand gegen Hitler damals keinen Beifall gefunden. Im Gegenteil: Er ist vielfach mit bösen Worten herabgewürdigt worden. Solche Äußerungen haben mich wie Ohrfeigen getroffen. Man wußte in Washington und London sehr genau, wer die Männer waren, die hinter der Tat Stauffenbergs standen und nun wehrlos der Gestapo und der Rache Hitlers ausgeliefert waren. Keiner von ihnen, die ihren Kampf gegen Hitler mit dem Tod am Galgen büßen mußten, hat je erfahren, wie sie in der westlichen Welt unbarmherzig entwürdigt worden sind. Sie saßen gefesselt in den Kellern der Gestapo. Dort hat sie die gehässige feindliche Kriegspropaganda nicht mehr erreicht. Sie haben den Tod der Schändung am Galgen erlitten im festen Glauben daran, daß sie für dieselben christlichen, moralischen und politischen Ideale sterben, mit denen der anglo-amerikanische »Kreuzzug« gegen Hitler immer gerechtfertigt und propagiert worden war.

Die öffentliche Meinung in den westlichen Ländern über den Aufstand gegen Hitler ist nicht nur durch die Verächtlichmachung in der Presse geprägt worden. Bestimmend war der Einfluß der Regierungspolitik in den anglo-amerikanischen Ländern, die keinerlei Unterschied zwischen Deutschen und Nazis mehr gelten lassen wollte. Churchill und Roosevelt hatten sich bereits im Januar 1943 in Casablanca gegenseitig unwiderruflich gebunden, »die bedingungslose Kapitulation« Deutschlands mit militärischen Mitteln zu erzwingen. Meine politischen Freunde und auch Stauffenberg habe ich mehrfach gewarnt, sich keine Illusion über die Kriegsziele der Westmächte zu machen. Ich habe ihnen gesagt, daß wir auch im Falle eines Umsturzes in Deutschland von den Westmächten nichts anderes als die Forderung der bedingungslosen Kapitulation zu erwarten hätten. Zweifel daran waren einfach nicht mehr erlaubt, nachdem die Invasion Frankreichs – die größte und gewagteste militärische Operation in der Kriegsgeschichte bis dahin – gelungen und es nun wirklich nur noch eine Frage der Zeit war, wann die Alliierten die bedingungslose Kapitulation durchsetzen würden.

Der innerdeutsche Widerstand gegen Hitler war für die politische und militärische Strategie der Westmächte schon bei der Planung der Invasion Frankreichs im Herbst und Winter 1943 kein beachtenswerter Faktor mehr – im Gegensatz zur Resistance in Frankreich, die von den Westmächten moralisch und mit Material aller Art aufgepäppelt wurde, weil sie für die Eroberung Frankreichs durch eine Landung an seiner Atlantikküste gebraucht wurde!

Es gab im Jahr 1944 keine Möglichkeit mehr für eine Annäherung zwischen dem deutschen Widerstand und den Westmächten, da die Regierungen in London und Washington dem Widerstand gegen Hitler weder Gehör noch Beachtung schenken wollten. Sie behandelten ihn bereits seit der alliierten Landung in Nordafrika, Anfang November 1942, als wenn er nicht existent wäre. Dementsprechend war ihre Reaktion auf den 20. Juli.

Die erste offizielle Erklärung dazu wurde von Winston Churchill im englischen Unterhaus am 2. August 1944 nach einem langen Bericht über die Kriegslage nebenbei am Schluß abgegeben:

»... Die einst so stolzen deutschen Armeen werden nicht nur an allen Fronten zurückgeschlagen von jeder der vielen Nationen, die im Kampf gegen sie stehen. In ihrem Heimatland Deutschland haben sich ungeheure Ereignisse abgespielt, die das Vertrauen des Volkes und die Treue der Truppen in ihren Grundfesten erschüttern müssen. Im Deutschen Reich ermorden die höchsten Persönlichkeiten sich gegenseitig oder versuchen es, während die rächenden Armeen der Alliierten dem vom Schicksal gezeichneten und immer enger werdenden Bereich ihrer Macht näherrücken ... Wie bedeutend auch immer die Anzeichen eines Verfalls (in Deutschland) sein mögen, wie entscheidend sie sich eines Tages erweisen mögen, auf sie können wir nicht vertrauen, nur auf unsere starken Waffen und die Gerechtigkeit unserer Sache.«

Danach sprach der Abgeordnete Arthur Greenwood: »Da ist nun in Deutschland eine Lage eingetreten, in der sich die zwei Parteien (Anm. d. Verf.: Wehrmacht und Nazis) getrennt haben. Keiner von beiden konnte man trauen. Es wäre ein fataler Fehler, den Militaristen in Deutschland bessere Bedingungen zu stellen als den verruchten Nazis!«

Dagegen erhob der Abgeordnete George Strauss seine Stimme: »Wir wissen jetzt, daß es in der deutschen Wehrmacht ein Element gibt – vielleicht ein sehr starkes. Wir wissen, daß diesem die Fortsetzung des Krieges verrückt und selbstmörderisch erscheint ... Wir sollten unsere Politik ändern! ... Wie kann man erwarten, daß eine solche Bewegung sich ausbreitet, wenn wir nichts zu bieten haben als das fortgesetzte Schreien nach bedingungsloser Kapitulation.« Dann forderte Strauss Außenminister Eden auf, eine Erklärung abzugeben, »daß die Alliierten nicht die Absicht hätten, ein Volk auszurotten«. Strauss wurde bei seiner Rede oft unterbrochen und auch ausgepfiffen. Zum Schluß der Debatte versicherte Eden dem Parlament, »daß die Forderung der bedingungslosen Kapitulation die unabänderliche Politik Seiner Majestät Regierung« sei und bleibe!

Nach dem Krieg wurden dann ganz andere Äußerungen über den innerdeutschen Widerstand kolportiert, wie z. B. die folgende:

»In Deutschland lebte eine Opposition, die quantitativ durch ihre Opfer und eine entnervende internationale Politik immer schwächer wurde, aber zu dem Edelsten und Größten gehört, das in der politischen Geschichte aller Völker je hervorgebracht wurde. Diese Männer kämpften ohne Hilfe von innen oder außen, einzig getrieben von der Unruhe ihres Gewissens. Solange sie lebten, waren sie für uns unerkennbar, da sie sich tarnen mußten. Aber an den Toten ist der Widerstand sichtbar geworden. Die Toten vermögen nicht alles zu rechtfertigen, was in Deutschland geschah. Aber ihre Taten und Opfer sind das unzerstörbare Fundament eines neuen Aufbaues. Wir hoffen auf die Zeit, in der das heroische Kapitel der inneren deutschen Geschichte seine gerechte Würdigung findet.«

Diese Worte, die Winston Churchill zugeschrieben und oft zitiert werden, symbolisieren eine verspätete Erkenntnis und nachträgliche Anerkennung des innerdeutschen Widerstandes gegen Hitler in warmen Worten. Aber sie konnten und können die Vorurteile nicht mehr wieder ganz ausräumen, die sich außerhalb Deutschlands damals bei unseren ehemaligen Feinden gebildet hatten. Überdies mußte ich erfahren, daß diese Erklärung von Winston Churchill tatsächlich nie abgegeben worden ist. Auf meine Anfrage ließ Churchill mir am 19. November 1949 von seinem Privatsekretär mitteilen: Sein Privatarchiv, das Archiv der konservativen Partei und auch das Archiv des House of Commons sei durchforscht worden. Es hätte keine Aufzeichnung (record) ausfindig gemacht werden können, daß er eine solche Erklärung jemals abgegeben habe. Es könne aber sehr wohl sein, daß er einmal die Worte, die ich zitiert hatte, gebraucht habe, »denn sie gäben seine Empfehlun-

gen zu dieser Angelegenheit (Anm. d. Verf.: Widerstand) der
deutschen Geschichte wieder«...

Der innerdeutsche Widerstand und unser Aufstand gegen Hitler
bedürfen zu ihrer Rechtfertigung an sich keiner Anerkennung aus
dem Ausland. Der 20. Juli kann mangels sichtbarer oder praktisch
wirksamer Erfolge nur durch die dahinter verborgen gebliebenen
Motive und Ziele gerechtfertigt werden'. Aus den Demokratien des
Westens hatten wir jedoch eine positive Reaktion erwartet, weil der
Aufstand gegen Hitler von den gleichen religiösen und geistigen,
von den gleichen ethischen und politischen Grundsätzen getragen
war, die in der öffentlichen Meinung der demokratischen Länder
des Westens Geltung haben. Aber es ist eine Tatsache, daß die
Regierungspolitik und -propaganda dieser Länder entscheidend
dazu beigetragen hat, daß der Widerstand gegen Hitler auch nach
der Kapitulation keine Anerkennung gefunden hat.

Schon die politischen Flüchtlinge, die aus Deutschland emigriert
waren und vom westlichen Ausland her den Kampf gegen das
Naziregime fortzusetzen versuchten, haben dort keine begeisterte
Aufnahme und erst recht keinerlei wirkungsvolle Unterstützung
gefunden. Dies beruht nicht nur darauf, daß der Kampf im Widerstand anonym geführt und geheimgehalten werden mußte. Es lag
wohl mehr an jener »heimlichen Begeisterung für Hitler«, die nach
einem Ausspruch von Nehru die Politik der Westmächte vor dem
Krieg bestimmt und mit dem Abkommen von München im Jahre
1938 zu ihrer Kapitulation vor Hitler geführt hatte.

Die Tatsache, daß nach Ende des Krieges sich viele Deutsche
nachträglich als Widerstandskämpfer gerierten, ist kein Ruhmes-
blatt in der deutschen Geschichte. Den Truppen und Militärregierungen der Alliierten ist bei der Besetzung von Deutschland ziemlich viel an Widerstandslegenden zugemutet worden. Der Dichter
Martin Beheim-Schwarzbach, von Geburt Engländer, hatte vor
dem Krieg in Deutschland gelebt und auch deutsch geschrieben. Er
kannte die Entwicklung in Deutschland im Dritten Reich bis zum
Kriegsausbruch, als er nach London ging und während des Krieges
in einer Fabrik arbeitete, sehr genau. Als ich ihn nach dem Krieg

1949 in Hamburg wieder traf, sagte er sarkastisch: »Ich habe noch keinen einzigen Deutschen getroffen, der zugegeben hat, daß er Nazi war. Alle sagen, sie waren immer dagegen.«

Andererseits war es in der ersten Zeit nach der Kapitulation bewußte Politik der alliierten Militärregierungen, den innerdeutschen Widerstand gegen Hitler totzuschweigen. Das erfuhr ich 1948 von einem Mitarbeiter eines »Historical Team« der amerikanischen Armee. Er hatte eine Ausarbeitung über den 20. Juli gemacht, weil er sich persönlich dafür interessierte. Sie war »streng geheim«. Er bat mich, sie zu lesen und ihm meine Meinung dazu zu sagen. Bei meiner Durchsicht konnte ich einiges berichtigen und ihm eine Reihe von Ergänzungen und Hinweisen geben. Als ich sie ihm zurückgab, schlug ich ihm vor, diese Ausarbeitung in einer amerikanischen Zeitschrift zu veröffentlichen. Darauf sagte er sofort: »Unmöglich! Es gibt bei uns eine ›Verschwörung des Verschweigens‹. Es darf nichts über Ihren Aufstand gegen Hitler publiziert werden. Man will bei uns nichts vom Widerstand gegen Hitler wissen. Offiziell hat es keinen deutschen Widerstand gegen Hitler gegeben.«

Auch in der deutschen Presse wurde in der ersten Zeit nach der Kapitulation unter der Kontrolle der Militärregierungen zunächst lange Zeit nichts über den Aufstand gegen Hitler veröffentlicht. Es war nicht zu verkennen, daß es damals in breiten Kreisen des deutschen Volkes eine echte Bereitschaft gab, sich in der trostlosen Stimmung des totalen Zusammenbruchs für den 20. Juli zu begeistern. Aber diese Chance, den Widerstand gegen Hitler in Deutschland populär zu machen und zur nationalen Anerkennung zu bringen, ist verpaßt worden. Die deutschen Publizisten – soweit sie damals überhaupt schreiben durften oder konnten – hatten zu dieser Zeit noch keinen Einblick in das Material über den innerdeutschen Widerstand. Sämtliche amtlichen Dokumente und Unterlagen waren von den Alliierten beschlagnahmt, Informationen und Unterlagen über den Widerstand waren von den Überlebenden noch nicht zusammengetragen worden.

Die Maßnahmen der Alliierten in dieser Zeit zur »Befreiung vom Nationalsozialismus« wurden von den meisten Menschen in

Deutschland als eine nicht verdiente Bestrafung empfunden. Man hatte sich in Deutschland – mit oder ohne Grund mag dahingestellt bleiben – »die Befreiung«, jedenfalls durch die Westmächte, anders vorgestellt. Die Enttäuschung darüber, Hunger und Verelendung, Massenverhaftungen, Entnazifizierung, Internierung, Zonengrenzen, Familientrennungen, alliierte Militär-Diktatur und Umerziehungsversuche – ganz abgesehen von allem, was von den Russen östlich der Elbe veranstaltet wurde – brachten in Deutschland einen Zustand totaler Erschöpfung und Hoffnungslosigkeit hervor.

Die Praktiken der Siegermächte waren nicht gerade dazu angetan, in dieser schweren Zeit in Deutschland für die moralischen und politischen Ideale der westlichen Demokratien zu werben. Und diese Ideale waren die einzigen Argumente, um den Widerstand gegen Hitler zu rechtfertigen. Aber sie wurden in Deutschland als nicht mehr glaubwürdig empfunden. Nur wenige brachten nach dem Zusammenbruch in diesem Zustand fortschreitender Demoralisierung die seelische Kraft zur Besinnung auf, um »die Befreiung vom Nationalsozialismus« durch die Alliierten, trotz allem, was dabei an Widerwärtigkeiten zu ertragen war, als Erlösung für den Aufbau eines neuen Lebens anzusehen.

Die meisten Menschen in Deutschland waren durch den Krieg physisch und psychisch erschöpft. Die Frage, was bringt der nächste Tag, war vorrangig, und man hatte weder Kraft noch Neigung, sich mit der Vergangenheit auseinanderzusetzen.

Der Nazigeist aber lebte damals in den Gefangenen- und Internierungslagern der Alliierten fort. Dort wurde von den gefangenen Nazis – mit K-Rations besser als draußen versorgt – diskutiert. Dabei wurden, insbesondere im Lager Darmstadt, die Thesen und Formeln geprägt, mit denen heute noch von den Unverbesserlichen die Auseinandersetzung über das Dritte Reich und über den Widerstand gegen Hitler betrieben wird.

Im Juni 1948 kam die Währungsreform. Für die drei Besatzungszonen der Westmächte sollte dies der Beginn dessen sein, was »das deutsche Wirtschaftswunder« genannt wurde. Die westlichen Sieger waren zu der Erkenntnis gekommen, daß die Fortsetzung ihrer Politik der Vergeltung in Deutschland wegen der stetig wachsenden

Bedrohung durch die Sowjets nicht mehr opportun war. Es war so gekommen, wie ich es in meinem Bericht III im März 1944 für Stauffenberg als mögliche Nachkriegsentwicklung in Aussicht gestellt hatte: Die von Churchill oft und hoch gepriesene »Große Allianz« gegen Deutschland war zerbrochen. Churchill hatte als erster einen ganz neuen Ton angeschlagen, als er am 12. November 1946 im englischen Unterhaus erklärte:

»Die Nürnberger Prozesse sind vorbei und die schuldigen Führer des Naziregimes sind von den Eroberern gehenkt worden. Man sagt uns, daß noch Tausenden der Prozeß gemacht werden soll und daß große Gruppen von Deutschen wegen ihrer Zugehörigkeit zum Naziregime als Mitschuldige klassifiziert worden sind. Schließlich, in einem Land, das so behandelt wurde, wie es in Deutschland der Fall war, blieb den einfachen Leuten keine andere Wahl. Ich denke, man soll den einfachen Leuten einige Nachsicht zuteil werden lassen. Nicht jeder ist ein Pfarrer Niemöller oder ein Märtyrer. Und wenn die einfachen Leute so herumgewirbelt werden, wenn grausame Tyrannenhände auf sie gelegt werden, wenn ihnen niederträchtige Zwangssysteme auferlegt und mit Spitzelei und anderen Formen der Grausamkeit aufgezwungen werden, dann werden die Menschen sich in großer Zahl unterwerfen. Ich danke Gott, daß wir auf unserer Insel hier niemals auf die Probe gestellt worden sind, die viele der Völker Europas durchmachen mußten. Ich hoffe, daß wir jetzt zum Schluß der Hinrichtungen, Verurteilungen und Bestrafungen kommen und daß wir, ohne die harten Lehren der Vergangenheit zu vergessen, uns nun entschlossen der Zukunft zuwenden werden.«

Allmählich begann der »Christliche Realismus« wirksam zu werden, mit dem der 1935 aus Deutschland ausgewiesene Schweizer Theologe Karl Barth schon im Januar 1945 in einem Vortrag in Zürich für eine Versöhnung mit den Deutschen eingetreten war. Zum ersten Mal wurde dabei von ihm auch das dann durch Churchill berühmt gewordene Wort vom »eisernen Vorhang, der heruntergegangen ist«, ausgesprochen. Der Marshall-Plan mit seinen großzügigen materiellen Unterstützungen bewirkte zudem in Europa eine Art von Verständigungsbereitschaft. Zu diesem Zeit-

punkt entdeckte man nun auch den innerdeutschen Widerstand
gegen Hitler und die Tatsache, daß es im Dritten Reich auch noch
»ein anderes Deutschland« gegeben hatte. Dies wurde nun als die
Qualifikation angesehen, die Deutschen wieder in die große Familie der abendländischen Völker aufzunehmen. Der innerdeutsche
Widerstand gegen Hitler kam zu Ansehen, seine Opfer fanden im
In- und Ausland Anerkennung und wurden geehrt. Der 20. Juli
wurde zum Gedenktag.

Unterdessen hatte sich eine neue politische Konstellation ergeben.
Die sowjetische Blockade von Berlin und der Ausbruch des Krieges
in Korea führte im Sommer 1950 zu einer fast panikartigen Stimmung. Die Westmächte hatten abgerüstet, Deutschland war total
entwaffnet, und Europa schien dem Zugriff Stalins völlig preisge-
geben.

Wie ein Kapitän in höchster Not auf See mit dem Ruf »Alle Mann
an Deck« seinen Galeerensklaven die Fesseln abnehmen ließ, so
beschlossen nun die Außenminister der drei Westmächte im September 1950, die inzwischen gegründete Bundesrepublik Deutschland wieder zu bewaffnen, um Stalins Expansionsbestrebungen
Einhalt zu gebieten.

Man muß nicht deutscher Offizier oder Soldat gewesen sein und es
bedarf auch keiner besonderen Empfindsamkeit, um zu begreifen,
daß im deutschen Volk eine ungeheure Spannung und eine wirklich
dramatisch politische Problematik entstehen mußte, als die Politik
der totalen Entwaffnung durch die Alliierten in Deutschland im
September 1950 durch die völlig gegensätzliche Politik der Wiederbewaffnung abgelöst wurde. Neben der Frage nach der politischen
Opportunität ging es vor allem um das Problem des Fahneneides
und der Befehlsverweigerung – des Widerstandsrechts. Die Tat
Stauffenbergs wurde Gegenstand eines Meinungsstreits, der heute
noch anhält. Eine Reihe von namhaften Politikern, Autoren, Juristen, Generalen, Theologen, Historikern und Persönlichkeiten des
öffentlichen Lebens in Deutschland bekennen sich zum Recht auf
Widerstand und rechtfertigen den Aufstand gegen Hitler in gleicher
Weise. Es ist aber nicht auszumachen, welche Resonanz diese
Auffassung von der Tat Stauffenbergs im deutschen Volk wirklich

hat. Vor allem ist es sehr fraglich, wie die heranwachsende Jugend dazu steht . . .

Nicht nur die Diskussionen in der Bundeswehr zeigen, in welches Dilemma die widersprüchlichen Meinungen über die Tat Stauffenbergs führen. Die moralische Rechtfertigung und politische Anerkennung will man nicht grundsätzlich versagen. Aber man fürchtet, daß eine Verherrlichung der – wie man auch sagen kann – militärischen Revolte gegen Hitler letztlich zu einer Zersetzung aller militärischen Disziplin führen muß. Diese Gefahr kann nicht bestehen, wenn die historischen Tatsachen in das richtige Licht historischer Betrachtungen gerückt werden.

Die Gewaltherrschaft Hitlers war eine einmalige und in ihrer Art einzigartige historische Erscheinung. Der Aufstand dagegen war in seiner Art auch ein einmaliges historisches Ereignis. Dies kann nur aus dem Zeitgeschehen heraus begriffen werden. Wie das Urteil darüber auch ausfallen mag, es kann niemals auf ganz anders geartete, zukünftige historische Verhältnisse übertragen und zu einer allgemein gültigen historischen Norm für zukünftiges Verhalten erhoben werden. Die Tat Stauffenbergs kann und darf niemals zum Maßstab für eine verbindliche Abgrenzung der militärischen Gehorsamspflicht gemacht werden. Es geht bei wirklich unvoreingenommener Betrachtung der Tat Stauffenbergs jetzt und in der Zukunft nur um eine historische Bewertung, nicht um ein Präjudiz für die Zukunft! Sie setzt allerdings voraus, daß man sich gründlich mit den Tatsachen und Umständen, mit den Motiven und Zielen vertraut macht, aus denen heraus Stauffenberg seine Tat unternommen hat.

Ich bin oft nach meiner Meinung über Stauffenberg gefragt worden, fühlte und fühle mich aber gar nicht in der Lage, ihn angemessen zu beurteilen. Was ich heute über ihn weiß, beruht auf Darstellungen von anderen, die ihn seit frühester Jugend und aus der Zeit vor seiner Aktivität in der Verschwörung näher gekannt haben. Meine Begegnungen mit ihm habe ich geschildert. Geblieben ist mir der Eindruck von einem – ganz banal gesprochen – »sehr netten Kerl«, mit dem ich mich gerne enger angefreundet hätte. Aber dazu fehlte es uns beiden an Zeit und passenden Gelegenheiten. Unsere Gespräche, außer jenem am Abend auf der Bank am »Schwarzen Grund« in Dahlem, waren auf das Sachliche gerichtet und darauf beschränkt. Ich glaube, ich war ihm sympathisch, ebenso wie er mir. Er muß besonderes Vertrauen zu mir gehabt haben, als er mich damit betraute, für ihn unter dem Siegel der strengsten Verschwiegenheit, auch allen anderen in der Verschwörung gegenüber (außer Gehre und Hansen), eine Verbindung zu Eisenhower für ein Gespräch »von Soldat zu Soldat« herzustellen. Desgleichen als er mich durch Hansen zum 20. Juli nach Berlin rufen ließ.

Gegenüber Trott zu Solz, von dem er sich laufend über die Einstellung der englischen und amerikanischen Regierungen zum Widerstand informieren ließ, hat er nichts über seine Verbindung zum Hauptquartier Eisenhowers, die über mich und die amerikanische Botschaft in Madrid lief, offenbart. Im Bericht der Gestapo-Untersuchungskommission heißt es dazu:

»Stauffenberg suchte entsprechend seiner rein militärischen Einstellung eine Anknüpfungsmöglichkeit beim militärischen Oberkommando der Alliierten zu General Eisenhower und zum Generalstabschef General Marshall. Berthold Stauffenberg, der Bruder des früheren Oberst von Stauffenberg, sagte dazu: ›Etwa im Mai 1944 war ich zugegen, als über Beziehungen gesprochen wurde, die zu Eisenhower liefen oder aufgenommen werden sollten.‹«

Und weiter:

»Trott zu Solz, der von den außenpolitischen Fähigkeiten und der Urteilskraft Stauffenbergs außerordentlich gering dachte, sagt in seiner Vernehmung: ›Ich hatte das Gefühl, Stauffenberg verlasse sich ungeachtet aller meiner Argumente auf irgendwelche Informationen, die ihm von anderer Seite zur Verfügung standen . . .‹[16]«

Die Verschwörung gegen Hitler habe ich seit der sog. Fritsch-Krise Anfang 1938 in allen Phasen bis zum Scheitern des 20. Juli 1944 miterlebt. Im Umkreis der führenden Zivilisten war ich in der Verschwörung vorwiegend als Mittler tätig, hin und her getrieben zwischen der immerwährenden Illusion von der Erlösung durch einen Staatsstreich und der zermürbenden Enttäuschung, daß es nicht dazu kam. Oft habe ich bereut, daß ich nicht – wie ich es schon vor dem Krieg vorhatte – ausgewandert war. Manchmal war ich versucht, mich in Madrid oder Lissabon nach Südamerika abzusetzen, was mir mit Hilfe meines Freundes Angel Ferrari-Nuñez leicht möglich gewesen wäre. Aber nach der Verhaftung von Dohnanyi und Dietrich Bonhoeffer konnte ich das nicht mehr vor mir verantworten. Erst recht später nicht, nachdem ich von Stauffenberg mit einer wichtigen Funktion für seine Vorbereitungen des Staatsstreichs betraut worden war.

So blieb ich bis zum 20. Juli in die Verschwörung verwickelt, seit der mir von Stauffenberg übertragenen Funktion in dem befriedigenden Gefühl, endlich selbst einen Beitrag für die Vorbereitung des Staatsstreichs leisten zu können. Daß ich am 20. Juli – wie der reine Tor – davongekommen bin, bleibt für mich so rätselhaft und unergründlich wie das Scheitern der Attentatsversuche von Schlabrendorff und Gersdorff und der Tat Stauffenbergs. Mein Überleben hat mir auf meinem weiteren Lebensweg durch eine schicksalhafte, erst 1969 offenbar gewordene Verwicklung in die Aktivität von Stalins Superagenten, Kim Philby, böse Folgen beschert, unter denen ich noch heute zu leiden habe. Wofür war ich eigentlich am 20. Juli davongekommen?

Christine von Dohnanyi schrieb mir am 29. September 1945 nach London:

»... Im allgemeinen hat sich gezeigt, daß Flucht für jeden, der es konnte, das richtige war und also auch Ihr Weg. Das wird im Ausland vielleicht niemand so leicht verstehen. Man muß die Gestapo erlebt und diese Hölle durchgemacht haben, um hier urteilen zu können.

Ich jedenfalls bin Ihnen dankbar dafür, daß Sie diesen Weg gingen und sich erhalten haben. Trotz allen Grausens glaube ich, daß Ihr Weg für Sie der schwerere war und auch bleiben wird. Ich glaube, es ist schöner zu wissen, wofür man stirbt, als eigentlich nicht mehr recht zu wissen, wofür man leben soll. Und so wird es uns allen wohl zunächst gehen ...«

Mir ist geblieben, den heranwachsenden und zukünftigen Generationen über die Tat Stauffenbergs Zeugnis abzulegen. Immer wieder sehe ich dabei den alten Valdivia an der abgedeckten Abendtafel vor mir sitzen und mit verhaltener Erregung sagen: »Falsch und zu spät!« Diese Worte werden mir noch bis an das Ende meiner Tage nachgehen, aber zu ihnen bekennen kann ich mich nicht.

Das Attentat mußte unternommen werden. Es konnte nicht falsch sein, wenn man davon ausging – und den Einsichtigen war dies klar–, daß die totale Katastrophe nur durch eine Beseitigung Hitlers abgewendet werden konnte. Unter dieser Prämisse ging Stauffenberg ans Werk. Anders als er es versucht hat, hätte er das Attentat seiner körperlichen Behinderung wegen nicht ausführen können. Auch als »Selbstopfer« hätte Stauffenberg nicht verhindert, daß Hitler »durch die Vorsehung« gegen die Bombe gefeit war, die andere neben ihm zerrissen hat.

Zu spät war das von Stauffenberg angeführte Staatsstreichunternehmen im Hinblick auf die Tatsache, daß die Alliierten zu dem Zeitpunkt auch im Falle des Gelingens nicht mehr von der Forderung der bedingungslosen Kapitulation abgerückt wären. Aber daran kann die Tat Stauffenbergs nicht gemessen werden, auch nicht deshalb verurteilt werden, weil er sie in der Illusion beging, nach dem Sturz Hitlers mit Eisenhower »als Soldat zu Soldat« verhandeln zu können.

Stauffenberg hat nicht »leichtfertig gehandelt«. Mit Sicherheit hatte er, als er zur Tat schritt, noch Tresckows Worte im Ohr, die dieser nach der geglückten Landung der Alliierten gesprochen hatte:

»Das Attentat muß erfolgen, coûte que coûte. Sollte es nicht gelingen, so muß trotzdem in Berlin gehandelt werden. Denn es kommt nicht mehr auf den praktischen Zweck an, sondern darauf, daß die deutsche Widerstandsbewegung vor der Welt und vor der Geschichte den entscheidenden Wurf gewagt hat. Alles andere ist daneben gleichgültig.«

»Es war die Verzweiflungstat eines überzeugten Patrioten in letzter Stunde«, ein »Flammenzeichen am Horizont«. Das waren die Worte von Goebbels, die anders gemeint waren, aber – eine Ironie des Schicksals – gleichwohl trafen.

Das »Flammenzeichen am Horizont« hätte von Hitlers Feldmarschällen und Generalen richtig begriffen werden können, wenn sie sich nicht alle – wie Generaloberst von Hammerstein im Gespräch mit mir einmal sagte – durch die glorreichen Siege des »größten Feldherrn aller Zeiten« blind mit seinem Schicksal hätten verstricken lassen.

Wiederholt ist mir vorgehalten worden, daß ich Stauffenberg nicht davon abgehalten habe, das Attentat zu unternehmen, obwohl mir als einem seiner engsten Vertrauten bei der Vorbereitung des Staatsstreichs klar war, daß selbst nach einer Beseitigung Hitlers und Liquidierung des Naziregimes die Alliierten nicht von der Forderung der bedingungslosen Kapitulation der Wehrmacht ablassen würden. Zu keinem Zeitpunkt, weder vor noch nach Statuierung der bedingungslosen Kapitulation, hätte ich von einem Attentat auf Hitler abgeraten. Den Wahnsinnstaten dieses Monsterverbrechers an den Völkern Europas hätte lange zuvor schon Einhalt geboten werden müssen, bevor er am Ende noch das deutsche Volk als seiner unwürdig zum Untergang verdammen konnte.

Anmerkungen

[1] Bericht des Oberst Friedrich Hossbach: »Zwischen Wehrmacht und Hitler« (Göttingen, 1965).
[2] siehe dazu Christopher Sykes: »Troubled Loyality«. A Biography of Adam von Trott (Collins, London, 1968), Chapter 15 »The Last Phase«.
[3] Die Kaltenbrunner Berichte: Spiegelbild einer Verschwörung (Seewald Verlag, Stuttgart, 1961), S. 560 ff.
[4] siehe Anm. 3.
[5] siehe dazu Hugh Trevor-Roper: »The Philby Affair« (William Kimber + Co, London, 1968).
[6] zitiert nach Oberst Hossbach, siehe Anm. 1.
[7] Walter Schellenberg: »Memoiren« (Verlag für Politik und Wirtschaft, Köln, 1959), S. 40 f.
[8] abgedruckt in »Nazi Conspiracy and Aggression« (USA Government Printing Office, Washington, 1946, IV, 585).
[9] Franz Halder: »Hitler als Feldherr« (Münchner Dom-Verlag, 1949).
[10] Erich Ludendorff: »Meine Kriegserinnerungen 1914–1918« (Verlag E. Siegfried Mittler + Sohn, Berlin, 1919), S. 36. Ludendorff hatte von Valdivia, als dieser 1914 seinen Antrittsbesuch im Großen Hauptquartier gemacht hatte, »der treffliche spanische Major Valdivia« gesagt.
[11] Winston Churchill: »The Second World War, vol. III (Cassell + Co, London, 1950), p. 331.
[12] Manfred Messerschmidt: »Die Militärs im NS-Staat« Süddeutsche Zeitung Nr. 43, 1981.
[13] »The Wooden Titan« (William Morrow + Co, New York, 1936).
[14] R. Chr. Frhr. v. Gersdorff: »Soldat im Untergang« (Verlag Ullstein, Frankfurt, 1977).
[15] Guderian, Erinnerung eines Soldaten, Heidelberg, 1951.
[16] siehe Anm. 3.

ANHANG

BERICHT I

Betrifft: Spanien/Portugal
           Anfang Februar – Anfang März 1944

Kurz nach meiner Ankunft hatte ich gerade noch Gelegenheit, den im vorigen Bericht genannten amerikanischen Oberst zu sprechen, der im Begriffe war, Madrid zu verlassen. Er teilte mir mit, daß er über Weihnachten nicht – wie beabsichtigt – in USA gewesen sei, sondern aus dienstlichen Gründen die ganze Zeit in Spanien, Portugal und am Mittelmeer verbracht habe. Wir sprachen zunächst über gemeinsame Freunde in Deutschland und USA, insbesondere über einen bekannten Journalisten und Schriftsteller, der lange Jahre hindurch die A. P. in Deutschland vertreten hat und ein neues Buch über Deutschland herausgebracht habe, das er mir zu besorgen versprach. Nach einer allgemeineren Erörterung der militärischen und politischen Lage kam ich auf die gegen Spanien gerichteten Pressionen der Alliierten zu sprechen, die sich u. a. in der am Tage zuvor verhängten Benzinsperre auswirkten. Er meinte hierzu, man wisse doch ganz genau, daß und in welchem bedeutsamen Umfang Spanien die deutsche Kriegsführung unmittelbar und mittelbar unterstütze. Dies müsse nun ein Ende haben und er glaube sagen zu können, daß Spanien doch nun auch einsichtig werde. Im übrigen meinte er, es läge nicht in der Absicht der Alliierten, Spanien auf ihrer Seite in den Krieg hineinzuziehen, zumal dies für sie keinerlei militärischen Vorteile bringen könne. Heute erscheine es bereits ziemlich klar, daß Deutschland Spanien nicht mehr besetzen könne, und damit sei Spanien für sie kein militärisches Problem mehr. Bei der Erörterung der Lage in Italien gab er zu verstehen, daß der deutsche Widerstand, insbesondere die deutsche Verteidigung gegenüber den Landungen in Anzio und Nettuno, alle ihre Erwartungen übertroffen habe. Auch hier, wie überhaupt an der Südfront, habe es sich erwiesen, daß die deutsche Armee trotz der langen Kriegsdauer, die sie nun schon hinter sich habe, noch völlig intakt kämpfe und keinerlei Verfallserscheinungen zeige. Die Kämpfe seien sehr hart und bitter und es gehe sicherlich nicht so schnell voran, wie sie geglaubt hätten. Aber schließlich könne auch dies an dem endlichen Ausgang des Krieges nichts ändern. Der den Amerikanern so oft vorgehaltene Mangel an Kampferprobung und Erfahrung bessere sich mit jedem Tag und dann seien es doch vor allem die Faktoren »Gelände« und »Wetter«, die an der Südfront sehr ungünstig wirkten. Ich wies darauf hin, daß die Entwicklung der Kämpfe bei Anzio und Nettuno den Glauben an die Durchführbarkeit einer europäischen Invasion doch sehr erschüttert hätte, z. B. bei spanischen Offizieren, die dies ganz offen aussprächen. Er betonte demgegenüber, daß die Bildung des Brückenkopfes bei Anzio nicht mit der eigentlichen Invasion Europas in Beziehung gebracht und auch nicht als eine Art Generalprobe für die Invasion bewertet werden könne. Das Ziel der Landung in Anzio sei eine Verkürzung des Weges nach Rom. Dafür seien aber keine besonderen Anstrengungen gemacht und auch keine besonderen Mittel eingesetzt worden. Eine Operation im Rahmen der Südfront, die zu der in Vorbereitung befindlichen Invasion in keinem Verhältnis stünde. Die alliierte Luftwaffe käme z. B. erst in diesem Frühjahr voll und ganz zum Einsatz und zur Wirkung und würde die Landungen so gründlich vorbereiten, daß an der Durchführung und an dem Erfolg kein Zweifel mehr sein könne. Gerade von der deutschen Wehrmacht habe man die Zusammenarbeit zwischen Luftwaffe und Heer gelernt, und mit den darin liegenden Möglichkeiten sei den Alliierten im Hinblick auf ihr Personal und Material der Erfolg der bevorstehenden Invasion sicher. An die 30000 Flugzeuge und mehr als 6 Millionen Menschen, größtenteils Spezialtruppen, seien auf der Insel in vollem Training. Man sollte doch nicht glauben, daß derartige, vor allem auch kostspielige Vorbereitungen nur zur Propaganda gemacht würden. Zum Abschluß dieser Unterhaltung trafen wir eine neue Verabredung, die ich jedoch infolge einer Erkrankung nicht einhalten konnte. Später ermittelte ich nur noch, daß er inzwischen nach Washington geflogen war mit der Absicht, einige Wochen dort zu bleiben, so daß ich annehme, er wird Ende März, spätestens Anfang April, nach Madrid zurückkehren.

Im übrigen ergab sich aus Gesprächen in Madrid mit den anderen im letzten Bericht genannten Personen folgendes:

In der jüngsten politischen Entwicklung zwischen Spanien und den Alliierten müsse eine neue konkrete Gefahr für eine militärische Intervention der Alliierten in Spanien gesehen werden. Ausgangspunkt sei die Konferenz von Teheran. Bereits dort habe Stalin u. a. bei den Erörterungen um die zweite Front die baldige Beseitigung des faschistischen Franco und seines Systems durch die Alliierten gefordert. In England sei man zwar schon lange der Überzeugung, daß das Franco-Regime spätestens mit dem Sieg der Alliierten fallen müsse und werde. Man habe deshalb in England an der Beseitigung der Franco-Regierung kein vordringliches Problem gesehen, zumal die Haltung der spanischen Regierung bereits eine Wandlung im Sinne der Alliierten gezeigt habe. Diese verzögerliche Behandlung habe Stalin jedoch veranlaßt, die Auseinandersetzungen mit der polnischen Exil-Regierung in London zu provozieren, um klarzumachen, daß jedenfalls die Eröffnung der politischen Offensive an der zweiten Front keinen Aufschub dulde. Wenn man sich in England auch klar darüber gewesen sei, daß die Auseinandersetzung zwischen der polnischen Exil-Regierung mit Stalin bevorstehe, so sei man doch durch die Plötzlichkeit überrascht worden, mit der dieses Problem von Stalin aufgerollt worden sei. Dies habe vermutlich dazu beigetragen, daß die politische Offensive gegen Spanien eröffnet wurde. Diese Offensive habe aber vor allem auch schon ein militärisches Ziel. Es solle entsprechend den Forderungen der Alliierten an Spanien

a) durch Beseitigung des deutschen Nachrichten- und Agentennetzes in Spanien,

b) Einstellung der Wolframlieferungen an Deutschland,

c) Unterlassung jeder weiteren unmittelbaren und mittelbaren Unterstützung der deutschen Kriegsführung,

d) nicht zuletzt durch eine Umbildung der spanischen Regierung in Spanien eine Situation geschaffen werden, die den Alliierten dafür eine Garantie gäbe, daß sie im Falle einer Invasion vor Überraschungen aus Spanien sicher seien. Der Grund dafür sei die Tatsache, daß die Alliierten bei der Besetzung Nordafrikas in ihren militärischen Operationen durch das Verhalten Spaniens – Entsendung von Truppen nach Marokko – wesentlich behindert worden seien. Churchill selbst habe einen Spanier, als dieser mit ihm die Nachkriegspläne der Engländer in bezug auf Spanien erörtert habe, etwa folgendes gesagt: »Die Stellung Englands zu Spanien würde im wesentlichen bestimmt werden durch die Haltung, die Spanien in diesem Krieg gegenüber England eingenommen habe und in nächster Zukunft zeigen werde. Bei der Besetzung Nordafrikas habe Franco Truppen nach Marokko entsandt. Dies sei für die Alliierten eine unangenehme Überraschung gewesen. Sie seien dadurch genötigt worden, entsprechende Sicherungen gegen die marokkanischen Grenzen zu treffen. Sie hätten Verteidigungsanlagen errichten und 2 Corps unter dem Befehl von Anderson (?) an der spanisch-marokkanischen Grenze belassen müssen, um gegen weitere Überraschungen aus Marokko gesichert zu sein. Dies habe eine wesentliche Verzögerung der alliierten Operationen in Tunis zur Folge gehabt und die Alliierten Menschen und Material gekostet. Man müsse annehmen, daß die Besetzung Nordafrikas eine für die Alliierten viel günstigere und schnellere Entwicklung genommen hätte, wenn Spanien eine klarere Haltung gezeigt hätte.« Diese Erfahrungen, führte der spanische Vertrauensmann weiter aus, seien der Grund dafür, daß man sich englischerseits nun durch die politische Offensive gegen Spanien ähnliche Überraschungen für den Fall der Invasion sichern wollte. Der Druck der Alliierten sei stark und herausfordernd. Ca. 450 Verbalnoten hätten die Alliierten (bis Mitte Februar) der spanischen Regierung überreichen lassen. Die Forderungen der Alliierten gingen sogar so weit, die Ablösung einiger Regierungsmitglieder zu verlangen. Franco versuche auszuweichen und hinzuhalten. U. a. habe er den Plan erwogen, durch die Bildung eines Regentschaftsrates zunächst einmal eine sichtbare Änderung im Sinne der Alliierten zu schaffen. Der Plan sei fallengelassen worden. Franco müsse wahrscheinlich alle Forderungen der Alliierten erfüllen. Andernfalls drohe die Gefahr, daß er jetzt von den Alliierten gemeinsam mit den inzwischen erstarkten spanischen Republikanern überspielt würde. Darin liege auch die sehr konkrete Gefahr für eine militärische Intervention der Alliierten in Spanien. Die Republikaner seien inzwischen, vor allem auch durch die Unterstützung der Alliierten, wieder ein Machtfaktor geworden und drängten auf enge Zusammenarbeit mit den Alliierten. Sie könnten heute in Nordwestspanien, in Katalonien, oder auch nur auf den Balearen eine Oppositionsregierung bilden und die Alliierten um militärische Unterstützung angehen, die ihnen sofort gewährt würde, weil die Alliierten damit in die Lage versetzt würden, sich in Spanien eine neue Operationsbasis für die Invasion zu schaffen.

Der Vertrauensmann, mit dem ich diese Frage erörtert habe, zeigte sich sehr besorgt, um die in Spanien bevorstehende Entwicklung. Er hat bereits für den Fall eines offenen Ausbruchs des innerspanischen Konfliktes Republikaner / Franco 'Vorsorge zur Sicherung seiner Familie getroffen und dies dürfte ein ausreichender Beweis dafür sein, daß die Sache sehr ernst genommen wird. Zusammengefaßt wird die Lage wie folgt dargestellt: Entweder Franco erfüllt die Forderungen der Alliierten oder aber die Republikaner bilden – natürlich mit aller Unterstützung der Alliierten – eine Oppositionsregierung, die den Alliierten die Grenzen öffnet und ihnen eine neue militärische Operationsbasis für die Invasion nach Frankreich schafft.

Bestimmend für alle politischen Entscheidungen Francos soll die jeweilige Beurteilung der militärischen Lage sein. Im Zusammenhang damit scheint nicht unwesentlich die von einem spanischen Vertrauensmann übermittelte Feststellung, daß sich im spanischen Generalstab die Auffassung über die Durchführbarkeit einer Invasion geändert habe. Während noch vor einem halben Jahr mit und auf Grund der Erfahrungen der Landung von Dieppe der Standpunkt vertreten wurde, die Invasion sei bei entsprechendem Einsatz der Luftwaffe möglich, sei man heute im Hinblick auf den Ablauf der Kämpfe um Nettuno und Anzio der Ansicht, daß die Invasion kein sicher durchführbares Unternehmen sei und daß auch die Bildung eines oder mehrerer Brückenköpfe auf dem Kontinent, z. B. in Frankreich, noch keine entscheidende Bedeutung habe.

Im letzten Bericht machte ich Mitteilung von einer neuen, angeblich sehr wirkungsvollen englischen Bombe, mit der man »ganze Dörfer« zerstören könne. Es soll sich dabei um eine Weiterentwicklung des jetzt angeblich bereits verwendeten »Fabrikzerstörers« (600 kg) handeln, eine Bombe von 8000 kg bis 8500 kg.

Von zuverlässiger und sachlich gut unterrichteter Quelle hörte ich, bei den Alliierten sei ein Ausbildungsprogramm für den Einsatz der Luftwaffe im Lauf, das Anfang Mai zu Ende sein soll. Die Erfüllung dieses Planes soll die Alliierten in die Lage versetzen, nach Ablauf der schlechtesten Wetterperiode die Vorbereitung der Invasion in Gang zu bringen. In der Gegend von Foggia seien 17 Flugplätze für die Luftoffensive aus dem Süden fertiggestellt.

In Lissabon habe ich den mir dort bekannten Vertrauensmann nicht angetroffen. Bei einem späteren Besuch erfuhr ich, daß er nach Argentinien gereist sei und voraussichtlich nicht vor April wieder zurück sei. Er ließ mir übermitteln, daß es nunmehr außerordentlich schwierig geworden sei, Verbindung zu halten, da nach einer neuerlichen, sehr strengen Anweisung aus London, jeder Kontakt verboten sei. Im Hinblick auf die laufenden Vorbereitungen der Invasion, die termingemäß bereits festgelegt sei, stünden jetzt allein die militärischen Probleme im Vordergrund. Wenn es auch sicher erscheine, daß die Alliierten den Krieg gewönnen, so käme es doch für England vor allem auch darauf an, die politische Führung in Europa zu behalten.

BERICHT II
(im März 1944)

I.

Zu der Frage der Invasion habe ich vorweg berichtet. Zusammenfassend wiederhole ich:

Die politische und militärische Entscheidung über die Durchführung einer Invasion sei unwiderruflich gefallen. Die Invasion sei
Mitte bis Ende Juni in zwei Hauptangriffen auf das Festland zwischen Bordeaux und Hamburg, bzw. zwischen Brest und Antwer-
pen und in Holland und/oder Nordwestdeutschland zu erwarten.

Die bedeutsame Frage, ob und inwieweit mit einer weiteren Verzögerung der Invasion gerechnet werden kann, muß ich nach meinen
Informationen verneinen. Es ist mir aus zuverlässiger Quelle
berichtet worden, daß mit der Beauftragung Eisenhowers jegliche
Einflußnahme politischer Stellen auf die Durchführung der Invasion ausgeschaltet worden sei. Die Planung und Durchführung der
Invasionsoperationen bestimme sich ausschließlich nur noch nach
rein militärischen Entscheidungen, wie sie unter dem Oberbefehl
und der Verantwortlichkeit des Generals Eisenhower gefällt würden. Ein maßgeblicher Amerikaner, der in unmittelbarer Verbindung mit dem Hauptquartier Eisenhowers und Washington stehen
soll, habe sich inhaltlich etwa folgendermaßen geäußert: »An dem
Beschluß, daß die Invasion durchgeführt werden muß, kann nun
nichts mehr geändert werden, selbst wenn der Präsident sterben
sollte. Und das ist gut so, denn die politische Orientierungslosigkeit
der Amerikaner in der Politik könnte die militärischen Operationen

nur gefährden, wenn nicht jetzt ein endgültiger Beschluß über die Invasion gefaßt worden wäre. Vorher war man hinsichtlich der Invasion in Amerika genauso ziellos und unklar wie jetzt noch gegenüber den bevorstehenden Wahlen, weil die Leute im Land nicht klar denken und sich nicht fest entscheiden können, welcher Politik sie folgen sollen, um zu einer Lösung mit dem Krieg zu kommen«. Diese verbürgte Äußerung aus zuverlässiger Quelle muß m. E. als ein hinreichender Beweis dafür gewertet werden, daß auch die führenden amerikanischen Politiker auf den Fortgang der Vorbereitungen und auf die Durchführung der Invasion keinen Einfluß mehr nehmen können. Erwähnenswert erscheint hierzu eine Äußerung des jetzt aus Madrid abberufenen Stellvertreters des USA-Botschafters: Die USA hätten im Juni 1940 die totale Mobilisierung begonnen und zwar nach einem Plan, der einen Zeitraum von 4 Jahren vorgesehen habe. Dieser Plan sei voll eingehalten und ausgeführt worden. Im Juni 1944 stünde die mit der totalen Mobilisierung vorbereitete und ausgerüstete Invasionsarmee bereit.

Durch verschiedene Gespräche versuchte ich, eine klare Information darüber zu erhalten, ob möglicherweise die in meinem vorangehenden Bericht über die Invasion dargelegten Absichten der englischen Führung, die Hauptoperationen der Invasion gegen den Balkan zu richten, zu einer weiteren Verzögerung der Invasion führen könnten. Betont wurde dabei, daß diese Absichten der englischen Führung als rein militärisches Problem zur Durchführung der Invasion erörtert worden seien und durchgesetzt werden sollten, nachdem bereits die grundsätzliche politische Entscheidung gefällt worden sei, daß eine Invasion des Kontinents durchgeführt werden müsse. Wie im vorangegangenen Bericht dargelegt, habe die englische militärische Führung diese Absichten nicht durchsetzen können und weniger invasionsfreudig den Entscheid akzeptiert, die Invasion an der europäischen Westküste durchzuführen. Daraus resultiere eine gewisse Skepsis der englischen Führung bezüglich des Gelingens der Invasion und eine Enttäuschung, weil damit von England ein totaler Einsatz verlangt werde, der dem englischen und insbesondere auch Churchills Grundsatz widerspräche, nicht alles auf eine Karte zu setzen. Es könne jedoch kein Zweifel bestehen, daß die englische Führung den Plan der Invasion an der Westküste akzeptiert habe und nunmehr mit allem Einsatz verfolge, wenn gleichwohl dennoch auch heute noch England Verhandlungen mit Beauftragten Titos im Gange seien, die das Ziel hätten, eine Invasionsoperation auf dem Balkan zustande zu bringen. Nichts könne jedoch die Annahme rechtfertigen, daß die englische Führung heute noch die unter dem Oberbefehl Eisenhowers gefaßten Beschlüsse über die Invasionsoperationen gegen die europäische Westküste ändern oder gar ihre Ausführung verzögern könne. Die Entschlossenheit der englischen Führung, die nun einmal beschlossene Invasion im Westen mit allem Einsatz mitzumachen, wirkte sich andererseits ganz eindeutig in der Haltung der englischen Führung gegenüber allen Tendenzen einer Verständigung mit Deutschland aus. Es gäbe nur noch eine Meinung: die bedingungslose Kapitulation müsse mit militärischen Mitteln erzwungen werden. Darüber sei man sich mit den Amerikanern absolut einig. Die Besprechungen Stettinius in England hätten beiderseits wenn auch keine 100%ige Übereinstimmung in allen Fragen, so doch völlige Befriedigung ausgelöst. Dagegen würden ganz bewußt und absichtlich von den englischen und amerikanischen Vertretungen auf dem Kontinent Gerüchte aller Art über die Spannungen zwischen England und Amerika ausgestreut, die den Zweck hätten, die Ansichten der deutschen Führung über die Invasion irrezuführen.

Über die Einflußnahme Rußlands auf den Fortgang und die Planung der Invasion war wenig zu erfahren. Es würde jedoch darauf hingewiesen, daß die russische Kriegsführung selbständig und unabhängig von den Invasionsplänen der Alliierten plane und handle. Stalin verfolge mit allem Einsatz in erster Linie die Zerstörung der deutschen Wehrmacht. Alles was mit dem deutschen Befreiungskomitee in Moskau aufgeführt wurde, sei nichts als Irreführung und politische List. Nach Stalin selbst sei die russische Propaganda darauf eingestellt, dem Volk den Haß gegen die Nazis einzublasen, während er selbst eine gewisse bittere Bewunderung für das habe, was Hitler aus Deutschland gemacht habe, auch aus dem von Deutschland besetzten Rußland. Stalin respektierte die

Ausbildung der deutschen Armee, insbesondere ihrer Offiziere. Er widerspräche – ebenso wie Churchill – der Ansicht »daß Hitler nur ein Werkzeug in den Händen der fähigeren Männer sei«. Man solle nicht – und Stalin tue es nicht – auf einen inneren Zusammenbruch Deutschlands rechnen. Der Sieg über Deutschland könne nur durch eine völlige Zerstörung der Wehrmacht verwirklicht werden. Deshalb sei die Invasion erforderlich. Der Luftkrieg könne allerdings, nach Stalins Ansicht, schon dazu beitragen, den Glauben an Hitlers Unbesiegbarkeit zu zerstören. Stalins »kühle und reale Art zu denken« habe ihn veranlaßt, den Amerikanern vorzuschlagen, die Stützpunkte einfach zu nehmen, die bedeutungsvoll sind und solchen Nationen gehören, die nicht eindeutig auf der Seite der Alliierten mitmachen wollen und nicht stark genug seien, sich selbst zu verteidigen. Dies sei insbesondere als eine Anspielung auf Spanien zu verstehen, wo die Alliierten mit Hilfe der Republikaner leicht Fuß fassen könnten (vgl. dazu meinen vorletzten Bericht über die Möglichkeiten einer militärischen Intervention der Alliierten in Spanien zur Erleichterung der Invasion).

Zusammenfassend wäre festzustellen: Es ist nicht damit zu rechnen, daß die operativen Planungen und Vorbereitungen der Alliierten für die Invasion sowie ihre Durchführung irgendwelche Veränderungen oder Verzögerungen durch politische Einflußnahme seitens der Alliierten erfahren.

II.

Der englische Botschafter hat Madrid vor ca. 14 Tagen verlassen und Freunden gegenüber geäußert, daß er, *wenn* er wiederkäme, wohl in 4 Wochen zurück sein werde. Er habe die Absicht geäußert, wieder einen Posten in England zu übernehmen. Die Isolierung der englischen Insel durch die von der englischen Regierung angeordneten Maßnahmen wird streng gehandhabt. Um so bedeutsamer ist es, die wenigen Personen im Auge zu behalten, die jetzt noch von England nach dem Kontinent kommen. Die Flugzeuge England-Lissabon sind, wie ich feststellen konnte, nach wie vor in beiden

Richtungen gut besetzt. Die meisten Gäste kommen und gehen aber über Lissabon hinaus nach Afrika und den Osten. Seit der Verhängung der Sperrmaßnahmen sind nur zwei Personen nach Madrid gekommen. Der eine Direktor des BBC, und der andere englischer Schwiegersohn eines bekannten spanischen Arztes, dessen Familie mit Hoare befreundet ist. Der Verkehr zwischen England und dem Kontinent kann am besten in Lissabon kontrolliert werden, da von dort aus die Flugverbindungen überwacht werden können. Es müßte versucht werden, mit den dort durchkommenden holländischen Besatzungen Fühlung zu nehmen.

Interessant ist die Tatsache, daß nunmehr die nach dem Kontinent kommenden Engländer persönlich umfangreiche Einkäufe tätigen, woraus man am besten auf die Versorgung in England schließen kann.

Die Aufgabe des englischen Geheimdienstes auf der Iberischen Halbinsel bestünde z. Z. fast ausschließlich in der Ermittlung deutscher Agenten, um deren Ausweisung aus Spanien und Portugal durchzusetzen. Ein beliebtes und erfolgreiches Thema zur Anknüpfung von Gesprächen seien die angeblichen Spannungen zwischen Rußland und den Alliierten. Darauf fielen fast alle deutschen Agenten herein.

In England stünden z. Z. angesichts der ungeheuren Anstrengungen, die für die Invasion gemacht werden müßten, alle damit im Zusammenhang stehenden Probleme im Vordergrund. Die politische englische Führung, insbesondere der Kreis um Churchill, sähe jedoch immer neue Probleme auftauchen, die weder durch die Invasion noch überhaupt durch militärische Mittel gelöst werden könnten. Churchills Ziel sei es, den Bestand des Empire zu erhalten. So soll er gesagt haben: »Unsere Absicht ist es, das zu halten, was wir haben. Ich bin nicht Seiner Majestät Premier-Minister geworden, um der Liquidation des englischen Empire vorzustehen.«

III.

Der frühere amerikanische Geschäftsträger in Madrid ist abberufen worden. Grund sei seine nachsichtige Behandlung der Spanier. Somit ist eine sehr nützliche Verbindung verlorengegangen. Dafür war es aber möglich, eine neue sehr enge mittelbare Verbindung zu der amerikanischen Botschaft herzustellen, von der einiges zu erwarten sein dürfte. Hieraus ergaben sich zunächst die nachstehenden Informationen über das Verhältnis Amerika-Rußland. Der grundsätzliche Fehler der amerikanischen Politik sei der Mangel einer klaren Linie in der Außenpolitik seit über 50 Jahren. Diese habe ihren Tiefstand 1939 erreicht durch den Abbruch der Handelsbeziehungen zu Japan und die Weigerung der Waffenlieferungen an England und Frankreich. Die Tatsachen hätten jedoch den Amerikanern die Augen geöffnet. Und diese Erkenntnis über die Notwendigkeit einer grundsätzlichen Wandlung der amerikanischen Außenpolitik sei insbesondere für die zukünftigen Beziehungen mit Rußland von Bedeutung und bestimme vor allem die Haltung Amerikas gegenüber Rußland in diesem Krieg. Rußland sei und wäre in der Zukunft die größte politische Macht der Welt und der Mächtigste nach Amerika im Pacific, nach dem Sieg über Japan. Das Problem wäre, ob Rußland seine Macht nach Europa so weit westwärts auszudehnen beabsichtige, daß dadurch die englisch-amerikanischen Interessen berührt würden, die in einer eindeutigen Regelung der europäischen Verhältnisse bestünden. Amerikas Interesse sei eine Regelung in Europa, die es der Notwendigkeit enthöbe, ständig in Europa militärisch zu intervenieren, sei es in rein europäischen Angelegenheiten, sei es um die nach dem Krieg zu schaffende Neuordnung Europas gegen russische Ansprüche aufrecht zu erhalten. Amerika unterstütze Rußland in diesem Krieg mit allen Mitteln und es gäbe erst recht jetzt keinen Grund mehr zu der Annahme, daß sich Amerika und Rußland in diesem Krieg gegen Deutschland und Japan entzweien könnten. Ob dieses Zusammengehen zwischen Amerika und Rußland auch nach dem Krieg weiterbestehen könne, hänge davon ab, ob die Regelung über die Grenzländer zwischen Rußland und Europa, also Finnland, Schweden, Polen, Donaustaaten, Balkan-Nationen und Türkei eine solche sein würden, die nicht durch militärische Interessen bestimmt würde. Heute könne noch nicht übersehen werden, welche von den genannten Staaten in eine Abhängigkeit von Rußland kommen könnten oder müßten.

Klar sei jedenfalls, daß die Grenzstaaten nicht wieder als Vorposten einer »westlichen Koalition« gegen Rußland durch Vereinbarungen mit den Westmächten hergestellt werden könnten. Im übrigen berührten sich die amerikanisch-russischen Interessen nach diesem Krieg in Europa nur mittelbar, im Pacific dagegen unmittelbar. Deshalb sei die amerikanische Politik ganz darauf eingestellt, Rußland mit allen Kräften im Krieg gegen Deutschland zu unterstützen und es sei nunmehr ganz sicher, daß weder Amerika noch Rußland ohne Zustimmung des anderen einen Frieden mit Deutschland machen würde.

BERICHT III

Die Opposition in Deutschland hat sich zu einer Schattenregierung konsolidiert, in der die ehemaligen Sozialdemokraten und Vertreter der Zentrumspartei den maßgeblichen Einfluß haben. Die Schattenregierung ist nach wie vor bestrebt, jedoch mangels ausreichender Machtmittel allein selbst nicht in der Lage, noch vor dem völligen Zusammenbruch Deutschlands eine innerpolitische Veränderung herbeizuführen, um den Krieg schnellstens zu beenden. Sie hat aber, nachdem sich alle Hoffnungen auf einen Staatsstreich der Generale als illusorisch erwiesen haben, die aktive Unterstützung derjenigen Stabsoffiziere in der Wehrmachtführung und des Generalstabes gefunden, die entschlossen und in der Lage sind, gemeinsam mit der Schattenregierung das nationalsozialistische Kriegsunternehmen und das System so schnell als nur möglich zu liquidieren.

Dieses Vorhaben geht von der Überzeugung aus, daß es ebenso im Interesse der Alliierten wie der europäischen Staaten und Deutschlands selbst liegt, weitere Zerstörungen in Europa und den völligen Zusammenbruch Deutschlands durch die Weiterführung des Krieges zu verhindern, damit nach der Liquidation des Naziregimes und des von ihm angezettelten Krieges der europäische Wiederaufbau gemeinsam zwischen den Alliierten und den Ordnungskräften in Deutschland begonnen werden kann, die auf Grund ihrer Haltung und ihres Kampfes gegen den Nationalsozialismus allein legitimiert und in der Lage sind, die gesamten deutschen Verhältnisse neu zu gestalten.

Einer Verwirklichung dieses Vorhabens steht heute im wesentlichen nur die Haltung der Alliierten entgegen. Solange weiterhin jede Fühlungnahme mit der Opposition in Deutschland abgelehnt und ihr nicht die Überzeugung beigebracht wird, daß die Alliierten schon jetzt und in der Zukunft mit der Opposition in Deutschland zusammenarbeiten wollen, indem sie einen wesentlichen Unterschied zwischen den Nazis und dem übrigen Deutschland machen, solange kann keine Aktion gegen die Nazis in Deutschland in Gang gebracht werden. Das Hitlerregime wird nie kapitulieren. Aber eine Beseitigung des Systems und eine schnelle Liquidation des Krieges kann von der Opposition vorbereitet und gemeinsam mit den Alliierten durchgeführt werden, wenn die Bedingungen und der Modus procedendi gemeinsam klargestellt werden.

6. Juni 1944

Berichtigung des Herausgebers zu Otto John:
»Falsch und zu spät«

Jede geschichtliche Darstellung unterliegt zwangsläufig dem Widerspruch zwischen subjektiver Interpretation und objektiver Realität. Soweit es sich um Lebensbilder von Persönlichkeiten handelt, ergibt sich aus dem Grundgesetz sowie § 10 des Bayerischen Pressegesetzes, daß der Mensch auf rechtlichen Schutz wenigstens gegen grobe, ehrverletzende Entstellung – auch nach dem Tode – vertrauen und in dieser Erwartung leben kann.

Das vorliegende Erinnerungswerk aus der Feder von Otto John enthält eine Anzahl unwahrer Darstellungen zur Person des verstorbenen Feldmarschalls von Manstein, die den Tatbestand der Verleumdung erfüllen.

Der Herausgeber sieht sich daher bei folgenden Passagen zu den nachstehenden Richtigstellungen veranlaßt:

1) **Behauptung** auf Seite 203: In bezug auf Feldmarschall von Manstein führt Otto John aus, »daß Menschen, die mit Völkermorden die Welt erobern wollten und fürchterliches Unheil angerichtet haben, vor Gericht gestellt und abgeurteilt werden«. Damit wird der Eindruck erweckt, v. Manstein habe mit Völkermorden die Welt erobern wollen und fürchterliches Unheil angerichtet.

   Richtig ist:
   Bereits im Nürnberger Prozeß war die Kollektivanlage gegen »Organisation Oberkommando der Wehrmacht und

Generalstab wegen Planung, Vorbereitung, Einleitung und Führung eines Angriffskrieges« widerlegt worden und hatte mit Freispruch geendet.

Dementsprechend enthielt die Anklage gegen Manstein im Hamburger Prozeß keine der obigen Behauptung entsprechende verallgemeinernde Formel. Vielmehr wurde der Feldmarschall von allen der insgesamt 17 detaillierten Anklagepunkte freigesprochen, die unter einer der Johnschen Behauptung entsprechende Rubrik subsummiert werden könnten. Selbst die Anklagepunkte »Kommissarbefehl« und »Geiselerschießungen« sind so eingeschränkt, daß obiger Vorwurf nicht erhoben werden kann.

2) **Behauptung** auf Seite 203 und 204: Die Schilderung des Prozesses vor einem englischen Militärgericht zur Frage: »Inwieweit v. Manstein für die in seinen Befehlsbereichen begangenen Morde an Juden, Zigeunern und Krimtschaken verantwortlich war«, erweckt den Eindruck, Manstein sei hierfür verantwortlich gewesen.

Richtig ist:
In allen diesen Komplex berührenden Aussagen der Anklageschrift erfolgte Mansteins Freispruch.

3) **Behauptung** auf Seite 216: Manstein »hatte, wie bereits früher geschildert, ausgesagt, er hätte seinerzeit keine Kenntnis gehabt von den Erschießungen von Juden, Zigeunern und Krimtschaken auf der Krim. Er war jedoch der Lüge überführt, deshalb für das Gericht völlig unglaubwürdig und verurteilt worden«.

Richtig ist:
Manstein wurde in diesen Punkten der Anklage freigesprochen und nicht der Lüge überführt.

4) **Behauptungen** auf Seite 204:

a) ». . . Die folgenden Zeilen waren überklebt: Der Oberbefehlshaber wünscht nicht, daß Offiziere bei der Erschießung von Juden zusehen. Das ist eines deutschen Offiziers nicht würdig.«

b) ». . . Manstein vermochte nicht zu erklären, wieso diese
Sätze überklebt waren, mußte aber zugeben, daß er das
Kriegstagebuch regelmäßig unterschrieben habe. Dadurch hatte er sich selbst widerlegt und war deshalb vor
seinen Richtern völlig unglaubwürdig geworden.«

c) ». . . In seinem Buch ›Verlorene Siege‹ gab er dies nicht
zu, sondern behauptete, unter dem Klebestreifen hätten
die Sätze gestanden, er (Manstein) sei ein Herr und etwas
schwierig, aber man könne offen mit ihm reden. Was unter dem Klebestreifen stand, hat er in seinem Buch unterschlagen.«

Richtig ist:

zu a) Wie sich aus den Originaldokumenten des Kriegstagebuches der 11. Armee und den Original-Prozeßpro-
tokollen ergibt, war der inkriminierte Satz nicht überklebt und hatte auch mit Manstein nichts zu tun,
sondern handelte von einer zurückliegenden Maßnahme rumänischer Truppen. Dieser Satz konnte daher auch nicht im Sinne der Anklage als Beweismittel
gewertet werden.

zu b) Die Beweisaufnahme ergab, daß das KTB nur **einmal**
pauschal vom Oberbefehlshaber, sonst chronologisch
vom Ia unterschrieben worden war, wie es dessen
Aufgabe war.

zu c) Die Darstellung Mansteins in seinem Buch »Verlorene Siege«, S. 209, ist richtig und entspricht dem Dokument und dem Prozeßprotokoll.

5) **Behauptung** auf Seite 215: »Ich wußte von Manstein, daß er ursprünglich von Lewinsky hieß, ein Vetter des mir freundschaftlich verbundenen Geheimrats von Lewinsky, und von einem Herrn von Manstein, Gutsnachbar seines verstorbenen Vaters, adoptiert war.«

Richtig ist:
Die Familie schreibt sich Lewinski*, nicht Lewinsky. Einen Geheimrat von Lewinski, Vetter Mansteins, hat es nie gegeben. Weder die Lewinskis noch die Mansteins besaßen Güter und waren demnach auch nicht Gutsnachbarn.

6) **Behauptung** auf Seite 216: ». . . Er habe seinerzeit – wie alle Feldmarschälle – von Hitler einen Scheck über 250 000 Reichsmark erhalten und wollte davon in der polnischen Gegend, in der er aufgewachsen war, ein Gut erwerben. Der Gütermakler, den er angegangen war, gab zu bedenken . . .«

Richtig ist:
Die Behauptungen, alle Feldmarschälle hätten von Hitler Schecks in Höhe von 250 000 RM erhalten, trifft nachweislich nicht zu. Manstein hat keine Dotation erhalten, wie auch aus einem Schreiben von Professor Booms, Bundesarchiv Koblenz vom 30. 1. 1985, hervorgeht.
Ein Gütermakler ist bei Überlegungen über Grunderwerb nie eingeschaltet worden, da zur damaligen Zeit freier Erwerb von Gütern überhaupt nicht möglich war.

7) **Behauptung** auf Seite 216: ». . . Ich gab Manstein Gelegenheit, sich schriftlich zu äußern, und schickte seine Darstellung, um die Angelegenheit zu klären, an Schlabrendorff.

* In der Taschenbuchausgabe korrigiert – Anm. d. Red.

Keiner der beiden änderte seine Darstellungen. Einer von beiden mußte gelogen haben. Erst nach Jahren konnte ich die Tatsachen klarstellen . . .« (Folgt Hinweis auf das Buch des verstorbenen Generals von Gersdorff »Soldat im Untergang«, Ullstein 1977.)
Damit wird Manstein als möglicher Lügner hingestellt.

Richtig ist:

Manstein führte im Jahr 1947 mit Schlabrendorff einen Briefwechsel über dessen Aussagen in seinem Buch »Offiziere gegen Hitler« mit dem Ergebnis, daß Schlabrendorff nicht mehr von der Haltbarkeit seiner früheren Vorwürfe gegen Manstein überzeugt war und bei späteren Neuauflagen Korrekturen veranlaßte. Der damals bereits laufende Abdruck seines Buches in der Münchner Abendzeitung wurde sogar durch Schlabrendorff gestoppt.

Die Ausführungen Gersdorffs in seinem Buch »Soldat im Untergang« haben mit diesen Aussagen Schlabrendorffs über Manstein gar nichts zu tun. – Im übrigen sind Aussagen Gersdorffs historisch umstritten, da Schlabrendorff als direkt Beteiligter wichtige Vorgänge anders als Gersdorff darstellt.

Anstelle einer Erwiderung des Autors:
Prof. Jehuda L. Wallach über Erich von Manstein

Die vorhergehende »Berichtigung des Herausgebers...«, die auf Wunsch der Manstein-Erben in dieses Buch aufgenommen wurde, die der Autor, Otto John, jedoch in den meisten Punkten nicht akzeptiert, soll durch einen wissenschaftlichen Beitrag des renommierten Historikers Prof. Jehuda L. Wallach über Erich von Manstein ergänzt werden. Wallach, Geschichtsprofessor in Tel Aviv, war 1987/88 Mitglied der Historiker-Kommission im Fall Kurt Waldheim.

JEHUDA L. WALLACH, TEL AVIV:

FELDMARSCHALL ERICH VON MANSTEIN UND DIE DEUTSCHE JUDENAUSROTTUNG IN RUSSLAND*

Feldmarschall Erich von Lewinski, genannt von Manstein, wird von den meisten Militärhistorikern und -experten, auch vom bekannten britischen Kriegstheoretiker Sir Basil H. Liddell Hart, als der größte Feldherr des Zweiten Weltkrieges und der »fähigste operative Kopf« dieses Krieges angesehen...
Wie viele andere Generale der hitlerschen Kriegsmaschine wurde auch von Manstein nach Kriegsende vor ein alliiertes Kriegsgericht gestellt. Diese Gerichtsverhandlungen fanden im Jahre

---

* Auszug aus einem Beitrag des *Jahrbuch des Instituts für Deutsche Geschichte*, 4. Band 1975, Tel Aviv, S. 457–472.

1949 in Hamburg statt, d. h. in der britischen Besatzungszone Deutschlands und deshalb also vor einem britischen Kriegsgericht. Die Verteidigung Mansteins leitete der berühmte englische Rechtsanwalt Reginald T. Paget; die Richter waren britische Offiziere, aber nicht gerade solche mit eigener Frontkommandoerfahrung. Es muß hier von vornherein hervorgehoben werden, daß in den Gerichten der britischen Zone, im Gegensatz zu anderen Besatzungszonen, keine Anklage wegen »Verbrechen gegen den Frieden« und »Verbrechen gegen die Menschlichkeit« erhoben wurden. Die Verhandlungen gegen Manstein erregten seinerzeit großes Aufsehen in der britischen Öffentlichkeit, und viele bekannte Persönlichkeiten äußerten die Meinung, daß man ihn zu Unrecht angeklagt und beschuldigt habe. Aber das britische Kriegsgericht verurteilte Manstein zu 18 Jahren Freiheitsstrafe, die dann auf 12 Jahre reduziert wurde, sprach ihn aber unter anderem, wie sein Verteidiger es in seinem Buch[1] nannte, von *»allen Juden-Punkten«* frei[2], da er *»unter Eid versicherte, er habe nicht die geringste Ahnung gehabt, daß der SD Juden erschoß, und das Gericht glaubte ihm offensichtlich«*[3]. *»Freigesprochen wurde er schließlich auch unter dem Anklagepunkt, der sich mit dem Reichenau-Brief befaßte«*[4]. Noch zu erwähnen ist, daß von Manstein 1953 wieder auf freien Fuß gesetzt wurde. Da von Manstein auf Grund seiner unter Eid gegebenen Aussage von alle Juden-Punkten freigesprochen wurde, obwohl die uns bekannten Tatsachen dem widersprechen, erheischt dies sowohl eine dringende Überprüfung der Ereignisse selbst, als auch eine Antwort auf die Frage, wie es dazu kam, daß ihm das Gericht gerade in diesen Punkten Glauben schenkte . . .

1 Reginald T. Paget, *Manstein. Seine Feldzüge und sein Prozeß,* Wiesbaden 1952 (engl. Originaltitel: *Manstein. His Campaigns and his Trials,* London 1951).
2 *Ebd.,* S. 226.
3 *Ebd.,* S. 203.
4 *Ebd.,* S. 226.

HAT VON MANSTEIN ZUR GRAUSAMKEIT GEGEN DIE JUDEN ANGESTIFTET?

Dieser Anklagepunkt 12 des Manstein-Prozesses wurde unmittelbar durch einen im Oktober 1941 von Feldmarschall von Reichenau, damals noch Oberbefehlshaber der 6. Armee im Rahmen der Heeresgruppe Süd, veröffentlichten Befehl ausgelöst. Von Reichenau war bekanntlich einer der ersten Offiziere der Reichswehr, die mit dem Nationalsozialismus sympathisiert und Hitler substantielle Unterstützung zu seiner Machtergreifung geleistet hatten. Der zur Debatte stehende Befehl triefte unter anderem von anti-jüdischer Hetze. Hitler gefiel dieser Befehl, und er veranlaßte, daß er bei anderen Armeen ebenfalls in Umlauf gesetzt werde.

. . .

Das war am 12. Oktober 1941. Am 28. Oktober erhielt er (von Manstein) eine direkte Anweisung des Oberkommandos, einen Befehl zu erlassen, der dem Reichenaus gleichkam. Auf seine Verfügung entwarf sein Ic[5] einen Befehl, der in der Hauptsache der von Reichenau war, lediglich in etwas abgemildertem Wortlaut. Dieser mißfiel aber von Manstein . . . Er strich daher die zweite Seite aus, die mit dem Satz des Reichenau-Befehls begann: »*Unbeeinflußt von allen politischen Zukunftserwägungen* . . .«, und schrieb eigenhändig den zweiten Teil des Befehls[6]. Diese Anweisung, die dann am 20. November veröffentlicht wurde, trägt die Unterschrift von Mansteins. Sie wurde laut »Verteiler« an alle Regimenter und selbständigen Bataillone weiterverbreitet.

. . .

Hier nun der von Manstein am 20. 11. 1941 veröffentlichte Befehl, der, wie schon gesagt, seine Unterschrift trägt:[7]

---

5 Bezeichnung des Nachrichtenoffiziers in deutschen Truppenstäben.
6 Paget, *a.a.O.*, S. 194–195.
7 Office of Chief of Counsel for War Crimes. Document No. 4064-PS.

»Seit dem 22. 6. steht das deutsche Volk in einem Kampf auf Leben und Tod gegen das bolschewistische System.

Dieser Kampf wird nicht in hergebrachter Form gegen die Sowjetische Wehrmacht allein nach europäischen Kriegsregeln geführt.

Auch hinter der Front wird weiter gekämpft. Partisanen, in Zivil gekleidete Heckenschützen, überfallen einzelne Soldaten und kleinere Trupps und suchen durch Sabotage mit Minen und Höllenmaschinen unseren Nachschub zu stören. Zurückgebliebene Bolschewisten halten durch Terror die vom Bolschewismus befreite Bevölkerung in Unruhe und suchen dadurch die politische und wirtschaftliche Befriedung des Landes zu sabotieren. Ernte und Fabriken werden zerstört und damit besonders die Stadtbevölkerung rücksichtslos dem Hunger ausgeliefert.

Das Judentum bildet den Mittelsmann zwischen dem Feind im Rücken und den noch kämpfenden Resten der Roten Wehrmacht und der Roten Führung. Es hält stärker als in Europa alle Schlüsselpunkte der politischen Führung und Verwaltung, des Handels und des Handwerkes besetzt und bildet weiter die Zelle für alle Unruhen und möglichen Erhebungen. Das jüdisch-bolschewistische System muß ein für allemal ausgerottet werden. Nie wieder darf es in unseren europäischen Lebensraum eingreifen.

Der deutsche Soldat hat daher nicht allein die Aufgabe, die militärischen Machtmittel dieses Systems zu zerschlagen. Er tritt auch als Träger einer völkischen Idee und Rächer für alle Grausamkeiten, die ihm und dem deutschen Volk zugefügt wurden, auf.

Der Kampf hinter der Front wird noch nicht ernst genug genommen. Aktive Mitarbeit aller Soldaten muß bei der Entwaffnung der Bevölkerung, der Kontrolle und Festnahme aller sich herumtreibenden Soldaten und Zivilisten und der Entfernung der bolschewistischen Symbole gefordert werden.

Jede Sabotage muß sofort und mit schärfsten Maßnahmen gesühnt, alle Anzeichen hierfür gemeldet werden.

Die Ernährungslage der Heimat macht es erforderlich, daß die Truppe weitgehend aus dem Lande ernährt und daß darüber hinaus möglichst große Bestände der Heimat zur Verfügung gestellt werden. Besonders in den feindlichen Städten wird ein großer Teil der Bevölkerung hungern müssen. Trotzdem darf aus mißverstandener Menschlichkeit nichts von dem, was die Heimat unter Entbehrungen abgibt, an Gefangene und Bevölkerung – soweit sie nicht im Dienste der deutschen Wehrmacht stehen – verteilt werden.

Für die Notwendigkeit der harten Sühne am Judentum, dem geistigen Träger des bolschewistischen Terrors, muß der Soldat Verständnis aufbringen. Sie ist auch notwendig, um alle Erhebungen, die meist von Juden angestellt werden, im Keime zu ersticken.

. . .«

Nach eingehendem Studium des obigen Dokuments ist es schwer verständlich, nach welchen Überlegungen das britische Kriegsgericht von Manstein von *allen* sogenannten Juden-Punkten freigesprochen hatte, zwar mit der Einschränkung, *»daß er seine Pflicht als Militärbefehlshaber, für die öffentliche Ordnung und Sicherheit in seinem Befehlbereich Sorge zu tragen, vernachlässigt habe«*[8]. Noch unverständlicher ist die Tatsache, wie Paget berichtet, *»das Gericht* (habe) *ausdrücklich erklärt, daß seine Vernachlässigung weder absichtlich noch fahrlässig gewesen sei«*[9].

Wie schon erwähnt, wurde er auch ausdrücklich unter dem Anklagepunkt im Zusammenhang mit dem sogenannten *»Reichenau-Befehl«* freigesprochen. Es ist dem Leser überlassen, sich nach der Lektüre der oben gebrachten widerlichen Dokumente Gedanken über diese Freisprechung zu machen. Der Verfasser

8 Paget, *a.a.O.*, S. 226.
9 *Ebd.*

dieser Zeilen kann auch leider nicht seinem alten Lehrmeister und Freund Liddell Hart zustimmen, der nach Mansteins Verurteilung in einem Brief an die *Times* schrieb, es sei »*ganz klar geworden, daß Manstein nie zu irgendeiner Politik der Brutalität anstiftete, und er wurde von der Anklage freigesprochen, die ihm unterstellten Truppen zu Grausamkeiten angestiftet zu haben – dem wichtigsten Punkt in jeder Anklage wegen Kriegsverbrechen*«[10]. Ich kann nur annehmen, daß Liddell Hart einfach Mansteins Befehl vom 20. 11. 1941 nicht gekannt hat, sonst wäre er nicht zu dieser irrtümlichen Ansicht gekommen.

...

10 *Ebd.*, S. 231.

Literaturverzeichnis

Abshagen, K. H.: Canaris. Patriot und Weltbürger. Stuttgart 1949

Alsop, St., u. Braden, Th.: Sub Rosa: The OSS and American Espionage. New York 1946

Barth, K.: Theologische Existenz heute. München 1933

Bell, G. K. A.: The Background of the Hitler Plot. In: Contemporary Review 168 (1945), S. 203–208; aufgenommen in: Gesammelte Schriften von Dietrich Bonhoeffer, hrsg. von Eberhard Bethge. 1. Band. München 1958, S. 390–398

Bethge, E.: The Cahllenge of Dietrich Bonhoeffer's Life and Theology. The Alden-Tuthill Lectures. In: The Chicago Theological Seminary Register. Vol. LI (February 1961) Number 2, S. 1–38

Bethge, E.: Adam von Trott und der deutsche Widerstand. In: VfZ 11(1963), S. 213–223

Böhm, F.: Revolutionär wider Willen? Zu der Auseinandersetzung über Carl Goerderler und den 20. Juli. In: Die Gegenwart 10 (1955), S. 262–267

Bonhoeffer, D.: Widerstand und Ergebung. München 1951

Bonhoeffer, D.: Gesammelte Werke, München 1958ff.

Buchheim H. u. Schmithenner, W. (Hrsg.): Der deutsche Widerstand gegen Hitler. Köln 1966

Budde, E., u. Lütschess, P.: Die Wahrheit über den 20. Juli. Düsseldorf 1953

Bullock, A.: Hitler. Eine Studie über Tyrannei. Düsseldorf 1967

BZH 20. Juli 1944, Sammelband der Bundeszentrale für Heimatdienst Bonn, hervorgegangen aus der Sondernummer der Wochenzeitung »Das Parlament« vom 20. Juli 1952, 1. un 2. Aufl. bearb. von Hans Royce, 3. Aufl. (1960) bearb. von Erich Zimmermann und Hans-Adolf Jacobsen, Berto-Verlag Bonn

Colvin, I.: Chief o Intelligence. London 1951

Delmer, S.: Otto John (als Widerstandskämpfer in England 1944). In: Delmer: Die Deutschen und ich. Hamburg 1962, S. 580–605

Delp, A.: Im Angesicht des Todes. Frankfurt 1947

Diels, R.: Lucifer ante portas. Stuttgart 1950

Diels, R.: Der Fall Otto John. Göttingen 1954, S. 57

Dulles, A. W.: Verschwörung in Deutschland. Zürich 1948

Ehlers, D.: Technik und Moral einer Verschwörung. Der Aufstand am 20. Juli 1944. Bonn 1964

Eyck, E.: Geschichte der Weimarer Republik. 2 Bde. Erlenbach–Zürich–Stuttgart 1954–1956

Fechter, P.: Menschen und Zeiten: Begegnungen aus fünf Jahrzehnten. Gütersloh 1950

Fitzgibbon, C.: 20. July. New York 1954

Fitzgibbon, C.: The shirt of Nessus. London 1956, 2. Aufl.

Foerster, W.: Ein General kämpft gegen den Krieg. München 1949

Forsthoff, E.: Der totale Staat. Hamburg 1933

Friedensburg, F.: Die Weimarer Republik. Hannover–Frankfurt 1957

Fischauer, W.: The Man who came back. The story of Otto John. London: Muller 1958

Galen, Kardinal Graf von: Rechtsbewußtsein und Rechtsunsicherheit. Rede in Rom, März 1946. Als Handdruck verbreitet.

Gerken, R.: Spione unter uns. Methoden und Praktiken der Roten Geheimdienste nach amtlichen Quellen. Donauwörth 1965

Gisevius, H. B.: Bis zum bitteren Ende. 2 Bde. Zürich 1946, 2. verm. Aufl. Hamburg 1948

Goebbels, J.: Diaries 1942–1943. Ed. by Louis P. Lochner. New York u. London 1948. Deutsche Ausgabe: Zürich 1948

Görlitz, W.: Der deutsche Generalstab. Frankfurt 1950

Gollwitzer, H., Kuhn, K., Schneider, R.: Du hast mich heimgesucht bei Nacht. Abschiedsbriefe und Aufzeichnungen des Widerstands 1933–1945. München 1954

Guderian, H.: Erinnerungen eines Soldaten. Heidelberg 1951

Haffner, S.: »Beinahe«. Die Geschichte des 20. Juli 1944. »Neue Auslese«, 2. Jhg., Heft 8

Hagen, H. W.: Zwischen Eid und Befehl. Tatzeugen-Bericht von den Ereignissen am 20. Juli 1944. München 1958

Hagen, L.: Der heimliche Krieg auf deutschem Boden. Düsseldorf 1969

Hagen, W. (Pseudonym für Walter Hoettl): Die geheime Front. Organisation, Personen und Aktionen des deutschen Geheimdienstes. Linz 1950

Halder, F.: Kriegstagebuch Band I: Vom Polenfeldzug bis zum Ende der Westoffensive (14. August 1939 bis 30. Juni 1940), bearb. von H. A. Jacobsen in Verb. mit A. Philippi. Stuttgart 1962

Halder, F.: Hitler als Feldherr. München 1950

Hansard: Parliamentary Debates vol. 215, No 53 – 19 March 1959, Vol. 74

Hassel, J. D. v.: Verräter? Patrioten! Der 20. Juli 1944. Köln 1946

Hassel, U. v.: Vom anderen Deutschland. Aus den nachgelassenen Tagebüchern 1938 bis 1944. Zürich 1946

Henderson, J. L.: Adolf Reichwein. Eine politisch-pädagogische Biographie, hrsg. v. H. Lindemann, Stuttgart 1958

Henk, E.: Die Tragödie des 20. Juli 1944. Ein Beitrag zur politischen Vorge-schichte. Heidelberg 1946 (2. Aufl.)

Heusinger, A.: Befehl im Widerstreit. Schicksalsstunden der deutschen Armee 1923–1945. Tübingen 1950

Heuss, T. u. a.: Bekenntnis und Verpflichtung. Reden zur 10jährigen Wieder-kehr des 20. Juli 1944. Stuttgart 1955

Heuss, T.: Hitlers Weg. Eine historisch-politische Studie über den Nationalso-zialismus. Stuttgart–Berlin–Leipzig 1932, 9. Aufl.

Hildebrandt, R.: Wir sind die letzten. Aus dem Leben des Widerstandskämp-fers Albrecht Haushofer und seiner Freunde. Neuwied, Berlin 1949

Hitler, A.: Mein Kampf. München 1933

Hochhuth, R.: Der Stellvertreter. Reinbek 1963

Hossbach, F.: Zwischen Wehrmacht und Hitler 1934–1938. Wolfenbüttel 1949

IMT »Der Prozeß gegen die Hauptkriegsverbrecher vor dem Internationalen Militärgerichtshof Nürnberg 14. November 1945–1. Oktober 1946.« 42 Bände (Bd. 1–21 Sitzungsprotokolle, Bd. 22/23 Indices, Bd. 24–42 Beweis-urkunden.) Nürnberg 1949

John, O.: Berichte über Harnack, Leuschner, Moltke, Mierendorff, Haubach, Reichwein, Dohnanyi in »Blick in die Welt« 6/1946–12/1947

Kelsen, H.: Allgemeine Staatslehre. Berlin 1925

Kielmansegg, J. A. Graf v.: Der Fritschprozeß 1938. Hamburg 1949

Kiesel, G.: SS-Bericht über den 20. Juli. Aus den Papieren des SS-Obersturm-bannführers Dr. Georg Kiesel. »Nordwestdeutsche Hefte«, 2. Jahrg., Nr. 2, Februar 1947, S. 77–99

Kordt, E.: Nicht aus den Akten. Die Wilhelmstraße in Frieden und Krieg. Erlebnisse, Begegnungen und Eindrücke 1928–1945. Stuttgart 1950

Kordt, E.: Wahn und Wirklichkeit. Die Außenpolitik des Dritten Reiches. Versuch einer Darstellung. Unter Mitwirkung von K. H. Abshagen. Stutt-gart 1947

Leber, A.: Sozialdemokraten um den 20. Juli. Den toten, immer lebendigen Freunden. »Telegraf«, 20. 7. 1946

Leber, A.: Das Gewissen steht auf. 64 Lebensbilder aus dem deutschen Widerstand 1933–1945, Berlin–Frankfurt 1954

Leber, J.: Ein Mann geht seinen Weg. Schriften, Reden und Briefe. Berlin–Frankfurt 1952

Lilje, J.: Im finstern Tal. Nürnberg 1947

Lochner, L.: What about Germany. New York 1942

Lochner, L. (Hrsg.): Goebbels Diaries 1942/43. London 1948

Louis Ferdinand von Hohenzollern: Als Kaiserenkel durch die Welt. Berlin 1952

Mann, G.: Deutsche Geschichte des 19. und 20. Jahrhunderts. Frankfurt 1958
Manstein, E. von: Verlorene Siege. Bonn 1955
Manvell, R. und Fraenkel, H.: Der 20. Juli, 2. Aufl. 1965
McCloy II, J. J.: Die Verschwörung gegen Hitler. Ein Geschenk an die deutsche Zukunft. Stuttgart 1963 (Übers.)
Meinecke, F.: Die deutsche Katastrophe. Betrachtungen und Erinnerungen. Wiesbaden 1947

Namier, Sir L.: In the Nazi Era. London 1952
Neuhäusler, J.: Kreuz und Hakenkreuz. 2. Bde. München 1946
Niemöller, W.: Die evangelische Kirche im dritten Reich. Bielefeld 1956

Pechel, R.: Deutscher Widerstand. Erlenbach-Zürich 1947
Peter, K. H. (Hrsg.): Spiegelbild einer Verschwörung. Die Kaltenbrunner-Berichte an Bormann und Hitler über das Attentat vom 20. Juli 1944. Geheime Dokumente aus dem ehemaligen Reichssicherheitshauptamt, hg. vom Archiv Peter für historische und zeitgeschichtliche Dokumentation. Stuttgart 1961
Picard, M.: Hitler in uns selbst. Zürich 1946
Pölchau, H.: Die letzten Stunden. Berlin 1949
Prittie, T.: Deutsche gegen Hitler. Tübingen 1965

Rathenau, W.: Gesammelte Schriften. 6 Bde. Berlin 1918–1929
Rauschning, H.: Gespräche mit Hitler. Zürich 1939
Reck-Malleczewen, F. P.: Tagebuch eines Verzweifelten. Lorch 1947
Ritter, G.: Carl Goerdeler und die deutsche Widerstandsbewegung. Stuttgart 1956
Rothfels, H.: Die deutsche Opposition gegen Hitler. Frankfurt 1958
Rudel, H. U.: Dolchstoß oder Legende? Rottach-Egern o. J.

Sauerbruch, F.: Das war mein Leben. Bad Wörishofen 1951
Schacht, H.: Abrechnung mit Hitler. Hamburg 1948
Schellenberg, W.: Memoiren. Köln 1959
Scheurig, B.: Freies Deutschland. Das Nationalkomitee und der Bund der deutschen Offiziere in der Sowjetunion 1943–45. München 1960
Schlabrendorff, F. v.: Offiziere gegen Hitler. Nach einem Erlebnisbericht F. von Schlabrendorffs, bearb. und hrsg. von G. von Schulze-Gävernitz. Zürich 1947, 2. Aufl. 1959
Schlange-Schöningen, H.: Am Tage danach. Hamburg 1946
Schoeps, H. J.: Das war Preußen. Berlin 1964, 2. Aufl.
Shulman, M.: Die Niederlage im Westen (Defeat in the West). Gütersloh 1949
Stahlberg, A.: Die verdammte Pflicht. Erinnerungen 1932–1945. Berlin–Frankfurt/M 1987

Steltzer, Th.: Von deutscher Politik. Frankfurt 1949

Strölin, K.: Verräter oder Patrioten? Der 20. Juli 1944 und das Recht auf Widerstand. Stuttgart 1952

Taylor, A. J. P.: Die Urprünge des Zweiten Weltkriegs. Gütersloh 1962

Trevor-Roper, H. R.: Hitlers letzte Tage. Berlin

Trevor-Roper, H. R.: The Philby Affair. London 1968

Vansittart, Lord R.: Black Record. Germans Past and Present. London 1941

Wallach, J. L.: Feldmarschall Erich von Manstein und die deutsche Judenausrottung in Rußland, in: Jahrbuch des Instituts für Deutsche Geschichte, Tel Aviv, Band 4, 1975

Weisenborn, G.: Der lautlose Aufstand. Bericht über die Widerstandsbewegung des deutschen Volkes. Hamburg 1953

Wheeler-Bennett, J.: Nemesis der Macht. Die deutsche Armee in der Politik. 1918–1945. Düsseldorf 1955

Winnig, A.: Aus 20 Jahren. Hamburg 1948

Zeller, E.: Geist der Freiheit. Der zwanzigste Juli. München 1963, 4. Aufl.

Personenregister

Dokumente

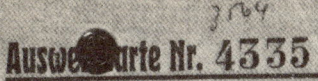

3764

Ausweiskarte Nr. 4335

Der durch diese Ausweiskarte ausgewiesene Inhaber

Herr

Dr.Otto John

gehört unserer Gesellschaft an.

Berlin, den 11.11.1937

DEUTSCHE LUFTHANSA
AKTIENGESELLSCHAFT

---

*Inhaber verpflichtet sich die für den
Flughafen maßgeblichen Bestimmungen
zu beachten und den Anweisungen der
Aufsichtsbeamten Folge zu leisten.*

*Haftung der Flughafenleitung für
Unfälle und Schäden während des Auf-
enthaltes im Flughafen erfolgt nicht.*

*Dieser Ausweis ist nicht übertragbar
und ist dem Pförtner unaufgefordert
vorzuzeigen.*

*Nur gültig für den durch Lichtbild
und eigenhändige Unterschrift aus-
gewiesenen Inhaber.*

Passierschein
nicht erforderlich

---

eigenhändige Unterschrift

Dieser Ausweis berechtigt den Inhaber zum Betreten
der Teile des Flughafens

Tempelhof, Staaken

auf denen er dienstlich zu tun hat.

Gem. Erlaß R. L. M. B II/L Nr. 2202/35 v. 19. 7. 35

Berlin Thof, den

Flughafenleitung

DEUTSCHE 1937 LUFTHANSA

DEUTSCHE 1938 LUFTHANSA

DEUTSCHE 1939 LUFTHANSA

DEUTSCHE 1940 LUFTHANSA

DEUTSCHE 1941 LUFTHANSA

DEUTSCHE 1942

DEUTSCHE 1943 LUFTHANSA

DEUTSCHE 1944 LUFTHANSA

Gem. AHM. 1942, Ziffer 293

Gültig nur bei Dienstreisen!

D   **Sonderausweis**   D

Der   Sonderbeauftragte Dr. Otto John
                    (Dienstgrad, Vor- und Zuname)

von   Dienststelle der F.P.Nr. 48806
                    (Truppenteil*)

        reist am   27.3.   194 4
                    (Datum)

nach   Paris
                    (Reiseziel)

Grund   Dringende Dienstreise gem.Vfg.des OKW B.Nr.4805/44 v.27.
                                                                3.44
Alle Züge des öffentlichen Verkehrs, auch D-und E-Züge, dürfen benutzt
                                                              werden.

        Rückreise**) am   1.4.   194 4

Schlafwagenbenutzung gestattet.

                            Ausgefertigt am   27.3.   194 4

                            Dienststelle der F.P.Nr.48806
        Dienststempel   (Truppenteil)

*) bzw. Tarnbezeichnung — s. b. Feld-
postnummer — nach den jeweils ge-
gegebenen Bestimmungen.   (Unterschrift, Dienstgrad, Dienststellung)
**) streichen, falls nicht zutreffend.   Freg.Kpt.

        Etwa erforderliche Angaben über Abfindungen mit Verpflegung usw. — nur mit
        Dienststempel und Unterschrift des Kompanie- usw. Führers gültig — siehe Rückseite.

419a Maximilian-Verlag, Berlin SW 68, Ritterstr. 31.   M 8 L 0

Grenzübertrittschein West Nr. 89274

DER   Rechtsanwalt
(Dienstgrad — Dienstbezeichnung — Beruf)

Dr. Otto John
(Vor- und Zuname)

Dienststelle   -   Feldpost-Nr.:   -

ist berechtigt, die Grenze..... zwischen — dem Reich

Paris - Lyon - Marseille ------------

und Belgien / Frankreich Hendaye .... unter Vorlage

des ...... Reisepasses

Nr. II 910/44

in der Zeit

vom ...10. Juni 194 4 bis zum 10. Sept. 194 4

an den zugelassenen Übergangsstellen

/einmal¹) und zurück¹) —   wiederholt¹)

zu überschreiten.

Beim letzten Grenzübertritt ist der Schein an der Über-
gangsstelle abzugeben.

Den   8. Juni   194 4

Der Generalquartiermeister
I.A.   Bg

(Stempel)

(Unterschrift)

¹) Nichtzutreffendes streichen   Hptm.

66173 ✳   66174 ✳   Betrag: _____

Perslas 500.-

Betrag

Buratona

Zahlstelle

Quittung

über (i.W.) _____

von *Deutsche Lufthansa Aktiengesellschaft*

entnommen am

24 . VII 1944

Zahlstelle: _____

Bereits abgehoben _____

Heutige Zahlung _____

als Vorschuß auf: _____

erhalten zu haben, bescheinigt

i. Sa. _____

Heutige Abrechnung _____

Bleibt noch abzurechnen _____

Ort: _____   Datum: _____

DLH 381 500 10. 42 C/0145

Kontonummer: _____   *Unterschrift:*

Dat.	Uebertrag:	Betrag	Wert	Dat.	Uebertrag:	Betrag	Wert	Dat.	Uebertrag:	Betrag	Wert
	2682.	54	10/ III.		320.-	98	360.				
	1978.	23			1000.-						
	704.	31			1000.-		1270				
	+50.	-			10 00.-						
					200.-						
	354.	31			1000.-						
					577.-						
					1500.-						
					1500.-						
					800.-						
					72,50						
					96.-						
					570.-						
	Uebertrag:				Uebertrag:				Uebertrag:		
					9968.50						